Ein deutsches Leben

*Bericht über eine Reise durch die Jahrzehnte von einer friedlichen Kinder-
und Jugendzeit in Riga, über fünf Jahre deutscher Soldat im 2. Weltkrieg,
gefolgt von fünf Jahren Kriegsgefangener in Sibirien und – endlich – über
das Alltagsleben in der DDR bis zum Mauerfall 1989.*

Verfasst von Arnold Reinschüssel (Schwerin) bis 2002 (Schreib-
maschinenmanuskript)

Scan, Übertragung in Word und erste Überarbeitung des Word-Ma-
nuskriptes Erik de Place Andersen, Svendborg, Dänemark, im April
2017 und Januar 2019

Überarbeitung, Kürzung und Herausgabe – Peter Jagnow, Berlin,
2022

Hinweis: Das ursprüngliche Manuskript wurde um Passagen mit überwiegend persönlichen und familiären Inhalten gekürzt.

Von Arnold Reinschüssel
geboren Mai 1922
gestorben Januar 2018

ARNOLD REINSCHÜSSEL

Ein deutsches Leben

Eine Reise durch die Jahrzehnte von der Jugend, über den

2. Weltkrieg bis zum Mauerfall

Bibliografische Information der Deutschen Nationalbibliothek

Die Deutsche Nationalbibliothek verzeichnet diese Publikation in der Deutschen Nationalbibliografie; detaillierte bibliografische Daten sind im Internet über http:// dnb.d-nb.de abrufbar.

© 2022 Arnold Reinschüssel
https://www.arnold-reinschuessel-deutsches-leben.de

Umschlagdesign, Satz, Herstellung und Verlag:
BoD - Books on Demand, Norderstedt
ISBN 978-3-7557-3187-0

Inhalt

Kindheit und Familie

Die Tatsache meiner Geburt beweist den Mut und Optimismus meiner Eltern, kam ich doch in einer schweren Zeit zur Welt, in der es kaum Perspektiven zu geben schien. Zwei Jahre vor dem 1. Weltkrieg, am 25. August 1912, hatten meine Eltern geheiratet. Bei ihrer Hochzeit war meine Mutter 19 Jahre alt und hätte auch gern noch früher geheiratet, denn meine Eltern gingen schon eine Weile miteinander. Doch damals musste der Ehemann seine Frau auch »ernähren« können, wenn er sie heiratete, und dieses Kriterium erfüllte mein Vater erst, nachdem er eine Stellung in Riga angetreten hatte.

Als meine Schwester am 18. Oktober 1914 geboren wurde, stand das Zarenreich bereits im Krieg mit dem kaiserlichen Deutschland. Zu dieser Zeit arbeitete mein Vater als Buchhalter in einer jüdischen Schuhfabrik in Riga, die 1917 vor den anrückenden deutschen Truppen mit dem gesamten Personal und Familienangehörigen nach Moskau evakuiert wurde. Dort erlebten meine Eltern die Revolution der Bolschewiken hautnah mit. Meine Schwester erblickte am 9. Dezember 1917 in Moskau das Licht der Welt, weshalb sie auch »unsere Bolschewikin« genannt wurde. Im Ergebnis der Friedensverhandlungen gelang 1920 die Rückführung der Familie und des Betriebes nach Riga, wo die Fabrik nach den Kriegswirren erst wieder neu aufgebaut werden musste. Unser Schicksal erschien noch völlig ungewiss. Die Bolschewiken waren zwar mithilfe deutscher Einheiten wie der Eiserne Division und der 1. Garde Reserve Division (denen die lettische Regierung unter Ulmanis dafür Land zugesagt hatte, wobei sich später niemand an dieses Versprechen erinnern wollte) sowie von Freiwilligenverbänden der ansässigen Deutschen, deren Baltische Landeswehr auch am 22. Mai 1919 Riga von den Bolschewiken befreite, gerade aus dem Lande gedrängt geworden. Doch wusste niemand, ob sie nicht bald wiederkehren würden. Denn Lettlands großer Nachbar im Osten hatte schon immer begehrlich nach Westen geschielt, wo er einen direkten Zugang zur Ostsee erstrebte.

Hinzu kam, dass am 18. November 1918 die Republik Lettland proklamiert worden war, ein in sich noch völlig ungefestigtes politisches Gebilde, in dem die Letten erstmalig in ihrer Geschichte die Staatsmacht bildeten. Es kam zu mehrfachen Übergriffen gegen die früheren »Herren« – die Deutschen – die zwar nicht direkt meine Eltern betrafen, aber doch die Zukunft nicht unbedingt rosig erscheinen ließ. In diese Situation wurde ich am Himmelfahrtstag, dem 25. Mai 1922, hineingeboren. Soweit ich mich erinnern kann, lebten acht Menschen in unserer Wohnung. Die sechs Räume waren damit gerade ausreichend für alle. Der jüdische Besitzer der Schuhfabrik, Leiser Hirsch Jakobson, hatte wohl bald die Bedeutung meines Vaters für den Betrieb erkannt. Jedenfalls bot er ihm eine Beteiligung an der Fabrik an und so wurde mein Vater kaufmännischer Leiter neben dem Sohn von Herrn Jakobson als technischem Direktor. Die Schuhfabrik entwickelte sich gut und ihr Hauptkunde wurde das Armee-Warenhaus in Riga – schon in den 30er-Jahren ein großer Komplex. Daraus ergab sich, dass ich Not in meiner Jugend nie gekannt habe. Als ich älter wurde, machten wir mit meinem Vater einige Mehrtageswanderungen durch verschiedene Gebiete Lettlands, kauften uns bei den Bauern frische Lebensmittel und übernachteten bei ihnen in der Scheune.

Das Verhältnis zu meiner Mutter war ganz anders. Sie hat mir, soweit ich mich erinnern kann, nur eine einzige, völlig berechtigte Ohrfeige gegeben, weil ich in kindlichem Übermut eine Stecknadel unter ihren Po hielt, als sie sich auf die Couch setzen wollte. Es war wohl vor allem der Schreck, der diese Reflexbewegung ausgelöst hatte. Bei meinen Eltern herrschte eine ziemlich genaue Aufgabenteilung. Mein Vater war ein hervorragender Kaufmann, der aber den praktischen Dingen manchmal ein wenig hilflos gegenüberstand, was meine Mutter mit dem Ausspruch kommentierte: »Bevor Papa einen Nagel in der Wand hat, sind alle zehn Finger kaputt.« Ob das wirklich so schlimm war, kann ich nicht bestätigen. Tatsache aber ist, dass meine Mutter sich um alles kümmerte, was die Familie und die Wohnung betraf – und das war nicht wenig, denn wir waren, wie ich noch zeigen werde, eine große Familie. Die Rechte und die Aufgaben der Hausfrau unterstreicht auch ein Spruch, der bei uns im Speisezimmer hing: »Ich bin der Herr im Hause – was meine Frau sagt, das wird gemacht!"

Noch ein gravierender Unterschied zu Deutschland hat dem Leben im Baltikum seinen Stempel aufgedrückt: die Sommerferien in der Schule. Sie dauerten in der Regel drei Monate, von Anfang Juni bis Anfang September mit geringen Schwankungen nach beiden Richtungen. Deshalb fuhren in dieser Zeit vornehmlich Familien mit Kindern, aber keineswegs nur sie, an den Strand. Als wir viel später in Mecklenburg lebten und ich die ganze Ostseeküste der damaligen DDR von Boltenhagen bis Ahlbeck kannte, habe ich die Meinung vertreten, der Rigaische Strand sei schöner als alle Strände hier. Traditionell begann die Badesaison zu Johanni, d. h. am 23. Juni, denn so lange dauerte es, bis sich das Wasser der Ostsee auf angenehme 17° erwärmt hatte. Als Junge zählte ich die täglichen Bäder in der Ostsee und kam bis zum Ferienende immer auf 60 - 65 Bäder. Aus heutiger Sicht erscheint das Leben in diesen Villen natürlich mehr als primitiv, denn es gab kein fließendes Wasser und damit auch keine Toiletten. Gewaschen haben wir uns in einer Schüssel, die in der Küche stand und für die das Wasser in Eimern von der Pumpe im Garten geholt werden musste. Als ich größer wurde, gehörte das Auffüllen der beiden Wassereimer in der Küche zu meinen Aufgaben. Das Schmutzwasser wurde einfach in den Garten geschüttet. Für die menschlichen Bedürfnisse gab es ein Plumpsklo in einem unbeleuchteten Raum unter der Treppe!

Radios kamen Ende der 20er-Jahre gerade auf. Zuerst hatten wir einen einfachen Detektor-Empfänger mit Kristall und einem Paar Kopfhörer. Wenn noch jemand mithören wollte, drehte man einen Hörer nach außen, damit beide, Kopf an Kopf, etwas hören konnten. Als vom 1. - 16. August 1936 die Olympischen Spiele in Berlin stattfanden, war ich viel bei einer Cousine, die in dem Sommer mit ihrer Familie in der Wohnung über uns lebte und ein Radio mitgebracht hatte. Ich erinnere mich auch an den Boxkampf von Max Schmeling gegen Joe Louis, der Mitte der 30er-Jahre in New York stattfand. Um ihn zu hören, stand ich nachts gegen zwei Uhr auf und ging etwa ein Kilometer zu einem Kameraden, dessen Eltern auch ein Radio am Strand hatten. Aber ich war kaum dort angekommen, da ging Schmeling schon k. o.! Danach habe ich nie mehr meine Nachtruhe für derartige Sportereignisse geopfert.

Schon einmal habe ich erwähnt, dass mein Vater die kaufmännische Leitung einer Schuhfabrik innehatte. Anfang der 30er-Jahre wurde sie vergrößert. Dabei wurde die erste Drehtür und Rolltreppe im Lande eingebaut, was natürlich ›das Ereignis‹ in der Stadt war, nicht nur für uns Jungen, die die neuen Einrichtungen ausgiebig ›testeten‹. Deutsche haben im Baltikum seit dem ausgehenden 12. Jahrhundert gelebt und sich ihre Sprache und Eigenart über die ganze Zeit erhalten. Man hat den Deutschbalten nachgesagt, sie würden, nächst den Hannoveranern, das reinste Deutsch sprechen, was ich so nicht bestätigen kann, denn das Zusammenleben mit Letten, Russen und Polen über einen langen Zeitraum ist nicht spurlos an uns vorbeigegangen. Wir haben manches von deren Sprache übernommen bzw. eigene Begriffe gebildet. So sagte man z. B. im Baltikum für Sahne: Schmant; Wacholder: Kaddik; Mohrrüben: Burkanen. Die Lage in diesem Land zwischen dem großen Nachbarn im Osten und den Deutschen, die jahrhundertelang die Entwicklung im Baltikum entscheidend geprägt hatten, brachte es mit sich, dass fast alle Menschen dreisprachig aufgewachsen sind. Deutsch war unsere Muttersprache, die wir zu Hause sprachen, in der Schule lernten und in vielen Geschäften, z. B. fast allen jüdischen Läden anwandten. Lettisch war die Staatssprache, die ich nicht erst in der Schule lernte, sondern beim Spielen mit lettischen Kindern und beim Gespräch mit unseren lettischen Dienstmädchen.

Zwei Brüder meines Vaters hatten Russinnen geheiratet, die zwar beide gut Deutsch sprachen, doch so lernte ich die Sprache, was mir später sehr geholfen hat. Das Leben in Lettland war also schon immer vom Zusammenleben verschiedener Nationen geprägt, was eigentlich problemlos verlief. Eine Änderung zum Negativen machte sich erst Mitte der 30er-Jahre bemerkbar, als Karlis Ulmanis, ein nationalistisch eingestellter Mann, Staatspräsident wurde und versuchte, die anderen Völkerschaften im Lande zu unterdrücken. Ein Wort noch zur jüdischen Bevölkerung im Lande, die etwa gleichstark war wie die deutsche. Wie bereits erwähnt, war mein Vater Teilhaber mit Juden in der Rigaer mechanischen Schuhfabrik und schon von daher bestanden Kontakte zu den Juden. Hinzu kam, dass ein Großteil der Juden zu Hause deutsch sprach und man seine Kinder in deutsche Schulen schickte. In der Grundschule war ich mit mehreren jüdischen Jungen in einer Klasse und es gab überhaupt keine Probleme.

Von dem Wunsch der Russen nach einem ungehinderten Zugang zur Ostsee habe ich schon gesprochen. Im Ergebnis des Nordischen Krieges ging dieser Wunsch 1721 in Erfüllung und damit setzte für Riga eine weitere Blütezeit ein. Nun wurde der Rigaer Hafen zum Umschlagplatz für das riesige russische Reich. Das führte auch zu einem raschen Anstieg der Bevölkerung. Als die Republik Lettland am 18. November 1918 gegründet wurde, lebten in der Hauptstadt mehr als 20 Prozent der Gesamtbevölkerung Lettlands. Sie war also ein riesiger Wasserkopf in dem neuen Staat, und das in einem Land, das nur von seinen landwirtschaftlichen Exporten – Schweine, Butter und Holz – lebte.

Die Schulzeit

An einem Frühlingstag des Jahres 1928 ging mein Vater mit mir zur Schule, um mich für das kommende Schuljahr anzumelden. Vielleicht waren die Klassen damals größer als heute – in der 1. Klasse waren sicher mehr als 30 Schüler – und das Mobiliar entsprach gewiss nicht den heutigen Anforderungen. Eine Besonderheit ist aber erwähnenswert – die ›internationale‹ Zusammensetzung der Klasse. Nicht allein, weil viele Juden ihre Kinder gern in deutsche Schulen schickten, sondern auch die Mehrzahl der in Riga lebenden und arbeitenden Ausländer. In der Zeit zwischen den beiden Weltkriegen war deren Zahl besonders hoch, denn die baltischen Staaten bildeten in dieser Zeit die Verbindung zwischen den westlichen Industriestaaten und der kommunistischen Sowjetunion. Politisch waren sie zwar Gegner, wirtschaftlich aber bildete die Sowjetunion ein beachtliches Potenzial, das auszuschöpfen war. Da erschien es angebracht, seine Niederlassungen recht nah am potenziellen Kunden unterzubringen.

Eine Eigenart im Rigaer Nachtleben stellten die ›Waktnieki‹ – auf Deutsch: Nachtwächter – dar, die um 22 Uhr alle Haustüren abschlossen. Wer später heimkam, musste entweder einen Schlüssel besitzen oder sich vor der Haustür stellen und laut »Waktniek« rufen, manchmal auch mehrmals. Nach einiger Zeit erschien dann aus der Dunkelheit ein Mann mit einem oder mehreren gewaltigen Schlüsselbunden, suchte mit nachtwandlerischer Sicherheit den richtigen Schlüssel heraus und öffnete die Tür. Man bedankte sich bei ihm, drückte ihm einen Obolus in die Hand und betrat das Haus, das hinter einem wieder zugeschlossen wurde, d. h. man konnte es, ohne im Besitz eines Schlüssels zu sein, nicht wieder verlassen.

Meine Mitgliedschaft im Rigaer Turnverein führte 1938 zu meiner ersten Auslandsreise. In diesem Sommer fand in Breslau das ›Deutsche

Turn- und Sportfest‹ statt, zu dem auch ein Sonderzug mit Teilnehmern aus Lettland fuhr – und ich wurde für den leichtathletischen Dreikampf (100 Meterlauf, Kugelstoßen, Weitsprung) nominiert. Die Aufregung war schon vorher riesengroß, denn ich, das Nesthäkchen, war erstmalig von zu Hause weg! Aber doch nicht allein, denn zwei Freunde fuhren auch mit und so haben sich unsere Eltern wohl gegenseitig getröstet. Bei mir überwog eindeutig die Neugier auf das Unbekannte, das mich erwartete.

An dieser Stelle muss ich jedoch kurz auf die aktuelle politische Lage eingehen. Der 30. Januar 1933, als Hitler Kanzler wurde, war im Baltikum zwar registriert worden; seine Auswirkungen trafen uns aber erst später. Diese Bewegung war für uns jedoch ein Hoffnungsträger. Wir lauschten im Radio den Reden von Hitler und Goebbels – und glaubten ihnen auch. Nach einiger Zeit bildeten sich im Baltikum nach dem Vorbild von HJ und BDM Jungenschaften und Mädchenschaften. Da Uniformen nicht gestattet waren, trugen sie weiße Hemden bzw. Blusen und kurze schwarze Hosen bzw. Röcke; die Jungen außerdem weiße Kniestrümpfe und einen Schulterriemen an dem Koppel. Ich bin zwar nie in der Jungenschaft gewesen, weil meine Eltern das nicht wollten, aber sympathisiert mit ihr habe ich schon, denn auch für uns wurden die positiven Auswirkungen durch den Machtwechsel in Deutschland augenscheinlich. Der VDA (Verein für das Deutschtum im Ausland) unterstützte Hunderttausende von Deutschen im europäischen Ausland (Baltikum, Polen, Tschechoslowakei, Rumänien). So erschienen z. B. wiederholt ganzseitige Anzeigen aus Deutschland in der *Rigaschen Rundschau*, unserer deutschen Zeitung, die das Überleben des Blattes sicherten. Aber natürlich gab es noch viele andere Arten der personellen und finanziellen Hilfe. Dass dahinter ganz andere Beweggründe steckten, konnten wir zu jener Zeit und aus der räumlichen Entfernung nicht einmal ahnen.

Die Zeit der Vorbereitungen auf unsere Fahrt ging zu Ende und an einem Nachmittag trafen sich wohl 800 Teilnehmer an dem Fest auf dem Rigaer Bahnhof. Erwartungsfroh nahmen wir unsere Plätze ein und fieberten der Abfahrt entgegen. Bestimmt haben unsere Eltern uns zum Bahnhof begleitet, aber als ich im Zug saß, hatte ich nur Gedanken für das, was mich in den nächsten Tagen erwartete. Dann war es endlich so weit und unser Sonderzug schob sich langsam aus dem Rigaer Bahnhof, passierte die Dünabrücke, durchfuhr die südlichen Vororte und nahm Fahrt auf. Nach gut zwei Stunden erreichten wir die litauische Grenze und sahen zum ersten Mal ein fremdes Land. Schon bei der Durchfahrt fielen uns aus dem Zug frappierende Unterschiede zu Lettland auf. Alle Fenster mussten während der Fahrt durch Litauen geschlossen bleiben, weil das Gleisbett hier nicht wie bei uns geschottert, sondern nur mit Kies (bei uns Grant genannt) ausgefüllt war. Das führte zu einer riesigen Staubwolke, die den ganzen Zug einhüllte und sich trotz der geschlossenen Fenster auch in den Abteilen niedersetzte. Die Ortschaften, durch die wir fuhren, machten einen sehr ärmlichen Eindruck und der Lebensstandard in Litauen lag offensichtlich niedriger als bei uns. Als wir über die Memelbrücke nach Ostpreußen hineinfuhren, war es schon völlig dunkel, dafür erwartete uns auf dem Bahnhof von Tilsit strahlende Helligkeit. Das ganze Gebäude war mit Hakenkreuzfahnen und Girlanden geschmückt, eine große Menschenmenge erwartete uns schon auf dem Bahnsteig und eine Musikkapelle spielte.

Ich muss schon sagen, da lief es mir heiß und kalt über den Rücken. Endlich war ich in Deutschland, dem Land meiner Sehnsucht. Nach einigen Ansprachen ging es im Triumphzug durch die Stadt zu einem Festplatz, auf dem ausgiebig gefeiert wurde. Als wir zu unserem Zug zurückgeleitet wurden, war es wohl schon mitten in der Nacht. Danach setzten wir unsere Fahrt durch Ostpreußen fort und erreichten am nächsten Tag die polnische Grenze bei Marienburg. Damit nie-

mand den Zug auf der Fahrt durch den polnischen Korridor uner-
laubt verlassen konnte, wurden alle Türen abgeschlossen. Sogar das
Öffnen der Fenster war verboten. Die Lage zwischen Polen und dem
Deutschen Reich war schon damals ziemlich angespannt. Vor wenigen
Wochen war der Anschluss Österreichs an das Deutsche Reich erfolgt
und es mehrten sich die Rufe nach einer Rückgabe der ›deutschen
Ostgebiete‹, was die Polen verständlicherweise nervös machte. Nach
wenigen Stunden erreichten wir schon die deutsche Grenze bei Schnei-
demühl und vergaßen schnell die unangenehmen Erlebnisse, denn
es stürmten unendlich viele neue Eindrücke auf uns ein. Wir fuhren
durch die Mark Brandenburg sowie Niederschlesien und erreichten in
der folgenden Nacht endlich unser Ziel – Breslau.

Den Höhepunkt des Turn- und Sportfestes bildete ein Vorbeimarsch
vor Hitler am letzten Tag. Schon früh am Morgen begann das Sammeln auf den Stellplätzen; in meiner Erinnerung hat es etwa fünf Stunden gedauert, bis der große Moment gekommen war. In 12-er Reihen
marschierten wir an einer Tribüne vorbei, auf der etwa 1,50 – 2 m höher als wir, Hitler mit seinen Mitstreitern stand. Wer alles da war, kann
ich gar nicht sagen, denn ich sah beim Vorbeimarsch nur Hitler, der
uns mit der nach hinten durchgedrückter Hand grüßte. Wir Jungen
sind nicht aus den Marschkolonnen ausgeschert, aber unsere Mädchen
kümmerte das wenig. Sie ließen Marschordnung Marschordnung sein
und stürzten zur Tribüne, um IHM die Hand zu drücken. Er beugte
sich auch zu ihnen herab und streckte ihnen seine Hand entgegen,
die alle zu ergreifen versuchten. Da der Vorbeimarsch aber nicht ins
Stocken geraten durfte, dauerte das Ganze nur wenige Sekunden, dann
war der folgende Marschblock schon aufgerückt.

Es gab damals nur wenig deutsche Bauern in Lettland, die in ihren
Dörfern schwer arbeiten mussten. Um ihnen dabei zu helfen, wurden jedes Jahr Arbeitslager gebildet, in denen sich junge Männer aus

den Städten für vier Wochen auf einem Hof zusammenfanden, um die deutschen Bauern des Dorfes zu unterstützen, indem sie Arbeiten übernahmen, zu denen die Bauern aus Zeitmangel nicht kamen. Sie schliefen in der Scheune auf Stroh und wurden von einer Mädchengruppe unterstützt, die die täglichen Mahlzeiten vor- und zubereitete. Im Juli trafen wir uns wohl mit 12 - 15 Teilnehmern auf einem Bauernhof in Krussat-Brogen, einem Dorf in der Nähe von Goldingen. Unsere Aufgabe war das Roden von Stubben.

Die Umsiedlung

Gegen Ende der 30er-Jahre nahmen die Spannungen in Europa deutlich zu. Die Spannungen waren zum Teil aber ›hausgemacht‹, denn bei der Aufteilung Österreich-Ungarns nach dem 1. Weltkrieg, hatten die Siegermächte keine glückliche Hand bewiesen. So trug die Gründung des Vielvölkerstaates Jugoslawien auf dem Balkan schon den Keim für nachfolgende Konflikte in sich, die sich allerdings erst 75 Jahre später, dafür jedoch äußerst blutig, entladen sollten. Wobei schon im 2. Weltkrieg die Feindschaft zwischen Serben und Kroaten offen zu Tage trat. Der ebenfalls neu gegründeten Tschechoslowakei wurde auch das Sudetenland angegliedert, ohne zu berücksichtigen, dass dort etwa drei Millionen Deutsche lebten. Auch hier waren bei der zu erwartenden tschechischen Unterdrückungspolitik Konflikte vorprogrammiert.

Im Frühjahr 1938 erfolgte der Anschluss Österreichs an das Deutsche Reich, der von Hitler, einem gebürtigen Österreicher, geboren am 20.04.1889 in Braunau am Inn, aktiv betrieben worden war. Damit wurde auch für viele Österreicher der Traum von einem geeinten Deutschen Reich verwirklicht. Das am 29. September des gleichen Jahres zwischen Hitler, Mussolini, Chamberlain und Daladier abgeschlossene Münchener Abkommen legte die Abtretung des Sudetenlandes von der Tschechoslowakei an das Deutsche Reich fest, dessen Wehrmacht beim Einmarsch in das Sudetenland von der dortigen überwiegend deutschen Bevölkerung begeistert begrüßt wurde. Es dauerte aber nur ein halbes Jahr, bis auch der Rest der Tschechoslowakei als ›Reichsprotektorat Böhmen und Mähren‹, bei gleichzeitiger Bildung einer unabhängigen Slowakei, dem Reichsgebiet einverleibt wurde; wenige Tage vorher trat Litauen, das nach dem 1. Weltkrieg verlorene Memelgebiet wieder an das Deutsche Reich ab. Das war die Lage im Sommer 1939, die wir zwar über Presse und Rundfunk mit Begeisterung verfolgt hatten, die uns aber nicht direkt tangierte. In diesem Sommer mehrten sich die Meldungen über angebliche polnische Übergriffe gegen Deutsche im sogenannten »Korridor", dem früheren Westpreußen sowie dem Posener Land, die im ›Bromberger Blutsonntag‹, bei dem eine Reihe von Deutschen getötet wurde, ihren Höhepunkt fanden. Die ältere Generation sprach schon mit Besorgnis über die gefährliche Lage und mögliche Folgen, aber ich hatte mit 17 Jahren andere, für mich wichtigere Probleme, die mich beschäftigten. Am 1. September 1939 hielt Hitler vor dem Reichstag eine Rede, in der er über die angeblichen polnischen Übergriffe auf den Rundfunksender Gleiwitz berichtete.

Dann fiel der entscheidende Satz: »Seit 5 Uhr 45 wird zurückgeschossen!«

Das war der Beginn des 2. Weltkrieges, denn in Erfüllung ihrer Bündnispflicht gegenüber Polen erklärten Großbritannien und Frankreich zwei Tage später dem Deutschen Reich den Krieg, dem viele weitere Staaten folgten.

Wir zogen vom Rigaischen Strand wieder in die Stadt, der Unterricht begann – für mich das letzte Schuljahr – und wir verfolgten begeistert die täglichen Siegesmeldungen im Radio, waren trotzdem noch nicht direkt betroffen. Das änderte sich schlagartig, als am 6. September der

Rundfunk über den Vertragsschluss zwischen dem Deutschen Reich und der Sowjetunion über ›Freundschaft und gegenseitigen Beistand‹ berichtete und alle Deutschen in den drei baltischen Staaten Estland, Lettland und Litauen zur Umsiedlung nach Deutschland aufgefordert wurden. Natürlich war zum damaligen Zeitpunkt nichts darüber bekannt, dass der am 23.8.1939 von den Außenministern von Ribbentrop und Molotow unterschriebene Vertrag auch eine geheime Zusatzklausel enthielt, in der die Regierungen ihre gegenseitigen Interessengebiete abstimmten. Danach verzichtete das Deutsche Reich auf das Baltikum und beendete so mit einem Federstrich 750 Jahre Deutschtum im Baltikum. Die Russen bekamen dadurch wieder ihren gewünschten Zugang zur Ostsee, denn ob die Regierungen der baltischen Staaten mit dieser Regelung einverstanden waren, interessierte überhaupt nicht. Mit der deutschen Zustimmung bekam Moskau die Möglichkeit ihnen seinen Willen aufzuzwingen. Der Abschluss dieses Zusatzabkommens wurde von der Sowjetunion immer bestritten und erst nach dem Zusammenbruch der Sowjetunion tauchten die entsprechenden Dokumente in Moskau auf. Von der Nichtinformation, ja fast schon Naivität der baltischen Staaten, zeugte der Ausspruch des lettischen Staatspräsidenten Karlis Ulmanis anlässlich der Umsiedlung der deutschen Volksgruppe. Er sagte damals: »Lasst sie fahren, aber auf Nimmerwiedersehen!«

Schon am Tag nach der Radiomeldung liefen die ersten Dampfer in den Rigaer Hafen ein, die uns sowie unser Hab und Gut nach Deutschland bringen sollten. Damit war jedem klar, dass die Tage der deutschen Volksgruppe im Baltikum gezählt waren, denn mit unserer Abreise erlöschen auch alle kulturellen und anderen Privilegien, die sich die deutsche Volksgruppe nach dem 1. Weltkrieg erstritten hatte. Sogleich begann überall eine fieberhafte Tätigkeit. Die Schulen wurden schon nach wenigen Tagen geschlossen, weil an Lernen nicht mehr zu denken war und die Schüler als Hilfskräfte für die Umsiedlungsaktion benötigt wurden, die in Lettland über die drei Häfen Riga, Libau und Windau lief. Ein Vertrag zwischen dem Deutschen Reich und Lettland regelte die Mitnahme des beweglichen und unbeweglichen Eigentums der Umsiedler. Ihre Interessen wurden dabei von der in Berlin gegründeten Treuhandstelle Ost vertreten.

Der wesentliche Inhalt des Vertrages beinhaltete für uns:
1. Das bewegliche Eigentum durfte, soweit vom Umsiedler gewünscht, bis auf wenige Ausnahmen mitgenommen werden.
2. Das unbewegliche Eigentum, das im Lande zurückblieb, wurde von einer gemeinsamen Kommission bewertet. Die lettische Regierung hatte den Gegenwert an das Deutsche Reich zu zahlen.

Im Falle meines Vaters bedeutete diese Regelung, dass seine Anteile an der Schuhfabrik in Riga festgelegt und ihm bei der Übernahme einer Schuhfabrik in Bromberg gutgeschrieben wurden, d. h. der Kaufpreis verminderte sich für ihn um diesen Betrag. Für uns, wie für die überwiegende Zahl der Landsleute war die Frage der Umsiedlung kein Thema. Natürlich siedelten wir nach Deutschland um, denn wer wollte schon in einem Lande leben, das über kurz oder lang von den Bolschewisten besetzt werden würde. Die zwangen Lettland schon sehr bald ein Schutzabkommen auf, das ihnen die Besetzung strategisch wichtiger Punkte im Lande gestattete. In Windau erlebte ich selbst den Einmarsch der Roten Armee in das Hafengebiet, wo sie Quartier bezogen. Mich erreichte Mitte September der Auftrag, nach Windau zu fahren und dort bei den Umsiedlungen zu helfen. Also setzte ich mich in die Bahn und fuhr in die Hafenstadt an der Ostsee. Dort trafen sich etwa zehn junge Burschen, die in einem früheren Klassenraum auf Strohsäcken untergebracht wurden. Unsere Tätigkeit richtete sich nach den täglich wechselnden Anforderungen: Waren Schiffe angekommen, holten wir Kollis aus den Wohnungen ab und fuhren sie zum Hafen, halfen bei Bedarf auch beim Packen. Sonst arbeiteten wir auch im

Umsiedlungsbüro und fertigten die vorläufigen Personalausweise aus, die jeder Umsiedler vor dem Betreten des Schiffes erhielt, sowie auch andere notwendigen Papiere. Langeweile kannten wir jedenfalls nicht!

In dieser Zeit beobachtete ich auch, wie auf dem anderen Ufer der Windau Einheiten der Roten Armee anrückten und Quartier bezogen. Man hörte ihre heiseren Schreie und roch, was mir besonders unangenehm auffiel, den ungewohnten Gestank ihres Benzins. In der Stadt aber waren sie (noch) nicht zu sehen. In Windau blieb ich 2 - 3 Wochen, musste dann aber nach Riga zurück, weil mein Konfirmationstermin heranrückte und auch der Zeitpunkt unserer Abreise immer näherkam. Die letzte Zeit vor der Abreise war alles andere als angenehm, denn wir saßen im wahren Sinne des Wortes auf gepackten Kisten. Im Rigaer Schwarzhäupterhaus mussten wir unsere lettischen Ausweise abgeben und für das Deutsche Reich optieren. Danach erhielten wir vorläufige deutsche Ausweise und unsere Schiffspapiere. Unsere Kollis wurden abgeholt und zum Hafen gefahren. Würden wir sie überhaupt wiedersehen und wenn ja, wann? Wir fuhren immerhin in ein Land, das sich im Kriegszustand befand. Schließlich galt es auch von Menschen Abschied zu nehmen, die nicht umsiedeln wollten. Alles, was wir in dieser Zeit an Kleidung, Wäsche und anderen Dingen des täglichen Bedarfs benötigten, müssten wir selbst transportieren. Dementsprechend hatte jeder von uns auch mehrere Gepäckstücke bei sich, als wir zum Hafen fuhren und die ›Bremerhaven‹, einen früheren Bananendampfer, bestiegen, der uns nach Deutschland bringen sollte. Während mein Vater und ich in einer Ladeluke mittschiffs Platz fanden, die mit Strohsäcken ausgelegt war, wurden meine Mutter und meine Schwestern in der Funkerkabine im Heck untergebracht. Nachdem wir unsere Sachen abgelegt hatten, trafen wir uns an Deck, denn der Abschied von unserer alten Heimat stand bevor. Für mich überwog eindeutig die Neugier auf das, was mich jenseits des Meeres erwartete. Unsere

Familie blieb zusammen und so groß war die Bindung an Land und Leute nicht.

Anders war es natürlich bei meinen Eltern, die nicht nur die Gräber ihrer Eltern zurückließen, sondern auch einen großen Teil ihres Lebens in diesem Land verbracht hatten und nun einer ungewissen Zukunft entgegenfuhren. So richtete ich, als gegen 15 Uhr die Trossen eingeholt wurden und das Schiff langsam die Düna hinabglitt, nach einem Blick auf die entschwindende Stadt, meine Aufmerksamkeit auch auf das vor uns liegende, während meine Mutter in der Erinnerung an die zurückliegenden Jahre in Tränen ausbrach und ihren Gedanken nachhing. In der einbrechenden Dunkelheit passierte die ›Bremerhaven‹ die Rigaer Mole, erreichte den Meerbusen – und Lettland blieb hinter uns zurück!

Die See blieb während der Überfahrt ruhig und ich habe in unserer Ladeluke trotz der Aufregung und des Lärms gut geschlafen. Während des ganzen Tages sahen wir nur Himmel und Wasser, näherten uns am Nachmittag aber unserem Ziel. Als wir in die Danziger Bucht einliefen, war es schon dunkel und wir erblickten vor uns die kilometerlange Lichterkette: Von Danzig über Oliva, Langfuhr und Zoppot nach Gdingen, das damals schon Gotenhafen hieß. Wir wurden aber noch nicht ausgeladen, sondern blieben über Nacht auf Reede und hatten so ausgiebig Zeit, dieses Schauspiel zu genießen. Als wir am nächsten Morgen nach dem Erwachen hinausschauten, war erst einmal gar nichts zu sehen, denn es herrschte ganz dichter Nebel. Der hinderte die ›Bremerhaven‹ aber nicht, langsam in das Hafenbecken einzulaufen. Allmählich waren die Konturen einer großen Lagerhalle zu erkennen, von deren Dach uns ein großes Transparent grüßte: ›Die Baltendeutschen verlieren eine Heimat, aber sie gewinnen ein Vaterland‹. Am Kai standen Männer in braunen Uniformen und Schwestern des Deutschen Roten Kreuzes, die den Alten und Gebrechlichen beim

Verlassen des Schiffes behilflich waren. Auch eine Musikkapelle war da, die für uns aufspielte. Nachdem alle das Schiff verlassen hatten, wurden wir in der Halle durch einen Vertreter der Reichsregierung begrüßt. Es schlossen sich das Mittagessen sowie die Erledigung notwendiger organisatorischer Dinge an.

Im Laufe des Nachmittags wurden wir dann zu den Zügen geleitet, die uns zu unserem Übergangsquartier bringen sollten, das wir aber noch nicht kannten. Der voll besetzte Zug fuhr mit uns die ganze Nacht. Ab und zu konnten wir Ortsnamen lesen, mit denen wir aber nichts anzufangen wussten. Am nächsten Morgen lief unser Zug in Greifswald ein und über Lautsprecher wurde bekannt gegeben, dass wir an unserem Ziel angelangt wären und alle auszusteigen hätten. Nun wussten wir wenigstens, dass wir in der Nacht in westlicher Richtung durch Hinterpommern gefahren und nun in Vorpommern gelandet waren. Mit Bussen ging es von Greifswald weiter in Richtung Wolgast, wie es hieß. Für uns war in dem Dorf Lodmannshagen Endstation, wo wir bei einem Herrn Beug Unterkunft erhalten sollten. Den fanden wir schnell: Er war der größte Bauer im Ort und lebte in einem Haus, das man durchaus schon als Gutshaus bezeichnen konnte. Uns wurden zwei Räume in einem Nebenhaus zugewiesen, die über einen Gang zu erreichen waren. Außer meiner Mutter, die für unsere Verpflegung sorgte, hatten wir anderen nur kleinere Aufgaben zu erfüllen, mit denen wir natürlich nicht ausgelastet waren. So schauten wir uns die Stallungen auf dem Hof an, in denen 20 Milchkühe und über 100 Schweine standen, also durchaus ein ansehnlicher landwirtschaftlicher Betrieb. Herr Beug war eindeutig nicht mit der Politik der deutschen Regierung einverstanden, die nach Kriegsbeginn einige drastische Maßnahmen verfügt hatte. Er war sich aber ebenso darüber im Klaren, dass dagegen nichts unternommen werden könne.

Anfang Januar 1940 erhielt ich dann die Nachricht, dass ich mich an einem bestimmten Tag in Stettin einzufinden hätte. Ein Sonderzug würde alle angehenden Abiturienten von Stettin nach Posen fahren, wo am 15. Januar in der Schiller-Oberschule der Unterricht beginnen sollte. Eine Rückfrage ergab schnell, dass ich in dieser Zeit bei der Familie meines Freundes Theo Burmeister wohnen könne. Ich machte mich auf den Weg zum Bahnhof Stettin, wo ich eine lustige und erwartungsfrohe Gruppe traf. Nach dem Einlaufen des Zuges eroberten wir für uns (zwei Pärchen) ein Abteil in einem Waggon mit durchgehendem Gang. Es wurde viel gelacht und gesungen, bis die Müdigkeit bemerkbar wurde und wir das Bedürfnis hatten zu schlafen. Um die Platzfrage nicht unnötig zu komplizieren, kletterte ich ins Gepäcknetz und machte es mir dort bequem, sodass das Mädchen sich unten auf der Bank ausstrecken konnte. So brachten wir die Nacht gut hinter uns und erreichten am folgenden Tag Posen, wo ich bei der Familie Burmeister freundlich aufgenommen wurde und für die nächste Zeit eine Bleibe fand.

In Posen lernte ich erstmalig (glücklicherweise nur dem Hörensagen nach und nicht aus eigener Erfahrung) die damals übliche Praxis bei der Wohnungsvergabe kennen. Der Blitzkrieg in den Septembertagen hatte die polnische Bevölkerung überrascht, sodass kaum jemand vor den Deutschen geflohen war, d. h. leere Wohnungen gab es kaum. Inzwischen waren aber fast 100.000 Deutsche aus dem Baltikum eingetroffen, die untergebracht werden mussten. Es galt also Wohnraum für sie zu schaffen. Das geschah, da Neubau nicht nur aus Zeitgründen ausschied, gewöhnlich in der Form, dass es abends, wenn die meisten Menschen zu Hause waren, an den Wohnungen von Polen und Juden klingelte. An der Tür standen SS-Leute, die den Menschen nur eine kurze Zeitspanne ließen, um das Allernotwendigste zusammen zu packen. Dann hatten sie sich unten vor dem Haus einzufinden, wo sie auf bereitstehende Fahrzeuge steigen mussten, die sie mit ihrem Handgepäck fortfuhren. Sie landeten irgendwo im Osten, im sog. General-gouvernement. Manche Familien waren wohl im Schlaf überrascht worden, denn die zerwühlten Betten deuteten darauf hin. Andere hatte anscheinend beim Abendessen gesessen, denn auf dem Tisch stan-den noch die Essenreste herum. Gegen diesen Beschluss anzugehen war sinnlos, die SS-Leute verstanden keinen Spaß. Ich konnte mich mit dieser Art der Quartierbeschaffung nicht identifizieren und war deshalb froh, dass ich so etwas nie selbst erlebt habe und auch meine Eltern eine Wohnung in Bromberg bezogen, die leer geräumt war.

An dieser Stelle erscheint es mir angebracht etwas über den Natio-nalsozialismus und das Verhältnis unserer Familie zu ihm zu sagen. Es war in letzter Konsequenz wohl ein Zusammentreffen mehrerer Ursachen, das nach unseren Erfahrungen den Nazis an die Macht verhalf. Besonders die Franzosen sahen nach dem Ende des Ersten Weltkrieges die Möglichkeit sich für die Niederlage im Deutsch-fran-zösischen Krieg 1870/71 und ihre finanziellen Folgen zu revanchieren und wollten diese willkommene Gelegenheit nicht verstreichen lassen, um sich durch überhöhte Reparationsforderungen an ihrem ›Erzfeind‹ zu rächen. Insofern trug der Vertrag von Versailles schon den Stoff für neue Konflikte in sich. Hinzu kam, dass die deutsche Wirtschaft durch die weltweite Krise des Jahres 1929 besonders hart getroffen wurde und Deutschland mehr als sechs Millionen Arbeitslose hatte. Men-schen in wirtschaftlichen Notsituationen sind aber besonders anfällig für radikales Gedankengut. Die Nazis erkannten das und stellten das Ziel ›Arbeit für alle‹ in den Mittelpunkt ihrer Propaganda und der Erfolg gab ihnen recht. Denn mit Unterstützung durch die deutsche Wirtschaft gelang es ihnen über verschiedene Vorhaben wie den Au-tobahnbau in kurzer Zeit den Menschen wieder Arbeit und Brot zu geben. Zum Zeitpunkt der sogenannten ›Machtergreifung‹ am 30. Januar 1933, die eigentlich gar keine Machtergreifung war, weil Hitler auf parlamentarischem Wege an die Macht kam, war ich gerade zehn

Jahre alt. Ich hatte also alles andere als Politik im Sinn und glaube, dass dieses Ereignis im Baltikum auch keine besondere Beachtung fand, weil die Menschen dort mit ihren eigenen Problemen zu tun hatten und kaum Hilfe aus dem Reich erhielten. Das änderte sich jedoch in den Jahren danach, denn die Nationalsozialisten erkannten die Bedeutung der Auslandsdeutschen für ihre Politik und unterstützten sie deshalb massiv. Auch leisteten in zunehmendem Maße Reichsdeutsche bei uns Hilfe und Unterstützung, wie z. B. der Übungsleiter im Rigaer Turnverein.

Die Unterstützung unserer Zeitung, der *Rigaschen Rundschau* verfolgte natürlich auch den Zweck, die Berichterstattung in diesem Blatt in nationalsozialistischem Sinn zu beeinflussen. Als weitere Informationsquelle diente uns das Radio, das sehr bald gleichgeschaltet war, sodass wir völlig einseitig informiert wurden. Die Propaganda verfehlte nicht ihren Zweck und viele von uns glaubten das, was wir lasen, hörten und in Riga selbst erlebten. Die Menschen im Baltikum wurden so mehrheitlich zu Nazis, aber zu idealistischen Nazis, die die guten Seiten des Systems kannten und gesehen hatten. Typisch für diese Gesinnung ist die Reaktion eines mir persönlich bekannten Jungen, der nach seiner Ankunft in Deutschland auf der Straße in Gotenhafen einen Trupp von Strafgefangenen sah, die von bewaffneten Uniformierten eskortiert wurden.

Der Junge war völlig entgeistert und fragte seinen Vater entsetzt: »Papi, gibt es denn hier so etwas auch?«

Es war für den Jungen unvorstellbar, dass es in Deutschland Kriminelle geben sollte, denn für ihn, und nicht nur für ihn, war der Begriff ›Deutschland‹ gleichbedeutend mit: rein, edel, großmütig, anständig!

Wenige Tage nach unserer Ankunft in Posen mussten wir uns in der Schiller Oberschule einfinden, wo Mitte Januar der Unterricht begann. Dieses letzte Schuljahr war aber nicht nur durch seine Kürze außergewöhnlich, weswegen der Stoff im Eilzugtempo behandelt wurde und manches, wie z. B. die Differenzial- und Integralrechnung gänzlich unter die Tische fiel. Wie bereits erwähnt wurden viele Polen nach dem Ende des Polenfeldzuges ins Generalgouvernement deportiert. Viele entdeckten nun um des persönlichen Vorteils willen eine ›deutsche Großmutter‹, denn das bedeutete für sie nicht nur die Sicherung vor einer Deportation, sondern auch die Sicherung des Arbeitsplatzes und bessere Lebensmittelkarten, und so wurden Tausende über Nacht zu Volksdeutschen. Es dauerte deshalb nur eine relativ kurze Zeit, bevor man auf der Straße kein Polnisch mehr hörte.

Dass wir uns in einem kriegsführenden Land befanden, merkten wir eigentlich nur selten. Zwar gab es täglich Wehrmachtsberichte, die wir auch fast immer hörten, doch die Kampftätigkeit beschränkte sich auf gelegentliche Feuerüberfälle oder Spähtrupptätigkeit zwischen Westwall und Maginot-Linie. Für uns ungewohnt waren die vielen Uniformierten, die das Straßenbild beherrschten. Doch brauchte es sich dabei keineswegs um Wehrmachtsangehörige zu handeln. SA und SS, NSKK und RAD, Reichsbahn und Reichspost, Organisation Todt und ›Goldfasane‹ (so wurden die Verantwortlichen der NSDAP genannt), um nur einige zu nennen – jeder Popel besaß eine Uniform, die ihm Macht und Einfluss verlieh. Auch damals schon strömten viele Menschen aus dem ›Altreich‹ in die neuen Ostgebiete in der Hoffnung, sich dort recht schnell eine ›goldene Nase‹ zu verdienen. Dabei ging es ihnen vorrangig eben nicht darum, den aus dem Baltikum angereisten Deutschen bei der Integration in die neue Umgebung wirksame Hilfe und Unterstützung zu gewähren, sondern primär nur darum, den eigenen Geldbeutel recht rasch zu füllen. Besonders unangenehm fielen dabei die Danziger auf. Wir erkannten das rasch und reagierten auf unsere Weise, was zu dem Ausspruch führte, dass im Osten die Maul- und Klauenseuche herrsche: Die Balten heulen und die Danziger klauen! Von ›Schanno von Dinakant‹, einer Art Rigaer Clochard, über den es schon um die Jahrhundertwende viele Gedichte in seinem Tonfall gab, kursierte, nachdem ein Großteil der Balten in Posen, das an der Warthe liegt, gelandet war, der folgende Vierzeiler, der auch in die gleiche Kerbe schlägt:

»Als Schanno kam an Warthefluß,
in Strömung hat geguckt,
dann merkt er, dass er warten muss
und hat eins abgespuckt.«

In die letzten Tage unserer Schulzeit fiel der deutsche Angriff am 9.4.1940 auf Dänemark, das an einem Tag erobert wurde und auf Norwegen, wo bis in den Juni hinein erbittert gegen englische Expeditionstruppen gekämpft wurde. Anfang April war unser letztes Schuljahr schon beendet. Wir machten ein Notabitur, das wirklich nur eine Formsache war, erhielten unsere Abschlusszeugnisse und dann hieß es für uns Abschied von der Penne nehmen, denn der Ernst des Lebens begann. Für einen Teil von uns bedeutete das, den grauen Soldatenrock anzuziehen, denn ein Kamerad hatte in unserer Klasse eine ganze Arbeit geleistet und mehrere meiner Klassenkameraden zu den ›Brandenburgern‹ [1] geworben. Es bedeutete der Abschied von vielen – einen Abschied fürs Leben, denn sie sind aus dem Krieg nicht zurückgekehrt!

---

1 Die vornehmlich aus Spezialisten verschiedener Art zusammengesetzte Formation die »Brandenburger« wuchs sehr schnell auf Regimentsstärke an, später wurde der Verband eine Division, die für spezielle Unternehmen eingesetzt wurde. Dabei erfolgten jedoch zunehmend militärische Einsätze in größerem Rahmen, die die Division mehr und mehr einem normalen Frontverband anglichen. Ab 1944 waren die Brandenburger eine Panzer-Grenadier-Division im Befehlsbereich des Heeres. (http://www.bundesarchiv. de/DE/Content/Virtuelle-Ausstellungen/Die-Brandenburger-Kommandotruppe)

Der Krieg

Grundausbildung

Nach der Zeugnisübergabe verabschiedete sich die Klasse in alle Himmelsrichtungen und es vergingen Jahrzehnte, bis sich die Überlebenden wieder einmal trafen. Während viele Kameraden nach Brandenburg einrückten, blieb ich noch in Posen und durfte auch weiterhin bei der Familie Burmeister wohnen. Papa wollte mir später die Leitung der Schuhfabrik, die er inzwischen in Bromberg erworben hatte, übertragen und deshalb sollte ich im Herbst 1940 an einer Fachhochschule in der deutschen Schuhzentrale Pirmasens ein Studium aufnehmen. Davor hatte ich mich zum Reichsarbeitsdienst (RAD) gemeldet und erhielt zum 19.4.1940 meine Einberufung zur RAD-Abteilung 3/32 nach Deutschwalde, Kreis Hohensalza. Der Arbeitsdienst war eine von den Nationalsozialisten geschaffene Einrichtung, in der junge Männer vor dem Wehrdienst, in Lagern zusammengefasst, mehrere Monate mit nützlichen Arbeiten wie z. B. an der Küste dem Bau und der Verstärkung von Deichen, um dem Meer neues Land abzugewinnen, betraut wurden. Die Unterbringung erfolgte in Barackenlagern und wir waren offensichtlich nicht der erste Jahrgang, der hier einrückte, denn der Lagerbau war schon fortgeschritten. Die Gliederung und der Drill waren bereits militärisch, es gab aber andere Dienstgrade, die mir jedoch entfallen sind. Ich weiß nur, dass ich ›Arbeitsmann‹ war.

Der erste Tag verging mit dem Empfang der Klamotten und dem Bezug der Quartiere, wobei dem exakten Bettenbau große Bedeutung zukam. Denn wenn man mit seinem Bett auffiel, weil es angeblich nicht ordentlich gebaut war, dann konnte es schon passieren, dass man einen Sonderdienst aufgebrummt bekam. Eine Erfahrung, die ich machen musste und die sich auch bei der Grundausbildung in der

Wehrmacht wiederholte, war, dass man als ›Abiturient‹ bei seinem Unterführer erst einmal ›verschissen‹ hatte. Die waren nun einmal keine ›Intelligenzbestien‹ und hatten mir gegenüber wohl Minderwertigkeitskomplexe, die sie durch besondere Strenge ausgleichen wollten. Ich war damals aber gerade 18 Jahre alt, gesund und so ließ ich mich weder provozieren noch unterkriegen. Vorrangig ging es darum, den Aufbau des Lagers zu vollenden, in der ersten Zeit mussten wir aber auch viel exerzieren und ›Griffe kloppen‹. Ja, das geht nicht nur mit dem Gewehr, sondern auch mit Spaten! Natürlich musste der stets blitzblank sein, was laufend kontrolliert wurde und wehe, man fiel dabei auf! Dann war man mindestens für ein Strafexerzieren fällig. Kommandos wie »Der Spaten über« und »Präsentiert den Spaten« sowie Märsche in der Kolonne und in 12er-Reihen übten wir in den ersten Wochen bis zur völligen Erschöpfung, denn in jedem Herbst fand in Nürnberg der Reichsparteitag statt und zu dem sollten wir auch hinfahren und dort natürlich eine gute Figur machen. So haben wir viele Stunden dafür geübt.

Am 10. Mai wurde dann die Stille an der Westfront durch den deutschen Überfall auf die Beneluxstaaten und Frankreich beendet. Bis auf das tägliche Hören der Siegesmeldungen im Wehrmachtsbericht hat uns das aber nicht direkt berührt. Da Hitler aber anschließend nach England übersetzen wollte, was dann aber doch nicht zur Ausführung kam, wurde der Reichsparteitag abgeblasen und damit beendeten wir auch unser Exerzieren. Stattdessen wurde ein Großteil unseres Lagers verlegt und kam nach Osienciny, Kreis Leslau, etwa 50 Kilometer östlich von Deutschwalde. Der Ort war jedoch nicht mehr in der alten Provinz Posen und damit auch nicht mehr im nach dem Ersten Weltkrieg entstandenen sogenannten ›Korridor‹, sondern bereits in ›Kongresspolen‹ und gehörte damit eigentlich zum Generalgouvernement. Das hinderte die Nazis aber nicht daran ihn dem Reichsgau Wartheland zuzuschlagen und dem Deutschen Reich einzugliedern.

Unsere Aufgabe dort bestand darin, in Osieciny, Kreis Wloclawek, ein RAD-Lager zu errichten. Zunächst wurden wir in der Schule untergebracht.

Hier gleich noch eine heitere Episode aus dieser Zeit: In der Schule waren keine Toiletten, die befanden sich in einem Gebäude etwa 10 Meter hinter der Schule. Wenn jemand nun nachts austreten musste, dann konnte es schon passieren, dass er vom Posten mit den Worten: »Halt, Parole!« angerufen wurde. Die Parole wechselte täglich und wurde jeweils abends beim Appell bekannt gegeben. Wir waren schon eine Weile da, als neue Arbeitsmänner eintrafen. Wie üblich wurde beim Abendappell die neue Parole bekannt gegeben, die für die nächste Nacht ›Przemysl‹ lautete.

Da ertönte aus dem Glied eine Stimme: »Bevor ich das ausgesprochen habe, ist die Hose voll!«

Die Arbeit hat mir sogar Spaß gemacht, denn man konnte sich täglich vom Fortgang der Arbeit überzeugen und es war keine sinnlose Beschäftigung. Vermutlich, weil es darum ging, der Wehrmacht neue Rekruten zuzuführen, wurde unsere Dienstzeit verkürzt und wir wurden statt nach sechs schon nach gut vier Monaten im August entlassen. Entlassen wurde ich nach Bromberg, wo meine Eltern inzwischen ein neues Zuhause gefunden hatten. So ›gammelte‹ ich wochenlang herum und wusste mit mir nicht Rechtes anzufangen. Bromberg, eine Stadt von etwa 300.000 Einwohnern an der Brahe, unweit von deren Einmündung in die Weichsel gelegen, bot damals nicht unbedingt viele Möglichkeiten zur Zerstreuung. So sah ich schließlich nur einen Ausweg aus dem Dilemma: Ich wollte der Mehrheit meiner Klassenkameraden folgen!

So ging ich eines Tages zum Wehrkreiskommando und meldete mich freiwillig zur Wehrmacht. Es dauerte gar nicht lange, da erhielt ich meine Einberufung: Am 10.12.1940 sollte ich beim Pionier-Ersatz-

Bataillon 206 in Pisek (Reichsprotektorat Böhmen und Mähren, in der Nähe von Pilsen) antreten. Natürlich gefiel meinen Eltern die von mir getroffene Entscheidung gar nicht. Es herrschte ja Krieg, auch wenn nach Abschluss des Feldzuges im Westen an allen Fronten seit längerer Zeit Ruhe war. Aber Einwände dagegen waren nicht mehr möglich. So traf ich zum angegebenen Zeitpunkt nach einer vielstündigen Bahnfahrt, die mich u. a. auch durch das nächtliche Prag führte, in Pisek ein, das für die Zeit der Grundausbildung mein Standort sein sollte. Das kleine Städtchen liegt etwa 100 Kilometer südlich von Prag in einem hügeligen Gebiet. In Pisek lebten überwiegend Tschechen, die der deutschen Wehrmacht ablehnend bis feindlich gegenüberstanden. Es kam so zu keinerlei Kontakten mit der Zivilbevölkerung, die auch gar nicht erwünscht waren. Als wir nach der Vereidigung und dem ersten gemeinsamen Stadtbesuch mit unserem Gruppenführer allein ausgehen durften, wurde uns verboten, die Kaserne einzeln zu verlassen. Wir sollten uns in Gruppen zusammentun, bestimmte Gegenden meiden und stets um unsere Sicherheit besorgt sein.

Eine der ersten unangenehmen Erfahrungen, die wir machten, war, dass unser Ersatztruppenteil aus dem Pionier-Bataillon 6 einer ostpreußischen Einheit hervorgegangen war und wir auch ostpreußische Ausbilder hatten. Die waren in der ganzen deutschen Wehrmacht als ›sture Hunde‹ und ›Schleifer‹ berüchtigt und auch wir ›durften‹ einige Kostproben davon erleben. Die zweite Erfahrung war die gleiche wie beim RAD: Als Abiturient fiel ich bei meinem Gruppenführer, einem etwas unbedarften Unteroffizier, erst einmal unangenehm auf. Im Laufe der Zeit haben wir uns aber auch zusammengerauft und als ich nach meiner Grundausbildung den Haufen verließ, bedauerte er meine Abreise und wünschte mir für meinen weiteren Weg alles Gute. Die Ausbildung begann mit den üblichen Exerzierübungen auf dem Kasernenhof. An diese Allgemeinausbildung schloss sich die Spezialausbildung für Pioniere an, d. h. wir lernten, wie Sprengsätze gefertigt, festgemacht und gezündet werden sollten, und wurden im Brückenbau unterwiesen. Besonders unangenehme Erinnerungen habe ich da an das Tragen der Pontons, denn neben dem Errichten von Holzbrücken war es in manchen Fällen günstiger, Pontonbrücken zu bauen. So ein Ponton wiegt einige Hunderte Kilogramm und wird im Ernstfall so nah wie möglich an den Einsatzort herangefahren. Dann jedoch muss er von soweit ich mich erinnern kann, zwölf Mann geschultert und bis zum Flussufer getragen werden. Dabei gibt es zwei Probleme: Erstens die unterschiedliche Größe der Träger und zweitens das niemals vollkommen ebene Gelände bis zu der Stelle, wo der Ponton abgesetzt werden konnte. Das erste Problem versuchte man zu lösen, indem die Träger nach der Devise aufgestellt wurden: Die Kleinen vorn, die Großen hinten und beim Tragen im Gelände sollten alle Unebenheiten möglichst umgangen werden. Aus meiner Erfahrung weiß ich, dass das kein Allheilmittel war und auch nicht sein konnte. Manchmal war zwischen meiner Schulter und dem Ponton ›Luft‹ und plötzlich drückte dieser mit dem vielfachen Gewicht auf meine Schulter, sodass ich in die Knie zu gehen drohte. Zum Glück ist das aber nie passiert, denn das hätte eine Kettenreaktion nach sich gezogen mit wahrscheinlich bösen Verletzungen für einige von uns. Ich war deshalb immer froh, wenn der Dienst mit den Pontons beendet war.

Die Ausbildung sollte uns auf die Anforderungen vorbereiten, die an der Front an uns gestellt würden und musste deshalb praxisnah sein. Dazu gehörte auch das Werfen scharfgemachter Handgranaten aus der Deckung, das Zünden von Sprengsätzen und Scharfschießen auf dem Schießstand. Geschossen wurde mit dem Karabiner 08/15 in den Anschlagarten 300 m liegend aufgelegt, 300 m liegend freihändig und 100 m freihändig stehend. Ich war kein ›Wilddieb‹ und hatte meine Probleme, die geforderten Ringzahlen zu erreichen. Liegend aufgelegt sollten wir auf die 12er-Scheibe mit drei Schuss mindestens 26 Ringe erreichen. Ich schaffte aber nur 4, 5 und 8, also gerade 17

Ringe. Feldwebel Valendy, der damals die Aufsicht beim Schießen hatte und manchmal sehr laut werden konnte, kam an meinen Stand und genehmigte mir wegen der ›steigenden Tendenz‹ der Treffer zwei Zusatzschüsse. Wie ich das geschafft habe, weiß ich selbst nicht, aber ich schoss eine 10 und eine 11! Zusammen mit der 8 – die 4 und 5 wurden Streichresultate – hatte ich die Bedingung erfüllt. Für den Feldwebel aber war es ein Grund, mich kräftig ›anzuniesen‹, denn ich hätte völlig unnötig zwei Schuss Munition ›verpulvert‹! In dieser Zeit gingen viele Briefe zwischen Pisek und Düren, wo mein Freund gelandet war, hin und her. In einem Schreiben fragte er mich, ob ich nicht auch zu den ›Brandenburgern‹ wolle; er würde sich dann um meine Anforderung bemühen. Weil ich gern mit ihm zusammen sein wollte und dem Dienst bei den Pionieren ohnehin nicht viel abgewinnen konnte, bekräftigte ich meinen Wunsch, zu den ›Brandenburgern‹ versetzt zu werden.

Anfang Februar 1941 erhielte ich einen Marschbefehl nach Berlin und machte mich in einer erneuten Nachtfahrt über Prag auf dem Weg in die Reichshauptstadt. Dort befand sich unweit vom Potsdamer Platz der Regimentsstab der ›Brandenburger‹. In Berlin traf ich am Morgen ein und beschloss vor der Meldung beim Regimentsstab eine Tante, Papas Stiefschwester, zu besuchen. Als ich mich nach einiger Zeit von den Damen verabschiedete, wollte eine Cousine mir etwas besonders Gutes tun und spritzte ihr Parfüm auf meinen Uniformrock. Bevor ich aber auf die ungeahnten Folgen dieser Aktion eingehe und mehr von den ›Brandenburgern‹ berichte, sei mir der Hinweis gestattet, dass der Zufall auch in meinem Leben mehrfach eine entscheidende Rolle gespielt hat, worauf ich im Einzelnen noch eingehen werde.

Bei den Brandenburgern

Doch nun Näheres über das Lehr-Regiment ›Brandenburg‹ z.b.V. 800, wie die Einheit hieß, in die ich damals im Februar 1941 aufgenommen wurde. Den Kern bildeten ursprünglich Deutschbalten, Sudetendeutsche, Palästinadeutsche, Südtiroler, Deutsche aus den ehemaligen deutschen Kolonien in Ost- bzw. Südwestafrika und weitere Auslandsdeutsche. Manchmal herrschte in dieser Einheit ein richtiges Sprachgewirr, denn wir Deutschbalten unterhielten uns untereinander schon mal Lettisch oder Estnisch, die Sudetendeutschen konnten sich der tschechischen Sprache bedienen und die Südtiroler der italienischen. Die Palästinadeutschen sprachen untereinander arabisch und die ›Afrikaner‹ Kisuaheli. Mitunter ging es schon zu wie beim Turmbau von Babel. Der Regimentsstab befand sich am Matthäikirchplatz in Berlin. In meiner Zeit der Zugehörigkeit zu den ›Brandenburgern‹ habe ich eine Reihe von Umstrukturierungen miterlebt, die ihre Ursache u. a. darin hatten, dass die eigentlich gestellten Aufgaben nur für einen Vormarsch Gültigkeit haben konnten, es ab 1943 aber fast nur noch rückwärts ging. Andererseits gelang es auch nicht die personellen Ausfälle durch gleichwertige Kräfte zu ersetzen, die auch die besonderen Aufgaben der ›Brandenburger‹ zu erfüllen in der Lage waren. Das alles wusste ich natürlich noch nicht, als ich nach der Verabschiedung von der Familie in Friedenau voller Erwartung das Hauptquartier am Matthäikirchplatz betrat. Ich wurde in einen Raum gewiesen, in dem schon einige Soldaten saßen und warteten.

Nach einiger Zeit betrat ein Unteroffizier den Raum, schnupperte und fragte dann: »Welches Schwein stinkt hier so?«

Das Parfüm hatte also Langzeitwirkung gehabt und ich war prompt aufgefallen. Mit dem Ergebnis, dass ich von dem Unteroffizier nicht einen Marschbefehl zur 10. Kompanie in Düren erhielt, sondern zu einem Sonderverband Hellmann irgendwo am Kanal. Ich musste nach Oostduinkerke in Belgien, südwestlich von Ostende, etwa auf halbem

Wege zwischen dieser Stadt und Dünkirchen. Angekommen stand ich zuerst ein wenig ratlos da, denn der Ort entpuppte sich als ein Badeort, in dem es zwar mächtige Dünen gab, aber keine Straßen und die Häuser waren über ein großes Gebiet verstreut, während Einzelne in den Dünen standen.

In einem dieser Häuser war ich schließlich am Ziel und meldete mich beim Spieß. Der schaute mich verdutzt an und fragte: »Was wollen denn Sie hier?«

Nun war die Reihe des Wunderns an mir. Erst viel später erfuhr ich den Grund für das Erstaunen des Hauptfeldwebels. Nach dem Abschluss des Frankreich-Feldzuges hatte Hitler mit dem Gedanken gespielt nach England überzusetzen und dafür Truppen an der Kanalküste zusammengezogen, u. a. eben auch den Sonderverband Hollmann der ›Brandenburger‹. Der Plan kam jedoch, aus welchen Gründen auch immer, nicht zur Ausführung und die Truppenteile wurden wieder abgezogen. Nur die ›Brandenburger‹ lagen noch am Kanal und warteten auf ihre Verlegung. Da erhob sich natürlich die Frage, welchen Zweck unter diesen Voraussetzungen eine Versetzung zum Sonderort nach Oostduinkerke haben sollte, denn der Spieß konnte ja nicht wissen, dass das ›stinkende Schwein‹ einem Unteroffizier in Berlin unangenehm aufgefallen war und deshalb ganz weit fortgeschickt werden musste.

Da ich nun einmal da war, sollte ich bis zum Rückmarsch nach Deutschland auch etwas tun und wurde deshalb der Telefonvermittlung zugeteilt. Es zeigte sich, dass der Sonderverband in einer Reihe von Villen untergebracht war, die sich etwa 500 Meter vom Strand entfernt befanden. In einer dieser Villen war die Telefonzentrale untergebracht, die rund um die Uhr besetzt sein musste, denn ohne ihre Vermittlung konnte kein Anruf ankommen oder abgehen. Eigentlich war demnach ein durchgehender Schichtdienst erforderlich, doch hatte ich kaum nachts Dienst, denn die anderen Telefonisten schliefen in der Villa und übernahmen meine Schichten, während ich tagsüber aktiv war. Von ihnen wurde ich auch in meine Tätigkeit am Klappenschrank[2] eingewiesen, die sehr einfach war. Bei ankommenden Gesprächen war die Verbindung mit dem gewünschten Teilnehmer herzustellen, indem der Stecker in das entsprechende Loch im Klappenschrank gesteckt wurde. Bei abgehenden Gesprächen war es nicht ganz so einfach. Wenn z. B. jemand das Oberkommando der Wehrmacht (OKW) in Berlin sprechen wollte, dann musste ich die nächste Heeresvermittlung (HV), in diesem Falle HV Dixmuiden, anrufen, und mich mit dem HV Gent verbinden lassen. Von dort ging es weiter zur HV Brüssel und dann direkt nach Berlin. Nach ein bis zwei weiteren Zwischenstationen hatte man dann den gewünschten Teilnehmer in der Leitung und konnte das Gespräch schalten. Bei Gesprächen mit dem Oberbefehlshaber in Paris wurde die Verbindung aber nicht über die HV, sondern über die Luftwaffenvermittlung (LV) hergestellt. Es begann mit der LV-Koksijde, ging weiter zur LV-Dünkirchen und von dort direkt nach Paris. Die Anweisung besagte zwar eindeutig, dass man nach Herstellung der Verbindung das Gespräch nicht mithören dürfe, wozu man eine Taste im Hörer loslassen musste, doch habe ich wie die anderen Telefonisten auch häufig mitgehört und dabei manch Interessantes erfahren. In Brüssel war oft ›Nachrichtenhelferin Meyer‹ in der Vermittlung. Sie hatte eine sympathische Stimme und wir haben gelegentlich miteinander herumgeflachst, wenn es die Zeit erlaubte.

Später bestiegen wir wieder unsere Fahrzeuge, überquerten bei Köln den Rhein und fuhren nach Brandenburg an der Havel, das für die nächste Zeit unser neuer Standort werden sollte. Unser neues Domizil, die Generalfeldzeugmeister-Kaserne, befand sich am Westrand der Stadt. Ich landete im schweren Zug der 2. Kompanie, die von einem

---

2 **Klappenschrank** ist die Bezeichnung für eine *Fernsprech-Handvermittlungseinrichtung* der Wehrmacht.

Hauptmann geführt wurde, während ein Leutnant den schweren Zug befehligte. Anders als in einer ›normalen‹ Infanteriekompanie, die in drei Zügen mit je vier Gruppen gegliedert war, bestand unsere Kompanie – mit etwa 330 Mann viel stärker als eine normale Kompanie – aus zwei Halbkompanien und dem schweren Zug. Neben der üblichen Bewaffnung hatten wir im schweren Zug außerdem schwere Maschinengewehre, leichte und schwere Granatwerfer sowie Flammenwerfer. Neben weiteren Deutschen aus dem Sudetenland, Palästina und dem früheren Deutsch-Ostafrika befand sich im schweren Zug auch ein gut aussehender, intelligenter junger Mann, der mit der Führung des Kriegstagebuches der 2. Kompanie beauftragt wurde. Sein Vater war in leitender Position in der Terra-Filmgesellschaft, einer der großen Vier neben der UFA, Bavaria und Tobis, tätig. Seine Mutter aber, was ich erst sehr viel später erfuhr, war Jüdin, was für ihn sehr unangenehme Folgen haben sollte.

Die Ausbildung für unsere künftigen Aufgaben war hart und wir haben in und um Brandenburg dabei so manchen Schweißtropfen vergossen. Der Flammenwerfer, den ich häufig das ›Vergnügen‹ hatte zu tragen, wog vollgetankt 42 Kilogramm. Da wusste man schon, was man auf dem Rücken trug. Besonders nachdem man bei der Übung im Gelände in gebückter Haltung durch einen Schützengraben gegangen war und ständig des Rufes »Feind von vorn« gewärtig sein musste, woraufhin man sofort mit einem Feuerstoß aus dem Flammenwerfer zu reagieren hatte. Eine besonders ›feine‹ Methode des Offiziers »Gelobt sei, was hart macht« hatte sich ein junger Leutnant ausgedacht. Auf dem Rückmarsch vom Übungsgelände in Pritzerbe zur Kaserne (ca. fünf Kilometer) hieß es plötzlich »Gasmasken auf« und dann mussten wir auf sein Pfeifkommando 100 Meter Laufen – 100 Meter Gehen – 100 Meter Laufen – 100 Meter Gehen bis kurz vor der Kaserne. Wir waren fix und alle und hätten den Kerl am liebsten in der Luft zerrupft. Im Nachhinein muss man aber auch zugeben, dass dich im Ernstfall auch niemand gefragt hat, ob du noch kannst oder nicht, du musstest einfach! Insofern hat uns die praxisnahe Ausbildung später doch viel geholfen. Außer den Übungen im Gelände gab es aber auch Dienst in der Kaserne und der Tagesablauf begann immer mit dem morgendlichen Antreten und der Meldung an den Hauptfeldwebel. Der Spieß oder die ›Mutter der Kompanie‹, wie der Hauptfeldwebel auch genannt wurde, ist kein Dienstgrad, sondern eine Dienststellung, die durch zwei etwa 10 Millimeter breite Litzen auf beiden Unterarmen äußerlich zu erkennen war. Der Spieß leitete die Schreibstube und war für den gesamten Innendienst verantwortlich. In Auswertung der Ergebnisse des 1. Weltkrieges hatten die Franzosen entlang ihrer Ost- und Nordostgrenze ein System von Bunkern und Verteidigungsanlagen errichtet, die sogenannte Maginot-Linie. Dem setzte das Deutsche Reich nach der Einführung der allgemeinen Wehrpflicht 1935 entlang des Rheins und der Grenze zu Frankreich den Westwall entgegen, den die Engländer ›Siegfried-Linie‹ nannten. Nach Kriegsbeginn wurde bei ihnen häufig ein Spottlied gesungen: »We ‹re gonna hang out the washing on the Siegfried-Line« (Wir hängen unsere Wäsche an der Siegfried-Linie auf). Nun hatte der Feldzug im Westen aber einen ganz anderen Verlauf genommen und deutsche Truppen standen am Kanal. Wenn wir von der Kaserne zu einer Übung ausrückten, marschierten wir gelegentlich auch an englischen Kriegsgefangenen vorbei, die mit irgendwelchen Arbeiten beschäftigt waren. Diese Gelegenheit konnten wir dann nicht vorübergehen lassen, ohne ihnen ihr eigenes Lied vorzusingen. Doch bekanntlich lacht der am besten, der zuletzt lacht. Aber das wussten wir damals noch nicht!

Nach Abschluss des Frankreich-Feldzuges hatte sich auch das Geschehen an den Fronten beruhigt. Allerdings entstanden auf dem Balkan mit dem Einmarsch deutscher Truppen in Jugoslawien und Griechenland, nach dem Unvermögen Italiens Albanien zu besiegen, sowie mit der Entsendung des Afrikakorps unter Rommel nach der Niederlage der Italiener in Nordafrika, neue Kriegsschauplätze für uns. Wir in Brandenburg waren daran aber nicht beteiligt, sondern warteten dort die weitere Entwicklung ab. Der Freundschaftsvertrag Hitlers mit der Sowjetunion Stalins aus dem Jahr 1939, seinem erklärten Erzfeind, hatte damals viele betroffen gemacht und war auf weites Unverständnis gestoßen, wurde von der deutschen Propaganda aber mit Vehemenz verteidigt. Im Laufe der Zeit häuften sich aber Gerüchte, dass diese Mesalliance nicht von Dauer sein könne. Wenige Tage später wurden wir dann auf die Bahn verladen. Am 29. Mai 1941 waren wir in Zakopane, einem polnischen Ferienort am Fuße der Hohen Tatra. Mit vollen Zügen genossen wir diese wohl für längere Zeit letzten Tage in unbeschwerter Freiheit, denn allmählich war uns allen klar geworden, dass ein Krieg gegen die Sowjetunion unmittelbar bevorstand. Wir waren in mehreren Villen etwas oberhalb von Zakopane untergebracht. Fast jeden Tag trafen neue Einheiten ein und belegten Quartiere. Es war Mitte Juni, als wir den Befehl erhielten, vormittags die Fahrzeuge fertigzumachen und nachmittags unsere Sachen zu packen, am nächsten Morgen wurden wir verlegt. Es gab ja nicht viel zu packen und so hatten wir noch die Zeit, um uns von Zakopane zu verabschieden. Am nächsten Morgen hieß es ›Aufsitzen‹ und unsere Fahrt ins Ungewisse begann. Über Krakau, Tarnow und Reichshof ging unsere Fahrt immer weiter nach Osten und je weiter wir kamen, desto voller wurden die Straßen durch andere Wehrmachtstransporte, die alle in die gleiche Richtung strebten. Links und rechts der Straße standen gut getarnt Artillerie-Einheiten, Pak und Flak hatten sich ebenfalls gut gegen Fliegersicht getarnt.

Gegen Abend näherten wir uns unserem Ziel, Przemysl, eine Stadt an der Demarkationslinie zur Sowjetunion, warteten aber bis zur Dunkelheit, bevor wir in die Stadt einfuhren. Die Fahrzeuge wurden in einem Park untergestellt und wir mussten uns in kleinen Gruppen unter Ausnutzung der Hauswände zu unserer Unterkunft begeben, einer

Klosterschule direkt am San, dem Grenzfluss, die von russischer Seite eingesehen werden konnte. So gut es ging, versuchten wir zu schlafen und sahen uns am nächsten Morgen unsere Umgebung an. Das Kloster lag unmittelbar am Fluss und 100 bis 150 Meter von unserem Fenster entfernt, waren am anderen Flussufer die Posten der Sowjets zu beobachten, die mit aufgepflanztem Seitengewehr hin- und hergingen. Etwas weiter links führte eine Eisenbahnbrücke über den San, auf der Züge mit Kesselwagen in beiden Richtungen fuhren. Wir durften uns den Sowjets nicht zeigen, sondern unser Quartier nur auf der dem Fluss abgewandten Seite betreten bzw. verlassen. Ein normaler Dienst war unter diesen Umständen natürlich nicht möglich und so vergingen die Tage mit Waffenreinigen und anderen mehr ordinären Tätigkeiten. Am Abend des 20. Juni mussten wir unsere Unterkunft wieder räumen, wurden aus Przemysl herausgezogen und bezogen Quartier in einer alten österreichischen Kaserne nördlich des Ortes Zurawica. Leutnant Glüning ›krempelte‹ den schweren Zug wieder einmal um und teilte einen Kameraden und mich zum 2. Flammenwerfer ein. Nun wurde uns klar, dass nur noch Stunden bis zum Beginn der bewaffneten Auseinandersetzung mit den Sowjets vergehen würden. Was ich mir damals gedacht habe? Eigentlich gar nichts, denn ich hatte doch überhaupt keine Vorstellung von dem, was mich erwarten würde und im ›zarten‹ Alter von gerade 19 Jahren überwog auch noch die Neugier. Außerdem war die Propaganda der Nazis auch an mir nicht spurlos vorübergegangen. Besonders auch, weil das Verhältnis der Menschen im Baltikum zum russischen ›Bären‹ eigentlich schon lange ein gespaltenes war.

Ostfront

In der Frühe des 22. Juni wurden wir geweckt, das Bataillon solle um 3 Uhr antreten. Unser Bataillonskommandeur sprach zu uns und teilte uns mit, dass der Krieg gegen die Sowjetunion um 3 Uhr 15 beginnen werde. Brach nun das Inferno los, wie ich erwartet hatte? Nein, es geschah gar nichts! Auch um 1/2 4 Uhr blieb noch alles ruhig. Dann hörte man den ersten Schuss, einen schweren Granatenwerfer, und im Licht der aufgehenden Sonne zogen deutsche Flugzeuge gegen Osten. Nachdem der Major seine Ansprache beendet hatte, bekamen wir Befehl, uns in Bereitschaft zu halten. Die Gefechtstätigkeit nahm zu, aber wir waren davon nicht betroffen. Einige Stunden später wurde ein Flammenwerfer nach Przemysl befohlen. Am Nachmittag kamen sie zurück und der Leutnant schwenkte eine russische Beutefahne, die er auf dem anderen San-Ufer erobert hatte. Der Angriff war zwar erfolgreich verlaufen, doch in der 101. Leichten Division, der wir damals zugeteilt waren, hatte es bereits die ersten Verluste gegeben. Gegen Abend kam für uns der Befehl, nördlich von Przemysl einen Brückenkopf auf dem anderen San-Ufer zu bilden. Unser Gepäck blieb auf unseren Fahrzeugen zurück. Wir bekamen Handgranaten, machten sie scharf, indem wir die Sprengkapseln einführten, erhielten Munition und ich lud meinen Revolver, denn mit dem Flammenwerfer auf dem Rücken konnte ich ja kein Gewehr tragen. Mein letzter Brief befand sich in meinem Soldbuch. In der Abenddämmerung gelangten wir zum Fluss, die Floßsäcke lagen bereit und einigermaßen lautlos gelangten wir unbemerkt an das andere Ufer, wo die Spitzen ausschwärmten und Stellung bezogen. Wir mit dem Flammenwerfer waren ja nicht so beweglich und blieben deshalb zurück. Inzwischen war es dunkel geworden, Posten wurden aufgestellt und es sollte geschlafen werden. Doch wer konnte das schon. Wir waren innerlich alle von dem Geschehen der letzten 24 Stunden aufgewühlt und außerdem war es lausig kalt, ich fror wie ein Schneider. Mit dem Anbruch des neuen Tages setzte die

Gefechtstätigkeit wieder ein, aber nicht in unserer Nähe, sondern in größerer Entfernung. Ich erhielt den Auftrag, mit dem Flammenwerfer bei der Besetzung eines Dorfes zu helfen, das in einiger Entfernung von uns zu sehen war. Inzwischen wurde es heiß und es gab nichts zu trinken. Die 42 Kilogramm auf meinem Rücken drückten immer mehr und ich kam nur langsam vorwärts, erreichte dann aber doch das Dorf Naklo, in das unsere Spitzen bereits mit entsicherten Waffen eingedrungen waren. Man hörte einige Feuerstöße und jemand warf eine Handgranate in ein Haus, das bald darauf in Flammen stand. Am Ortsausgang machte die Kompanie ihre ersten Gefangenen.

Nachdem der Gefechtslärm abgeebbt war, wagte sich auch die Zivilbevölkerung aus ihren Hütten und brachte uns in schweren, irdenen Krügen etwas zu trinken – Milch, saure Milch oder Saft. Wir nahmen alles dankbar an, denn wir waren durch die Hitze völlig ausgedörrt. Wir aßen aber auch gern das Weizenbrot, das sie uns anboten, denn unsere Feldküche hatte uns noch nicht gefunden und als wir zur Ruhe kamen, meldete sich auch der Hunger. Wir wollten den Menschen Geld geben, das sie aber nicht annahmen. Sie bedeuteten uns, dass sie unendlich froh und glücklich seien, dass wir die Kommunisten vertrieben hatten. Das Gebiet hier hatte ja bis 1939 zu Polen gehört und wurde erst danach von der Sowjetunion besetzt. Dort lebten vornehmlich Polen und Ukrainer. Der Brückenkopf war in der Zwischenzeit ausgeweitet worden. Es wurden Sicherungsposten aufgestellt und wir übernachteten in Naklo.

Am folgenden Tag rückten wir hinter der Spitze auf das Dorf Bukow vor. Auf diesem Marsch pfiffen fast ununterbrochen Granaten über uns hinweg und wir warfen uns jedes Mal in den Straßengraben. Da fuhr ein Kübelwagen an uns vorbei, in dem ein General saß, völlig unbeeindruckt von den Geschossen um ihn. Ich schämte mich schon sehr, doch es dauerte einige Zeit, bis ich mich zu den ›alten Hasen‹ zählen konnte, die genau zwischen Abschuss und Einschlag unterschieden, an der Art des Pfeifens erkannten, ob es sich um eine Werfer- oder Geschützgranate handelte. Sie wussten auch, welcher Ton für sie ungefährlich war; wann es ratsam war, in Deckung zu gehen; und wann man sich sofort hinwerfen und an den Boden pressen musste in der Hoffnung, dass es einen nicht erwischen würde. Kurz bevor ich in Bukow eintraf, hatte eine russische Granate in einen Hof eingeschlagen, in dem Kameraden gerade beim Waffenreinigen waren. Wir hatten damit die ersten Verluste zu beklagen: Fünf Kameraden waren sofort tot, fünf weitere Kameraden wurden verwundet und zum Truppenverbandsplatz transportiert. Der das-Zug musste wieder umgebildet werden und ich kam jetzt als Schütze 2 an ein s-MG. Zwar war die Lafette des MG auch nicht besonders leicht, gegenüber dem Flammenwerfer war aber doch ein erheblicher ›Fortschritt‹ zu verzeichnen.

Jenseits des Dorfes hatten die Sowjets eine Bunkerlinie angelegt, die von uns gestürmt werden sollte. Deshalb verließen wir bei einbrechender Dunkelheit Bukow und marschierten vor. Die gegnerische Artillerie schwieg. Wie sich später zeigte, hatte sie sich bereits zurückgezogen. An einem brennenden Vorratslager etwa 200 Meter vor der Bunkerlinie machten wir Halt. Nach einiger Zeit wurden wir von Gebirgsjägern abgelöst und kamen nach Walawa zurück, dem Ort, an dem wir am 22. Juni über den San gesetzt hatten. Dort trafen wir unsere Fahrzeuge wieder, die uns in ein anderes Dorf brachten, in dem wir zwei Tage Ruhe hatten: Uns waschen, unsere Klamotten und Waffen reinigen und uns von den Strapazen der vergangenen Tage erholen konnten. Es gab so viel für uns gedanklich zu verarbeiten. Der Tod von fünf und die Verwundung weiterer Kameraden. Dazu die grausigen Bilder des Krieges: Tote Russen am Straßenrand, aufgedunsene Pferdeleiber, die ihre Beine in den Himmel zu strecken schienen, zerstörte Fahrzeuge, niedergebrannte Häuser und verzweifelte Zivilisten neben den Resten ihrer Habe. Im Einsatz nimmt man das alles zwar wahr, es berührt einen aber nicht, denn der Selbsterhaltungstrieb, die Angst beherrschen das ganze Denken. Mich jedenfalls, denn ich war nie ein Held!

Nach den Ruhetagen erreichte uns ein Einsatzbefehl: Lemberg sollte eingenommen werden. Also musste das Gepäck wieder verladen werden, wir überquerten erneut den San und fuhren in östlicher Richtung der Front hinterher, die schon gewaltig vorgerückt war. An einen Zwischenaufenthalt schloss sich ein Nachtmarsch an, weil wir kurzfristig unsere Fahrzeuge abgeben mussten. In einem Wäldchen wenige Kilometer vor Lemberg machten wir Halt.

An dieser Stelle scheint es angebracht, meine Meinung zu der weitverbreiteten Ansicht vom ›Überfall Deutschlands auf die friedliebende Sowjetunion‹ zu äußern. Im Gegensatz dazu glaube ich, dass es sich hier um einen Präventivkrieg handeln dürfte, d. h. Deutschland ist mit seinem Angriff nur einem beabsichtigten Überfall der Sowjetunion zuvorgekommen. Meine Meinung gründet sich auf folgenden Beobachtungen: 1. Hinter der Grenze stießen wir auf mehrere mit hohen Stacheldrahtzäunen umgebene Barackenlager, die für die deutschen Kriegsgefangenen vorgesehen waren, die man zu machen gedachte und 2. sind Panzer reine Offensivwaffen, d. h. sie sind vornehmlich auf dem Vormarsch einsetzbar – nicht aber bei einem Rückzug. In den ersten Kriegstagen habe ich nun sicher aus jugendlichem Informationsdrang die zerstörten sowjetischen Panzer gezählt, die ich von der Straße sehen konnte und bin dabei auf die sehr große Zahl von 120 gekommen. Eine derartige Konzentration von Angriffswaffen dicht hinter der Grenze ist aber nur mit einem beabsichtigten Angriff zu erklären.[3]

---

3   https://de.wikipedia.org/wiki/Präventivkriegsthese

Am frühen Morgen des 30. Juni trat die Kompanie an und marschierte im Eilmarsch nach Lemberg. Die Sowjets waren aber schon abgezogen und mit der aufgehenden Sonne rückten wir ohne Feindberührung in die Stadt ein, stürmisch von den Einwohnern begrüßt, die froh waren, endlich von den Sowjets erlöst zu sein. An einer Straßenkreuzung wurde ich als Posten aufgestellt und war im Nu von Ukrainern, aber auch vielen Juden umringt, die mir zu erkennen gaben, dass sie sehr froh über die Entwicklung waren. Bei der Sicherung des brennenden NKWD-Gefängnisses (NKWD = Volkskommissariat für innere Angelegenheiten) machten unsere Kameraden eine grauenvolle Entdeckung: Im Keller des Gebäudes hatten diese Bestien – anders kann man sie nicht nennen – Hunderte von ihnen missliebigen Ukrainern umgebracht, die Leichen übereinander geworfen, die Fenster zugemauert und dann das Gebäude angezündet. Umso verständlicher deshalb die Freude der Einwohner von Lemberg, endlich diesem Terror entronnen zu sein. Nach der Einnahme von Lemberg blieben wir, während die Front unaufhaltsam weiterrückte, noch einige Tage in der Stadt, um uns wieder ›aufzumöbeln‹. Laufend zogen weitere Truppen an uns vorbei und auch die Zivilverwaltung und mit ihr viele ›Goldfasane‹ (Spottname für die goldbetressten Funktionäre der NSDAP) begannen zu arbeiten. Die Front war 150 Kilometer nach Osten verlegt und Lemberg wurde zur Etappe und zum Nachschubzentrum, als wir die Stadt nach einer Woche wieder verließen. Wir reihten uns in den ununterbrochenen Strom ein, der sich auf der Rollbahn Süd zur Front wälzte, denn die Front brauchte Menschen, sie brauchte Waffen, Munition, Verpflegung und, und, und …

Im Verband der 4. Gebirgsdivision wurden wir der Vorausabteilung zugeteilt. Ein ›normaler‹ Tag bei der Vorausabteilung sah etwa so aus: Nach dem Wecken aufsitzen und auf der Straße in Richtung Osten vorpreschen. Links und rechts sah man die Staubwolken der vorrückenden Nachbareinheiten. Was sich dazwischen eventuell an Gegnern befand, interessierte uns nicht, sie blieben den nachrückenden Truppenteilen zur Bekämpfung und Gefangennahme vorbehalten. Sobald es Kontakt mit dem Gegner gab, wurde auf der Straße Halt gemacht und der Feind bekämpft. In einem Falle war an einem Waldrand etwa ein bis zwei Kilometer vor uns feindliche Kavallerie ausgemacht worden, die in breiter Front auf uns zuritt. Nun war Kavallerie in diesem Krieg, so schön der Anblick auch war, wirklich ein Relikt aus längst vergangener Zeit! Wir bauten also mitten auf der Straße unsere MGs auf und jagten ihnen mehrere Feuerstöße entgegen. Plötzlich erscholl hinter uns ein fürchterlicher Knall und der Luftdruck warf uns fast auf das MG. Was war geschehen? Hatte es hinter uns einen Volltreffer gegeben? Unbemerkt von uns war unmittelbar hinter unserem MG die schwere Flak in Stellung gegangen und jagte ihre Granaten im Direktbeschuss den Reitern entgegen. Daraufhin machten diese kehrt und strebten im Galopp dem schützenden Waldrand zu. Den erreichten aber nur wenige, dagegen galoppierten mehrere reiterlose Pferde bis zu unserer Spitze durch. Nach Niederkämpfung des Widerstandes wurde wieder aufgesessen und die Fahrt ging weiter.

Wir erreichten die alte polnisch-russische Grenze und sahen zum ersten Mal die unendlich weiten Kornfelder der Kolchosen, die sich bis zum Horizont zu erstrecken schienen. Ohne einen Baum oder Strauch, aber auch ohne ein Anzeichen von menschlicher Besiedlung. Offenbar hatten die Sowjets die Menschen aus einem kilometerbreiten Streifen entlang der Grenze ausgesiedelt. Dafür hatten sie entlang der Grenze ihre Stalin-Linie angelegt, eine Reihe von Befestigungen, die aber ohne größere Kämpfe in unsere Hände fiel. Es war der 16. Juli, wir befanden uns schon tief in der Ukraine, als plötzlich der Ruf erscholl: »Panzer von vorn!«

Alles sprang von den Fahrzeugen und ging zu beiden Seiten der Straße in Deckung. Schüsse fielen, dann herrschte wieder Ruhe. Nach einiger Zeit preschte ein Kübel nach hinten, in dem unser Kompaniechef saß. Was war geschehen? Der Spitze hatten sich drei sowjetische Panzer in langsamer Fahrt und mit offenen Luken genähert, in deren Turm man heftig winkende Soldaten sah. In der Annahme sie wollten sich ergeben, befahl unser Chef, nicht zu schießen. Als sie jedoch nahe genug heran waren, schlossen sie die Luken und versuchten, unsere Fahrzeuge zu überrollen. Bei der leichten PAK, die auf der Straße in Stellung gegangen war, gelang das den Sowjets auch. Bei dem Versuch, auch den Kübel zu zermalmen, kippte ein (leichter) Panzer jedoch um und sein Nachfolger landete im Straßengraben. Daraufhin suchte der dritte Panzer das Weite! Bei dem Schusswechsel war unser Chef am Arm verletzt worden und musste zum Verbandsplatz gebracht werden. Unser Zugführer übernahm die Führung der Kompanie. Am nächsten Morgen querten wir den Bach zu Fuß und näherten uns dem Dorf Ljudawka, etwa 40 Kilometer südwestlich von Winniza. Dort bereitete uns die gegnerische Artillerie einen heißen Empfang. Die Salven lagen gut und wir mussten uns eingraben. Später wurde es auch erforderlich, sich gegen Luftangriffe zu tarnen, denn Jäger und Jabos (Jagdbomber) griffen uns mit einer Intensität an, wie wir sie bisher noch nicht erlebt hatten. Zum Abend bezog die Vorausabteilung Stellung am Ortsrand, um gegen Überraschungen gesichert zu sein. Verpflegung hatte uns wieder einmal nicht erreicht, doch die Müdigkeit war noch größer als der Hunger und man fiel in einen bleiernen Schlaf.

Der Morgen des 18. Juli 1941 dämmerte. Ein Tag, den ich nicht vergessen werde, solange Leben in mir ist. Geweckt wurden wir durch die Morgengrüße der gegnerischen Artillerie, die so gut lagen, dass wir es vorzogen, uns in Deckung zu begeben. Wolkenbruchartiger Regen setzte ein und durchnässte uns in kurzer Zeit bis auf die Haut. Durchgefroren, hungrig und übermüdet erreichte uns der Befehl, uns im Dorf zu sammeln. Wir sollten den Gegner aus seiner beiderseits der Straße nach Winniza vermuteten Stellung werfen, indem wir ihn in der Flanke angriffen. Durch viele Obstgärten ging es zu unserer

Ausgangsstellung, einer hohen Hecke am Rande der Obstgärten, vor der sich weite Kornfelder dehnten. Alle Magazine und Gurte wurden aufgefüllt, die Sturmgeschütze standen zu unserer Unterstützung bereit. Auf dem einen hatte ein Leutnant ein MG aufbauen lassen, um von oben besser die Gegend ›bepflastern‹ zu können, und stieg selbst auf den Panzer.

Punkt 13 Uhr begann der Angriff. Die Sturmgeschütze brachen aus der Deckung hervor und auf breiter Front ging es Sprung auf Marsch, Marsch gegen den Feind, der uns mit wütendem Feuer empfing. Ein Volltreffer setzte gleich einen ganzen Einsatz außer Gefecht. Die Luft war sehr ›eisenhaltig‹, es surrte und pfiff um mich herum. Von allen Seiten ertönte der grauenvolle Ruf »Sanitäter, Sanitäter!« und ich sah die Kameraden links und rechts von mir fallen. Aber Angst? Nein, die hatte ich nicht! Mich hatte eine grenzenlose Wut gepackt, die alle anderen Gefühle überdeckte. Ich lief, warf mich hin, robbte ein Stück, sprang dann wieder auf und lief weiter. So waren wir einige Hundert Meter vorangekommen und lagen uns mit den Sowjets dicht gegenüber – auf Handgranatenwurfweite. Damals habe ich gemerkt, was ein Mensch in Extremsituationen alles ertragen kann! Es ist zwar nicht so, dass ich ohnmächtig werde, wenn ich Blut sehe, ich schalte aber ab, wenn z. B. im Fernsehen eine Operation gezeigt wird, weil mir das zu blutig ist. An diesem Tage aber geschah es, dass vor mir ein fremder Feldwebel von einem sowjetischen Scharfschützen getötet wurde. Das Geschoß durchschlug den Stahlhelm, drang in den Schädel ein, die Befestigung brach und der Helm mit dem Hirn fiel mir fast vor die Füße. Ich sah das. Doch meine einzige Reaktion war: Du musst den Scharfschützen finden und unschädlich machen, damit er nicht auch dich erwischt!

Links von mir erhielt ein Kamerad einen Halsschuss. Während unser Sanitäter ihn gleich verband, sondierte ich vorsichtig das Terrain und entdeckte in einiger Entfernung halb rechts von mir einen Heuschober. Da musste wohl der Scharfschütze sein! Ich schnappte mir ein MG und setzte mehrere Garben in den Schober. Ich musste wohl Erfolg gehabt haben, denn danach wurden wir nicht mehr aus dieser Richtung beschossen. Im Kriegstagebuch der 2. Kompanie schrieb ein Freund später dazu: »Während wir mit P. beschäftigt waren, hatte R. ganz von sich aus mit dem 1. MG den Feuerschutz übernommen. Er hat sich wie ein Löwe geschlagen. Nach zwei Seiten hin hielt er die Russen in Schach – er allein! Sogar die Munition musste er sich allein zuführen.«

Mit Mut oder Tapferkeit hatte das allerdings nichts zu tun, sondern es war reiner Selbsterhaltungstrieb, denn es galt nur ein entweder oder. Zur gleichen Zeit baute sich direkt hinter uns ein Sturmgeschütz auf und jagte seine Granaten im Direktbeschuss in die feindlichen Linien unmittelbar vor uns. Deshalb zeigte das Rohr auch nicht wie sonst beim Beschuss fernerer Ziele üblich in die Luft, sondern nach unten! Die Wirkung dieser Salven war verheerend!

Treffer auf Treffer schlug in die gegnerischen Reihen und zwang die Sowjets zum Rückzug. Viele ergaben sich, der Rest flüchtete. Als wir das gegnerische Terrain einnahmen, erkannten wir erst anhand der vielen Schützenlöcher, die ausgezeichnet ausgebaut waren, dass uns ein übermächtiger Gegner gegenübergelegen hatte. Gefangenenaussagen zufolge war es ein ganzes Garde-Schützenregiment aus Offiziersschülern gewesen, das unseren Vormarsch stoppen sollte. Langsam senkte sich der Abend über das Schlachtfeld und immer noch hörte man die Schreie von Verwundeten, auch in meiner Nähe wimmerte jemand. Ich ging den Rufen nach und fand einen Russen, der mit einem Bauchschuss in seinem Erdloch lag und mich bat, ihn doch von seinem Leiden zu erlösen, indem ich ihn tötete. Obgleich mir klar war, dass er nicht gerettet werden konnte, brachte ich es doch nicht über mich ihn zu erschießen. Es ist eben etwas anderes, ob man einem Gegner gegenübersteht und die Frage lautet: Er oder ich, oder ob man einen wehrlosen Menschen abknallen soll. In der einbrechenden Dunkelheit wurden wir ins Dorf zurückgeholt, denn andere Einheiten hatten uns abgelöst. War das ein Begrüßen und Umarmen! Jetzt erkannte man erst das ganze Ausmaß unserer Verluste: 30 Mann waren gefallen und etwa doppelt so viele verwundet worden. Am nächsten Morgen legten wir für unsere Toten einen Friedhof mitten im Dorf an, jedes Grab erhielt ein Birkenkreuz, einen Stahlhelm und eine Tafel mit dem Namen des Gefallenen. In einem Schreiben des Generalmajors Eglseer an das 1. Batl. ›Brandenburg‹ vom 25.7.1941 hieß es u. a.: »Am 18.7. traf der Angriff des Bataillons südlich Machnowka auf einen vorbereiteten Gegenangriff eines russischen Schützenregiments. In rücksichtslosem und keine Verluste scheuenden Draufgehen drang das Bataillon im Nahkampf in die russischen Stellungen ein, machte zahlreiche Gefangene und warf die Russen zurück. Hierdurch wurde die der Artillerie und der Kolonnen der Vorausabteilung drohende Gefahr behoben.«

Am 30. Juli besuchten uns unser oberster Chef, der Chef der deutschen Abwehr, Admiral Canaris und unser Regimentskommandeur Oberst Haehling von Lanzenauer, um uns für das Geleistete Dank und Anerkennung auszusprechen. Admiral Canaris war von kleiner Gestalt, was unter der großen Admiralsmütze mit dem breiten Schirm und dem langen Mantel noch besonders auffiel.

Am 16. August wurden wir auf die Bahn verladen und erreichten am folgenden Tag unsere Garnisonsstadt Brandenburg. Nach dem Ausladen am altstädtischen Bahnhof wurden wir auf dem Marsch in die Kaserne von der Bevölkerung so herzlich begrüßt, als hätten wir bereits den Krieg gewonnen. In Brandenburg erhielten wir nacheinander Heimaturlaub und so war ich Ende August/Anfang September 1941 zu meinem ersten Urlaub als Soldat in Bromberg, wo meine Eltern in der Schillerstraße 28 eine Wohnung gefunden hatten, die ihnen zusagte. Unter den neuen Bedingungen hatte es meine Mutter besonders schwer. Sie musste alles allein machen und auch mit den Schwierigkeiten fertig werden, die durch die angespannte Versorgungslage entstanden. Bei meinem Heimaturlaub war ich stets auch einige Tage in Posen, wo ein Großteil meiner Bekannten lebte.

Wieder in Brandenburg wurde die Kompanie aufgefüllt, denn die Toten waren zu ersetzen und von den Verwundeten kehrte auch nur ein Teil zu uns zurück. Nach einjähriger Dienstzeit wurde ich zum Gefreiten befördert und kam dadurch auch in den ›Genuss‹ GvD-Dienst (Gefreiter vom Dienst) zu tun. Der Gefreite hatte zusammen mit einem Unteroffizier (UVD) und einem Offizier (OVD) 24 Stunden Kasernendienst zu tun. Zu seinen Pflichten gehörte u. a. das Wecken der Kompanie, indem er morgens um 6 Uhr durch die Flure ging, auf einer Trillerpfeife pfiff und »Aufstehen!« rief.

An einem Sonntag in diesem Winterhalbjahr 1941/42 saßen wir wieder einmal auf unserer Stube und wussten nichts Rechtes mit uns anzufangen. Nach Ljudawka kamen wir uns schon wie ›alte Krieger‹ vor und vielleicht hatten wir uns auch vorher Mut eingeflößt, jedenfalls kam einer von uns auf die Schnapsidee an den Reichsminister für Volksaufklärung und Propaganda, Dr. Joseph Goebbels zu schreiben. Gesagt, getan und so entstand folgender Brief:

»Sehr geehrter Herr Reichsminister!
Wir bitten Sie, uns im Rahmen Ihrer Dr. Goebbels-Spende mit Büchern zu bedenken. Vorwiegend bevorzugen wir schlüpfrige Lektüre.«

Der Brief ging ab und nach einiger Zeit erhielten wir aus Berlin ein Schreiben:
»Bei allem Verständnis für Scherz und Humor habe ich doch nicht vermocht, Ihr Schreiben dem Herrn Reichsminister vorzulegen. Die Tatsache, dass Sie Soldaten sind, rechtfertigt noch lange nicht diese Vertraulichkeiten und plumpen Entgleisungen. Heil Hitler! gez. SA-Obersturmbannführer und Adjutant.«

Danach waren wir aber doch froh, denn unser Übermut hätte auch schlimme Folgen haben können.

Während wir in Brandenburg unseren normalen Dienst taten, vollzog sich an der Ostfront eine beispiellose Tragödie. In absoluter Unkenntnis der winterlichen Temperaturen in Russland und in der von überheblicher Arroganz geprägten Annahme, der Krieg im Osten wurde ohnehin vor Einbruch des Winters entschieden, hatte Hitler es versäumt für die Winterausrüstung seiner Armeen zu sorgen. Als dann Anfang Dezember 1941 an der Ostfront Frost von − 20 °C auftrat, kam es zu einem furchtbaren Fiasko. Die nur mit leichten Mänteln und ›Knobelbechern‹ bekleideten Soldaten erfroren zu Tausenden. Ganze Einheiten fielen infolge der Erfrierungen aus. Natürlich war es nicht möglich, diese unverzeihliche Unterlassung kurzfristig auszugleichen, auch wenn die Heimat aufgefordert wurde, Wintersachen zu spenden, was auch in reichem Maße geschah. Diese Sachen mussten aber erst gesammelt, gesichtet, geordnet und über viele hundert Kilometer zur kämpfenden Truppe transportiert werden. Als diese Stücke, die zum Teil noch völlig ungeeignet waren, endlich an der Front eintrafen, war der Winter schon bald vorbei. So war es für die gut ausgerüsteten russischen Armeen eine leichte Aufgabe, die deutschen Abwehrreihen zu durchstoßen und erhebliche Geländegewinne zu erzielen. In den Wehrmachtsberichten, die mehrmals täglich ausgestrahlt wurden, war davon natürlich nicht die Rede. Man hörte nur von »erfolgreichen Abwehrkämpfen gegen weit überlegene feindliche Kräfte, die unter erheblichen Verlusten für den Gegner zurückgeschlagen wurden« und wunderte sich nur, dass Namen von Orten auftauchten, die schon im Herbst erobert worden waren und sich jetzt eigentlich im tiefen Hinterland befinden mussten. Auf Dauer ließ sich dieses Debakel aber nicht verheimlichen, denn Tausende Verwundete landeten mit Erfrierungen in den Heimatlazaretten. Alle Teilnehmer am Winterfeldzug 1941/42 erhielten eine Erinnerungsmedaille, für die die Landser gleich den beziehungsreichen Namen ›Gefrierfleischorden‹ gefunden hatten.

Wir erlebten das Ganze nur am Rand und erfuhren das ganze Ausmaß der Katastrophe auch erst viel später. Gegen Ausgang des Winters kam dann der Befehl, das Bataillon von Brandenburg nach Freiburg im Breisgau zu verlegen. Also musste alles wieder verpackt und auf die Bahn verladen werden. Bei der Ankunft in Freiburg präsentierte sich der Ort von seiner besten Seite. Die Natur war schon viel weiter als in Brandenburg, die General-Gallwitz-Kaserne, unsere neue Unterkunft am Rande der Stadt, war zwar auch nicht ganz modern, aber doch besser als der alte Bau vorher und die Badenser waren ein ganz anderer Menschenschlag als die sturen Brandenburger, viel freundlicher und aufgeschlossener. Wir fühlten uns, als wären wir aus der Hölle in den Himmel gekommen.

Nachdem wir uns in der neuen Unterkunft eingerichtet hatten, ging der normale Dienstbetrieb weiter. Nachdem die Sonne die verschlammten Wege wieder getrocknet und damit passierbar gemacht hatte, begann die Frühjahrsoffensive der Wehrmacht an der Ostfront – aber ohne uns. Erst Ende Juni 1942 wurden wir wieder auf die Bahn verladen. Quer durch Deutschland ging es in östlicher Richtung. Weiter durch das Generalgouvernement und die Ukraine nach Kursk, wo wir Anfang Juli ausgeladen wurden. Ein Tag glich dem anderen: Am Morgen wurde aufgesessen und es ging vorwärts. Bei Feindberührung wurde angehalten, in Stellung gegangen und der Gegner bekämpft. Gewöhnlich zog er sich nach kurzem Schusswechsel zurück, man bestieg wieder die Fahrzeuge und der Vormarsch ging weiter. Unsere Feldküche bekamen wir tagelang nicht zu Gesicht und waren deshalb gezwungen, uns aus dem Lande zu verpflegen. Gelegentlich gab es Brot dazu oder wir hauten auch Kartoffeln in die Pfanne. Für eine ›Sortimentserweiterung‹ sorgten Konserven, die wir gelegentlich erbeuteten. Vor allem die russischen Gemüsekonserven schmeckten ausgesprochen gut. Es war schon August, als wir bei der Ortschaft Nikolajewka den Don erreichten. Dort schieden wir aus dem Verband der 23. Panzerdivision aus und wurden der 3. Panzerdivision zugeteilt, wie sich später herausstellte zu unserem Glück, denn während wir unseren Vormarsch in südlicher Richtung fortsetzten, schwenkte die 23. Panzerdivision nach Osten und marschierte nach Stalingrad, wo ihre Reste später kapitulierten. Wir überquerten den Don und wenig später auch seinen Nebenfluss, den Sal. In dieser Gegend war unser Vormarsch immer von gewaltigen Staubwolken begleitet, denn es regnete dort kaum. Eines Tages, rechts und links von uns sahen wir wieder die Staubfahnen der vorrückenden Nachbareinheiten, überquerten rechts von uns vier russische Schlachtflieger im Tiefflug die Front. Es gab Fliegeralarm, die Fahrzeuge hielten an, wir sprangen ab und verteilten uns im angrenzenden Feld. Als ich hochblickte, sah ich, dass die vier gewendet hatten und nun von hinten auf uns zukamen, deutsche Jäger waren nicht in Sicht. Wie ich feststellte, flogen die beiden rechten Maschinen für mich ungefährlich zu weit rechts, die linke Maschine zu weit links, aber die zweite von links kam in 100 bis 150 Meter Höhe direkt auf mich zu und als sie vor mir war, sah ich, dass sie ein Bündel kleiner Bomben ausklinkte. Ich überlegte blitzschnell, dass meine einzige Chance zum Überleben nur darin bestehen könne, unter den Bomben durchzulaufen. Denn wegen der Geschwindigkeit des Flugzeuges, aus dem sie abgeworfen werden, fallen die Bomben ja nicht senkrecht, sondern in einer geneigten Kurve. Gesagt, getan: Ich rannte los, wie ich wohl noch nie gelaufen bin, und hörte kurz darauf hinter mir fünf Detonationen. Es zeigte sich, dass die Kurve geneigter war, als ich angenommen hatte und ich wohl auch nicht getroffen worden wäre, wenn ich stehen geblieben wäre. Aber weiß man das vorher? Als ich stehen blieb, war vor Anstrengung und Angst meine Hose voll. Wahrscheinlich habe ich sie gleich ausgezogen und war ohne Hose weitergefahren, denn, da auch die Fahrzeuge nicht getroffen worden waren, hieß es: ›Aufsitzen« – und die Fahrt ging weiter!

Kaukasus und Heimataufenthalte

Immer in südöstlicher Richtung vorstoßend, denn unser Ziel sollte Baku sein, erreichten wir Mitte August bei Mineralnije Woda das Kaukasusvorland. Anfang September erhielt ich ein Telegramm von zu Hause, das mir den Tod meines Vaters mitteilte. Er hatte sich wegen andauernder Magenbeschwerden nach Posen in Behandlung begeben. Aufgrund der Untersuchungen kam es zu einer Operation, bei der ein bisher noch nicht erkanntes Magengeschwür festgestellt wurde. Heute würde man wohl sagen, es war Magenkrebs, der schon Metastasen gebildet hatte. Mein Vater ist nach der Operation nicht mehr aufgewacht. Der Tod meines Vaters kam für mich völlig überraschend, denn seit ich mich erinnern konnte, hatte er Probleme mit seinem Magen. Aber nie so akuter Art, dass sie zu ernsthafter Besorgnis Anlass gegeben hätten. Die Nachricht löste bei mir einen Schock aus und ich habe lange gebraucht, um darüber hinwegzukommen. Sein Tod hat in meinem Leben eine große Leere hinterlassen. Er war wie ein älterer Freund zu mir, zu dem ich jederzeit mit meinen Problemen kommen konnte. Unser Spieß, der von dem Inhalt des Telegrammes gehört hatte, rief mich zu sich und eröffnete mir, dass ich, da es an der Front zurzeit ruhig sei, Heimaturlaub erhalten könne.

Natürlich war ich einverstanden und fuhr los. In Snitomir, einer Stadt in der südlichen Ukraine mussten wir alle durch die Entlausung. Erst wurden die Klamotten abgegeben, dann ging es in die Sauna und anschließend mit Kopfsprung ins Schwimmbecken. Da die Kleidungen noch nicht da waren, hielten wir – wir waren vielleicht 20 Mann – uns in einem Raum auf und warteten auf die Herausgabe der Uniformen. Dabei fiel uns ein älterer Mann mit einem beachtlichen ›Spitzkübel‹ auf und wir rissen unsere Witze über ihn, auf die er aber nicht reagierte. Als die Klamotten dann kamen, erschraken wir aber doch, denn wir hatten einen Major angepflaumt. Also mussten wir uns bei ihm für unser ungebührliches Verhalten entschuldigen. Nun zeigte es sich aber, dass der Major Sinn für Humor besaß, denn er erwiderte uns: »Sie brauchen sich nicht zu entschuldigen, nackt bin ich genauso ein Arschloch wie Sie auch!«

In Bromberg hatte meine Schwester nach Papas Tod die Leitung der Fabrik übernommen. Nach meinem Besuch auf dem Bromberger Friedhof trat ich nach Urlaubsende die Rückfahrt an die Front an. Vielleicht zwei Kilometer vor uns an der Front hatte sich die russische Armee aufgebaut und schickte ihre eisernen Grüße zu uns herüber. Da die Salven aber nicht deckend lagen, ließen wir uns nicht stören. Es dauerte auch nicht lange, bis Stukas angeflogen kamen und den ungebetenen Gast zum Schweigen brachten. Wir wurden danach aus diesem Frontabschnitt herausgezogen und etwas weiter südlich über die größere Ortschaft Alagir direkt gegen Ordshonikidse eingesetzt. Es dämmerte schon, als wir den uns zugewiesenen Abschnitt erreichten. In dem Moment feuerte direkt uns gegenüber eine ›Stalinorgel‹ eine Salve ab und die ›glühenden Bleistifte‹ schienen direkt auf mich zuzukommen. ›Glühende Bleistifte‹ hießen sie, weil das Geschoß wie eine Rakete beim Abschuss einen glühenden Schweif hinter sich herzog, der in der Dämmerung natürlich besonders gut zu erkennen war. Bei der ›Stalinorgel‹ wie wir sie nannten – bei den Russen hieß sie ›Katjuscha‹ – handelte es sich um ein neuentwickeltes, rückstoßfreies Geschütz, das auf Lastwagen aufgebaut wurde und damit sehr beweglich war. Zu einer Batterie gehörten sechs Geschütze, die ähnlich wie ein Colt mit sechs Granaten zu laden waren, die nacheinander abgefeuert werden konnten. Eine Salve mit 36 Granaten stellte also eine beachtliche Feuerkraft dar, auch wenn die Sprengwirkung der Granaten nicht groß war. Desto beachtlicher war die Splitterwirkung, weil die Granate sofort beim Aufschlag detonierte. Im Gegensatz zur ›herkömmlichen‹ Granate, die vor der Detonation ins Erdreich eindrang und einen Krater bildete, flogen die Splitter dicht über dem Boden und konnten einen auch im Liegen erheblich verletzen oder sogar töten. Das alles ging mir in Sekundenbruchteilen durch den Kopf, als ich unmittelbar vor mir eine Erdfurche erblickte, die ein Panzer beim Wenden aufgeworfen hatte und mich instinktiv dahinter in Deckung warf. Im nächsten Augenblick detonierte vor mir die erste Granate und bei der Streuung einer Salve sah ich schon mein letztes Stündlein gekommen. Die restlichen Granaten schlugen aber etwa 50 Meter hinter mir ein und ich wurde nicht getroffen.

Bei einbrechender Dunkelheit bezogen wir Stellung an einer Straße, die von uns direkt zum Russen führte. Das s-MG wurde auf der Straße aufgebaut und ein Horchposten ging 100 Meter weiter vorn in Stellung. Mich erwischte es als Ersten. Ich bekam eine Pistole, eine Leuchtpistole, und bezog meine Position. Die Nacht war dunkel, denn vom Mond war nichts zu sehen und ich bemühte mich, mit wenig Erfolg die Finsternis zu durchdringen. Auch zu hören war außer gelegentlichen Schießen in größerer Entfernung nichts. Plötzlich vernahm ich neben mir ein ängstliches »Kto tam?« (Wer da?)

Mein Herz fiel in die Hose, denn der Gegner musste mich ja gesehen haben, während ich nichts bemerkt hatte. Mit einem Satz war ich im Straßengraben und schoss die Leuchtpistole hoch, konnte in dem diffusen Licht aber trotzdem nichts erkennen. Glücklicherweise hatte der Russe jedoch noch mehr Angst als ich, denn ich hörte nur, wie jemand, Tapptapp, ganz schnell davonlief. Der Rest der Nacht verlief dann ohne weitere Störung und am nächsten Tag wurde uns unsere Stellung zugewiesen, die wir besetzen sollten. Das Gebiet, in dem wir lagen, war sehr unübersichtlich, denn viele Sträucher und Büsche erschwerten die Orientierung. Eine Front, wie man sie sich gemeinhin vorstellt, gab es nicht. Vor uns war der Gegner und wir hatten uns jeder einen passenden Ort zum Eingraben ausgesucht, wobei die einzelnen Löcher teilweise recht weit auseinanderlagen. Wir brauchten diese Erdlöcher aus zweierlei Gründen: Erstens um uns vor gelegentlichen

Feuerüberfällen des Gegners und außerdem um uns vor der Kälte zu schützen, denn wir schrieben mittlerweile November und die Nächte konnten dort im Kaukasusvorland schon sehr kalt werden. Wenn ich morgens meine Zeltplane zurückschlug, mit der ich mich zugedeckt hatte, dann war sie häufig bereift, weil es wohl Bodenfrost gegeben hatte. Die Gefechtstätigkeit war nur gering, doch es gab leider aus anderen Gründen personelle Ausfälle.

Das Gelände, in dem wir Stellung bezogen hatten, bot kaum Orientierungsmöglichkeiten. Die Einheiten waren weit auseinandergezogen und da kam es leider mehrfach vor, dass sich Kameraden, ob in der Dämmerung beim Verpflegungsempfang oder bei anderer Gelegenheit, verlaufen haben und beim Russen landeten. Man hörte immer wieder die ängstlichen Rufe »Hallo?«, die sich immer weiter entfernten und schließlich ganz verstummten, wenn sie vom Gegner überwältigt worden waren. Wir konnten uns nicht zu laut bemerkbar machen, denn das hätte sofort einen Feuerüberfall des Gegners ausgelöst. An einem Abend standen einige Kameraden beieinander und unterhielten sich. Es gab Einschläge in unserer Nähe und plötzlich bemerkte ich, wie etwas auf mich zutrudelte. Instinktiv zog ich meinen rechten Fuß zurück und im nächsten Augenblick schlug unmittelbar vor mir ein großer Granatsplitter ein. Ob er viel ausgerichtet hätte, weiß ich nicht, denn er erschien mir recht ›müde‹, denn sonst hätte ich ihn gar nicht sehen können. Aber so war es auf jeden Fall besser. Eines Abends – es war am 11.11.1942 – erhielten wir Bescheid, dass wir am nächsten Morgen abgelöst und aus der Front herausgezogen würden, um in der Heimat personell aufgefüllt zu werden. Das war auch dringend erforderlich, denn unsere ›Kompanie‹ bestand damals wohl noch aus fünfzehn Mann, bei einer Sollstärke von über 200 Mann!

Am folgenden Morgen wurden wir frühzeitig geweckt, nahmen unsere Klamotten und sammelten uns hinter der HKL (Hauptkampflinie) für den Rückmarsch in das Dorf. Wegen eines Sumpfgebietes mussten wir zuerst etwa 200 Meter parallel zur HKL laufen, um erst dann in Richtung auf das Dorf einbiegen zu können. Diese Bewegung entlang der HKL ist, wie man leicht erkennen kann, besonders gefährlich, weil man sich dabei in einer Richtung bewegt und deshalb für den Gegner ein leicht zu treffendes Ziel bietet. Aus einem Grund, den ich bis heute nicht weiß und auch nie erfahren werde, legten wir diese 200 Meter nicht im Schutz der Dunkelheit zurück, sondern warteten, bis es hell wurde! Es kam, wie es kommen musste: Wütendes Feuer ›aus allen Knopflöchern‹ begleitete unseren Versuch die Fläche zu überwinden. Mit einem Sprung versuchten wir dem Gegner kein leichtes Ziel zu bieten, doch auf den 200 Metern hat es wohl noch sechs von uns fünfzehn ›Übrig gebliebenen‹ erwischt! Kurz vor mir sackte ein Landsmann aus Mitau zusammen, der einen Schuss durch beide Unterschenkel erhalten hatte. Auf allen vieren versuchte ich zu ihm hinzukriechen, um ihm zu helfen, als ich selbst einen Schlag gegen den Kopf verspürte und nichts mehr sehen konnte. Mein erster Gedanke war: Du hast einen Kopfschuss und musst sterben! Der zweite Gedanke galt meiner armen Mutter. Vor einem Vierteljahr hat sie ihr Mann verloren und nun den Sohn. Ich legte mich auf den Rücken und erwartete mein Ende. Dann merkte ich aber, dass der Tod noch nicht kam, und mir fielen die beiden Verbandspäckchen ein, die jeder Soldat in seinem Waffenrock trug. Ich holte sie heraus und wickelte erst das Kleine und danach das Große um meinen Kopf. Nun lagen wir beide da und konnten uns nicht helfen. Er konnte nicht laufen und ich nichts sehen. Ich hörte nur, dass die Luft sehr ›eisenhaltig‹ war und auch, dass Soldaten in beiden Richtungen an uns vorbeihasteten. Bei dem schweren Beschuss, dem wir ausgesetzt waren, konnte uns aber niemand helfen, ein Kamerad hatte uns aber doch bemerkt.

Ich weiß nicht, wie lange wir dort gelegen haben, plötzlich hörte ich das Rasseln von Panzerketten, das in unserer Nähe verstummte. Unsichtbare Hände packten mich, zerrten mich in ein Fahrzeug, die Tür knallte zu und der SPW (Schützenpanzerwagen) brauste mit uns beiden ab. Es tut mir unendlich leid, dass ich wohl nie erfahren werde, wer mir damals das Leben gerettet hat, denn ohne fremde Hilfe wäre ich da kaum herausgekommen. So aber hielt der SPW schon bald vor einem Truppenverbandsplatz, wo wir einem Arzt übergeben wurden. Ich blieb nicht lange auf dem Verbandsplatz, sondern wurde weitergefahren. Das wiederholte sich an diesem Tag noch mehrfach, sodass ich abends schon in einem Feldlazarett landete. Heute weiß ich auch, warum ich damals so ›weitergereicht‹ wurde, denn kein Arzt wollte sich mit Augenverletzungen befassen. Ich hatte nicht, wie von mir vermutet, einen Kopfschuss an dem rechten Auge erhalten, sondern ich war von einer MG-Garbe erwischt worden. Durch die Prellung war auch das Auge blutunterlaufen und eine genaue Diagnose deshalb nicht möglich. Aus heutiger Sicht kann man wohl sagen, dass ich damals großes Glück gehabt habe, denn zwei Zentimeter weiter rechts und es wäre zu dem von mir befürchteten Kopfschuss gekommen. Meine Verwundung war für unseren Spieß Veranlassung, meiner Mutter ein herrliches Schreiben zu senden:

Im Felde, 14.11.1942

»Sehr geehrte Frau Reinschüssel!
Die Kompanie muss Ihnen leider mitteilen, dass Ihr Sohn Arnold am 12.11.1942 durch einen Kopfschuss schwer verwundet wurde. Ein Grund zu ernsten Besorgnissen besteht aber nicht. Heil Hitler! A. B. Conrad (A.B.= Auf Befehl).«

Nach weiteren Verlegungen landete ich im Feldlazarett Pjatigorsk am Nordrand des Kaukasus. Der Ort war Kurort mit vielen Krankenhäusern, die natürlich alle von der Wehrmacht beschlagnahmt worden waren. Sehr bald konnte ich auf dem linken Auge wieder voll sehen, die Wunde verheilte unter dem rechten Auge, das Sehvermögen aber kehrte nicht wieder. So lag ich und wartete auf den nächsten Lazarett-zug, der mich in die Heimat bringen sollte. In der ersten Dezember-hälfte wurden wir in einen Zug mit Doppelstockbetten eingeladen, der uns in einer mehrtägigen Fahrt nach Lemberg brachte, wo wir im dortigen Kriegslazarett Aufnahme fanden. Zu Weihnachten hatte ich zwar meiner Mutter geschrieben, aber natürlich noch keine Ant-wort gehabt. Die Wunde im Gesicht war geschlossen, am Auge wurde aber auch in Lemberg nichts gemacht. Man sagte mir aber, ich wurde mit dem nächsten Zug in die Heimat verlegt. Unmittelbar nach mei-ner Ankunft schrieb ich nach Hause und hatte die unbeschreibliche Freude, meine Mutter noch zu Silvester in Chemnitz begrüßen zu können. Sofort nach Erhalt meiner Nachricht hatte sie sich auf die Bahn gesetzt, um zu ihrem ›Sohning‹ zu fahren, ihn zu besuchen und sich selbst ein Bild von seinem Zustand zu machen. Wir verbrachten gemeinsam einige wunderschöne Stunden. Chef der Augenklinik war Stabsarzt Dr. Baege, der an meinem Auge zwar auch nichts unter-nahm, aber einen kosmetischen Eingriff vornahm.

Nach diesem Eingriff passierte nichts mehr mit mir und ich war prak-tisch nur zur Rekonvaleszenz in der Klinik. Oberin der Augenklinik war Schwester Valeska, eine kleine, schon leicht grauhaarige Frau aus Frankenberg in der Nähe von Chemnitz. Dabei aber von einer un-geheuren Vitalität, die sie voll für ›ihre‹ Verwundeten einsetzte. Man konnte sie zu jeder Tages- und auch Nachtzeit im Lazarett antref-fen. Als ich nach einer gewissen Zeit zum ›alten‹ Personal gehörte, habe ich versucht mich nützlich zu machen und ihr nach Kräften behilflich zu sein. Sie dankte es mir, indem sie Dr. Baege wiederholt überredete, mich noch nicht zu entlassen, sondern in der Klinik zu behalten. Natürlich war das nicht auf Dauer möglich und so erhielt ich Ende April 1943 meinen Marschbefehl nach Freiburg. Als ich dort eintraf, befand sich in der Kaserne nur eine Genesungskompa-nie. Ich blieb aber nicht lange in Freiburg, denn es gab damals eine

Bestimmung, dass die ›einzigen‹ Söhne von Familien zur ›Erhaltung des Blutes‹ entlassen würden. Da ich ›einziger Sohn‹, und mein Vater gestorben war, und ich nach meiner Verwundung ohnehin nur GVH (Garnisonsverwendungsfähig Heimat) geschrieben wurde, erhielt ich einen unbefristeten Urlaubsschein nach Bromberg und fuhr heim. Zwar war in der Zwischenzeit Stalingrad gefallen und die Ostfront in Bewegung geraten, wir hofften aber immer noch, dass es sich dabei nur um eine vorübergehende Erscheinung handeln würde, und glaubten noch an den ›Sieg der deutschen Waffen‹.

In dieser Zeit lernte ich Bromberg gut kennen. Das war überhaupt die längste Zeit während des ganzen Krieges, die ich zu Hause verbrachte. Mitte August, als ich gut drei Monate zu Hause gewesen war, erreichte mich ein Telegramm aus Freiburg mit der Nachricht, dass ich mich dort zu melden habe. Also machte ich mich wieder einmal auf die Bahn, was damals ein etwas anderes ›Vergnügen‹ war als heute. Für die Fahrt benötigte ich über 24 Stunden! Für mich waren Nachtfahrten mit der Bahn damals besonders anstrengend, weil ich in den Sitzen nicht einschlafen konnte. Bei einer Rückfahrt nach Freiburg musste ich in der Nacht in Frankfurt am Main umsteigen und ging in den Warteraum, weil mein Anschlusszug erst in einiger Zeit weiterging. Meinen Fotoapparat hängte ich an den Kleiderständer, meine Klamotten drauf und setzte mich an einen Tisch. Als die Abfahrtzeit meines Zuges heranrückte, nahm ich meinen Mantel und bestieg den Zug, der mich in fünf Stunden nach Freiburg bringen sollte. In Abteil bemerkte ich aber zu meinem Schrecken, dass ich den Fotoapparat in Frankfurt vergessen hatte. Nun war guter Rat teuer, denn der Fotoapparat stellte zwar keinen großen Wertgegenstand dar, nur – es gab keine zu kaufen! Also ging ich nach der Ankunft in Freiburg zur Aufsicht und bat sie um Hilfe. Der Beamte dort war überaus freundlich, klemmte sich ans Telefon, rief seinen Kollegen in Frankfurt an und – siehe da, mein Fotoapparat war schon gefunden und bei der Aufsicht abgegeben worden. Schon am nächsten Tag konnte ich ihn freudestrahlend in Empfang nehmen!

In Freiburg erwartete mich bei meiner Ankunft ein Major vom OKW (Oberkommando der Wehrmacht), der wohl den Auftrag hatte, Reserven aufzuspüren. Mich empfing er mit der Frage: »Sie wissen, dass Sie sich bei Verlust eines Auges freiwillig melden können? – »Jawohl, Herr Major.« – »Wollen Sie von dieser Möglichkeit Gebrauch machen?« – »Nein, Herr Major.«

Daraufhin teilte er mir mit, es bestünde die Möglichkeit, mir durch einen operativen Eingriff die Sehkraft auf dem rechten Auge wiederzugeben und veranlasste deshalb meine Einweisung und Operation in die Universitätsaugenklinik Freiburg. Dort erklärte mir der Chefarzt, durch die Prellung beim Schuss sei die Hornhaut meines Auges gerissen und dick verschwartet (vernarbt). Deshalb sei es den Ärzten nicht möglich ins Auge hineinzuschauen und sie vermuteten, das sei der Grund dafür, dass ich auf dem rechten Auge nichts sehen könne. Es war tatsächlich auch so, dass im rechten Auge keine Regenbogenhaut oder Pupille zu erkennen war, weil eine dicke Narbe den ganzen Augapfel bedeckte. Der Professor erklärte mir, dass die Möglichkeit einer Hornhauttransplantation bestehe mit der Aussicht, dadurch meinem Auge die Sehkraft wiederzugeben. Es dauerte einige Tage, bis ein geeignetes Transplantat gefunden war. Dann wurde der Termin für die Operation festgelegt. In der Klinik war ein Mann, Jahrgang 1913, gerade gestorben, der Leiche wurde das rechte Auge mit der klaren Hornhaut entnommen und in destilliertes Wasser gelegt. Nach dem Eingriff – wie lange er dauerte, kann ich nicht sagen – wurden mir beide Augen verbunden und ein Metallnetz darübergelegt, um zu verhindern, dass ich mich vielleicht im Schlaf am Auge kratzen könne.

In meinem Zimmer waren drei Betten, von denen gewöhnlich aber nur ein weiteres Bett belegt war. In ihm lag ein jüngerer Feldwebel, der als Beweis dafür dienen kann, dass man nie den Mut verlieren darf. Er war, wie ich auf früheren Bildern, die er mir zeigte, sehen konnte, ein hübscher Kerl: groß, schlank und dunkelhaarig, ein richtiger Frauentyp. Bei einem Angriff im Sommer 1941 war unmittelbar vor ihm eine Granate detoniert, was zur Folge hatte, dass er danach weder sehen noch hören konnte. Außerdem hingen aus einer klaffenden Stirnwunde Teile seines Gehirns heraus. Also ein absoluter Todeskandidat. Als wir uns zwei Jahre später begegneten, konnte er wieder normal hören, die Stirnwunde war verheilt! Und man sah nur noch eine Narbe über den Augen. Außerdem war das Gesicht durch den eingedrungenen Pulverdampf blau verfärbt, was im Laufe der Zeit aber verblasste. Das Augenlicht schließlich konnte so weit hergestellt werden, dass er mit einer allerdings linsenartigen Brille Zeitung lesen konnte. Seinen Lebensmut hatte er auch wiedergefunden und wir haben uns stundenlang miteinander unterhalten.

Nach meiner Operation musste ich 14 Tage mit verbundenen Augen liegen und habe in dieser Zeit gelernt, was es bedeutet, blind zu sein: Wenn man nichts sehen kann, sind die anderen Systeme, vornehmlich das Gehör, besonders geschärft und wenn dann Besucher kamen und ich hörte, dass sie mit Bezug auf mich sagten »Wie furchtbar! So ein junger Mensch und schon blind.«, dann wirkte das verständlicherweise keineswegs erheiternd auf mich, auch wenn ich wusste, dass dieser Zustand nur Tage andauern wurde. Einmal gingen auch die zwei Wochen zu Ende und ich wurde zum Professor gebracht. Er nahm mir den Verband ab.

Seine Frage »Können Sie etwas sehen?«, musste ich aber mit einem »Nein« beantworten. Unter der Spaltlampe stellte er dann fest, dass sich ein Wundstar gebildet hatte. Mit der Folge der Notwendigkeit eines weiteren Eingriffs. Der war allerdings nicht so umfangreich und meine Augen waren auch nur vier Tage verbunden.

Als mich der Professor danach wieder fragte: »Können Sie sehen?«, musste ich jedoch wieder mit »Nein« antworten. Also wieder vor die Spaltlampe. Nun hatte sich ein Nachstar gebildet, der einen dritten Eingriff erforderlich machte, mit drei weiteren Tagen verbundener Augen. Aber: Auch die dritte Frage, ob ich sehen könne, musste ich verneinen. Nun konnte der Professor endlich ins Auge hineinschauen, denn der Eingriff war erfolgreich gewesen, das Transplantat angewachsen und klar geblieben. Doch nun stellte der Professor fest, dass nicht die vernarbte Hornhaut schuld an meiner Erblindung war, sondern ein nach der Verwundung dick verschwarteter, eigentlich ganz klarer Glaskörper. Heute kann man so etwas operativ beheben, doch damals sagte der Professor zu mir: »Wenn ich Sie anschaue, dann tun Sie mir immer so leid, aber nun kann ich Ihnen nicht mehr helfen!«

So wurde ich im Spätherbst aus dem Lazarett entlassen und kam zur Genesungskompanie in die General-Gallwitz-Kaserne. Inzwischen war ich, ohne es zu wissen, auf der ›Dienstrangleiter‹ eine Sprosse höher geklettert. Auf der Beförderungsskala habe ich mit Ausnahme des Stabsgefreiten wirklich keine Stufe ausgelassen. Nach einer Dienstzeit von acht Monaten wurde ich zum Oberschützen bei den Brandenburgern befördert, was außer einem weißen Stern auf dunkelgrünem Grund am linken Oberärmel des Waffenrockes keine weiteren Auswirkungen hatte. Vier weitere Monate später wurde ich dann Gefreiter, was äußerlich bedeutete, dass der Stern am Rock durch einen nach oben offenen Winkel auf dunkelgrünem Grund ersetzt wurde. Außerdem stieg mein Wehrsold von 1 RM pro Tag auf 1,20 RM, oder da die Auszahlung dekadenweise erfolgte von 10 RM auf 12 RM. Diese 2 RM machten bei den damaligen Preisen schon etwas aus. Nach einer Dienstzeit von zwei Jahren – in meinem Falle also Ende 1942 – hätte ich turnusmäßig zum Obergefreiten befördert werden müssen, was außer einem Doppelwinkel auf dem Ärmel eine weitere für mich viel wichtigere Folge hatte. Nun erhielt ich neben dem Wehrsold auch noch Kriegsbesoldung. Ende 1942 lag ich aber im Lazarett in Lemberg und später in Chemnitz. Danach war ich wegen meiner Freistellung in Bromberg und kam nach dem Rückruf zur Augenoperation in die Freiburger Klinik. So verging fast ein Jahr, bis ich offiziell von meiner Beförderung erfuhr. Die Kriegsbesoldung – für einen Obergefreiten glaube ich 80 RM monatlich – wurde aber im Gegensatz zu dem Wehrsold nicht bar ausgezahlt, sondern überwiesen.

Als ich mich wieder in Freiburg einfand, war in der Zwischenzeit aus dem Lehr-Regiment aus den schon früher erwähnten Gründen die Division ›Brandenburg‹ geworden. Während wir bisher Pioniere gewesen waren, nannten wir uns nun ›Jäger‹. Rein äußerlich hatte das zur Folge, dass wir auf dem rechten Oberärmel des Waffenrocks ein grünes Eichenlaub annähen konnten und statt der ›Knobelbecher‹ genannten Stiefel Bergstiefel erhielten sowie die dazu passenden Keilhosen. Etwa um diese Zeit erfolgte auch eine Beförderung zum Unteroffizier, oder wie ich nun hieß, Oberjäger. Durch die Beförderung erhöhte sich mein Wehrsold auf 1,40 RM pro Tag und auch die Kriegsbesoldung stieg weiter an.

Zum Militärdienst im Krieg gehören auch andere Erlebnisse. Ostern 1944 erhielt ein Kollege Heimaturlaub und bat mich, ihn während dieser Zeit bei der Verpflegungsausgabe zu vertreten. Natürlich sagte ich zu, ohne zu wissen, worauf ich mich dabei eingelassen hatte. Aber sein Urlaub durfte doch nicht daran scheitern, dass kein Ersatz für ihn gefunden wurde. So empfing ich am Gründonnerstag die Verpflegung für fünf Tage bis einschließlich Ostermontag. Mehrere Würste sowie eine Riesenportion Butter und Käse. Immerhin für weit über 100 Mann. Theoretisch erschien alles ganz einfach: Personalbestand x Verpflegungssatz musste die auszuwiegende Menge ergeben. So einfach war das aber nicht, denn beim Auswiegen treten Verluste auf. Außerdem kommt es bei Wurst und Käse zu Verschnitt. So hatte Franz mir geraten ›sehr vorsichtig‹ zu wiegen. Dabei muss ich aber – Erfahrung besaß ich ja nicht – übervorsichtig gewesen sein, denn als ich mit dem Auswiegen fertig war, blieben mir mehrere Würstchen sowie je ein Klumpen Butter und Käse übrig. Ich habe die zwar aufgeteilt, für mich aber auch eine gute Osterverpflegung gesichert – und alle waren zufrieden, denn ich habe nicht gehört, dass sich jemand beklagt hätte.

Im Bataillonsstab war auch ein Südtiroler aus Meran. Dort konnte man damals noch manche Dinge kaufen, z. B. seidene Damenstrümpfe, die in Deutschland kaum noch zu bekommen waren. Als unsere Offiziere das spitzkriegten, wurde der gute Mann häufig auf ›Dienstreise‹ nach Meran geschickt, um ihre Frauen oder Freundinnen mit diesem begehrten Artikel, aber auch anderen Waren, zu versorgen. Von diesen Fahrten brachte er neben den bestellten Dingen auch anderes mit, u. a. hochprozentigen Obstler, für den sich aber kaum Abnehmer fanden. So kam es schon mal vor, dass mich gegen Abend die telefonische Aufforderung erreichte, wegen einer ›dringenden Besprechung‹ zum Bat.-Stab zu kommen. Diese ›Besprechungen‹ verliefen in der Regel sehr feuchtfröhlich und dehnten sich mitunter bis in die Nacht aus. Außerdem begannen wir damit Poker zu spielen. Da Geld damals schon keine Rolle mehr spielte – es gab ja kaum etwas zu kaufen – waren die Einsätze nicht ganz niedrig. Nun bin ich aber absolut nicht der Typ eines erfolgreichen Pokerspielers, denn man konnte von meinem Gesicht ziemlich gut ablesen, was für ein Blatt ich hatte. Bluffen war also nicht möglich und so kam es, wie es kommen musste. Ich verlor und musste meine Mutter bitten, mir Geld zu schicken! Da sich die Bitten aber häuften, machte sich Mama Gedanken, wozu ich das Geld benötigen würde. Ob ich es vielleicht mit ›leichten Mädchen‹ durchgebracht hatte? Wiederum bedurfte es mehrerer Erklärungen meinerseits, um das Missverständnis aufzuklären. Inzwischen hatte ich selbst gemerkt, dass ich wohl nie ein guter Pokerspieler werden würde.

Die Sowjetunion war ein Vielvölkerstaat, in dem außer den Russen noch etwa 100 andere Völkerschaften lebten, die obgleich Stalin selbst kein Russe, sondern ein Georgier war, von den Russen unterdrückt wurden, wovon wir uns schon beim Einmarsch in Lemberg überzeugen konnten, als wir von den Ukrainern als Befreier begeistert begrüßt wurden. Es war deshalb nicht verwunderlich, dass viele Sowjetsoldaten besonders aus den Kaukasusrepubliken nach ihrer Gefangennahme auf unserer Seite für die Befreiung ihrer Heimat weiterkämpfen wollten. Das führte zur Bildung der Wlassow-Armee, die aber von der deutschen Führung in ihrer Bedeutung völlig unterschätzt wurde. Es war wohl im Frühjahr 1942, als ich eines Tages auf den Kasernenhof blickte und glaubte, meinen Augen nicht trauen zu können, denn der war gefüllt mit vielen Männern in den erdbraunen Uniformen der Roten Armee. Es handelte sich um Hilfswillige (Hiwis), die an unserer Seite gegen ihre früheren Kameraden kämpfen wollten.

Anfang Juli 1944 verspürte ich in meinem rechten Auge Stichschmerzen. Die Untersuchung in der Augenklinik zeigte einen erhöhten Innendruck, der operativ beseitigt werden musste, und meine stationäre Einweisung in die Uni-Klinik erforderlich machte. Der Eingriff war unkompliziert, ich musste aber gewisse Zeit in der Klinik bleiben. Dort erfuhr ich vom Attentat des 20. Juli. Damals war ich froh, dass die ›Vorsehung‹ den Führer geschützt hatte, denn ich besaß keine Kenntnis der Zusammenhänge und war ausschließlich auf die offizielle Berichterstattung angewiesen. So hatte ich auch keine Ahnung von einer Widerstandsbewegung gegen Hitler. Meine Entlassung aus dem Lazarett erfolgte einige Tage später und ich erhielt nach Meldung in der Kaserne einen Marschbefehl nach Veldes in Jugoslawien. Der Abschied von Freiburg fiel mir nicht leicht: die Menschen, die Gegend und der Wein. Es stimmte alles so wunderbar miteinander, dass ich mich dort so wohl gefühlt habe wie nirgends sonst während der ganzen Kriegsjahre. So bestieg ich in Freiburg den Zug zu einer

Fahrt ins Ungewisse. Sie führte mich zuerst nach Karlsruhe, wo ich einen Zug bestieg, der mich in einer Nachtfahrt nach München bringen sollte. Es kam aber ganz anders, denn in dieser Nacht flog die britische Luftwaffe einen schweren Angriff auf Stuttgart. Unser Zug wurde deshalb umgeleitet und als der Morgen dämmerte, befanden wir uns in Untertürkheim und sahen im Westen die unter einer riesigen schwarzen Rauchwolke liegende, brennende Stadt. Die weitere Fahrt verlief ohne Störungen. Mein Aufenthalt in München war nur kurz. Er reichte jedoch, um mich die gewaltigen Verwüstungen durch die Fliegerangriffe erkennen zu lassen.

Kurz nach Villach fuhr der Zug in einen Tunnel, und als wir wieder das Tageslicht erblickten, befanden wir uns bereits in Jugoslawien (heute: Slowenien) und erreichten bald unser Ziel. Bei der Ankunft bot sich mir ein atemberaubender Anblick. Unter mir lag ein großer See mit einer kleinen Insel in der Mitte, auf der eine Kapelle stand. Das Bataillon lag rund um den See verteilt. Von meinem Schreibtisch in einer Villa hatte ich einen herrlichen Blick auf die Kette der Karawanken.

Nach dem Putsch vom 20. Juli wurde unser oberster Chef, Admiral Canaris – was ich allerdings erst viel später erfuhr – verhaftet und später auch hingerichtet. Die ›Brandenburger‹ unterstanden nicht mehr der Abwehr, sondern dem OKW, wie jeder andere Truppenteil auch. Im Rahmen der Umstrukturierung entstand aus dem alten 1. Bataillon das 1. Regiment ›Brandenburg‹ und in Veldes wurde die Ausbildung der jungen Rekruten intensiv fortgesetzt mit dem Ziel, sie im Herbst 1944 zum Fronteinsatz abstellen zu können. Als Rechnungsführer hatte ich jedoch damit nichts zu tun, sondern musste meine Aufgaben im Innendienst erfüllen. In Veldes war es auch, wo ich meine ›Unteroffizierstaufe‹ erhielt. Befördert war ich ja schon vor längerer Zeit. Doch die ›Taufe‹ im Kameradenkreise stand noch immer aus. Wir waren mehrere ›Täuflinge‹, die an einem Abend im Beisein aller Feldwebel und Unteroffiziere die ›Weihen‹ erhielten. Dazu mussten wir erst einen großen Humpen Bier trinken, während uns von hinten Wasser über den Kopf gegossen wurde. Oder war es auch Bier? Danach galt es einen Becher mit übel riechendem und ebenso schmeckendem Inhalt zu leeren, der angeblich auch Staufferfett enthalten haben soll, das zum Reinigen der Gewehrläufe verwendet wurde. Als ich den geschafft hatte, sauste ich sofort auf die Toilette und spuckte alles wieder aus.

Kurz danach verdichteten sich die Gerüchte, dass auch unsere Tage hier gezählt seien. Der Krieg lag eigentlich in den letzten Zügen, auch wenn einige wenige – darunter auch ich – noch an die angekündigte Wunderwaffe und ihre kriegsentscheidende Wirkung glaubten. Es mag wohl Ende September gewesen sein, als wir wieder einmal auf die Bahn verladen wurden. Die Fahrt ging quer durch die Ostmark (Österreich) nach Wiener Neustadt, wo wir einen Zwischenaufenthalt von wenigen Tagen einlegten. Danach ging es weiter in den Norden zu unserem Endziel Drengfurth, einem Ort mitten in Ostpreußen, unweit vom damaligen ›Führerhauptquartier‹, der Wolfschanze. Inzwischen war der Winter herangekommen.

Da an der Front im Osten zurzeit Ruhe herrschte, erhielt ich zum einzigen Mal in meiner Soldatenzeit Weihnachtsurlaub. Die Stimmung in der Heimat war verständlicherweise sehr gedrückt, auch wenn Bromberg im Gegensatz zu vielen anderen Städten von feindlichen Fliegerangriffen verschont geblieben war. Aber die Fronten waren schon ganz nahe an die deutsche Grenze herangerückt. In Bromberg erwartete ich das neue Jahr, von dem niemand wusste, was es uns bringen würde, von dem bei objektiver Betrachtung aber kaum etwas Gutes zu erwarten war. Wenige Tage nach Silvester hieß es für mich wieder die Sachen packen und nach Drengfurth zurückfahren. Ich verabschiedete mich von meiner Mutter und meinen Schwestern. In Ostpreußen hatten deutsche Truppen inzwischen bei einem lokalen Gegenangriff mehrere Dörfer zurückerobert und wir hörten von furchtbaren Gräueln der

Sowjets an der zurückgebliebenen Zivilbevölkerung. Frauen waren vergewaltigt und ermordet worden, Kinder und alte Menschen, sonst war ja niemand in den Dörfern zurückgeblieben, hatte man bestialisch abgeschlachtet. Diese Nachrichten erhöhten natürlich den Hass gegen unsere Feinde und wir sagten uns: In Gefangenschaft gehen wir auf gar keinen Fall! Lieber machen wir unserem Leben vorher selbst ein Ende, bevor wir uns noch quälen lassen. Für diesen Zweck hatte ich mir eine 7,65 mm Pistole besorgt, die ich immer in einer besonderen Tasche bei mir trug.

Januar bis Mai 1945

An der Front blieb es in der ersten Januarhälfte ruhig. Die Sowjets ließen sich Zeit und die Wehrmacht hatte weder personell noch materiell die Kraft für einen entscheidenden Gegenangriff. So vergingen die Tage für mich im täglichen Einerlei des Kasernendienstes. Das änderte sich am 15. Januar 1945 schlagartig, als die Sowjet-Armeen an der gesamten Ostfront zu einem Großangriff antraten. Da wohl nicht genügend Reserven zur Verfügung standen, wurden wir alarmiert und auf die Bahn verladen. In einer Nachtfahrt ging es in südlicher Richtung und am Vormittag des folgenden Tages wurden wir in Kutno ausgeladen. Kutno ist eine an sich unbedeutende Ortschaft etwa 100 Kilometer westlich von Warschau, die aber strategische Bedeutung hat, weil sich dort die Bahnlinien Danzig-Kattowitz und Warschau-Posen kreuzen. Neben der Rampe, auf der die Kompanie ausgeladen wurde, befand sich eine Hauptstraße, auf der in wilder Flucht alles nach Westen strebte. Lkws, Pkws, Kräder und andere Fahrzeuge flohen zu dritt nebeneinander, so schnell es ging, vor den anrückenden Sowjets. In diesem Wirrwarr kam der Kompaniechef zu mir und setzte mich als Verantwortlichen für den Abtransport der Einheit ein, während er vorausfahren und Quartier machen würde! Soweit das Entladen beendet war, standen wir also bei unseren Fahrzeugen und warteten auf den Befehl, wohin wir uns in Marsch setzen sollten. Währenddessen muss irgendjemand gehört haben, dass sich im Keller der Kreisleitung der NSDAP noch 6000 Flaschen Weinbrand befinden sollten. Diese Nachricht war für mehrere Landser Anlass ›auf Spähtrupp‹ zu gehen. Schon nach kurzer Zeit kamen sie zurück und hatten in allen Taschen ihrer Wintermäntel kleine 0,2 l Flaschen mit Weinbrand, den sie auch mir anboten. Durch die Nachtfahrt waren wir aber übermüdet und hatten kaum gegessen, so musste der Alkohol eine verheerende Wirkung erzielen. Ich weiß nur noch, dass ich mich gegen 15 Uhr mit dem Kfz-Unteroffizier auf der Rampe unterhielt, danach ist bei mir ›der Faden gerissen‹.

Als ich wieder zu mir kam, war es dunkel. Ich lag in einem alten Eisenbahnwaggon, wie es sie früher mit durchgehenden Trittbrettern und vielen Türen auf beiden Seiten gab. Eine trübe Funzel brannte und auf der Bank mir gegenüber saß ein Reichsbahner und fragte: »Kamerad, wie geht es dir?«

Ich antwortete: »Wo sind wir, sind wir nicht in Kutno? Ich muss unbedingt nach Kutno!«

Nun muss ich sagen, dass wir auf dem rechten Unterärmel einen Ärmelstreifen mit dem Namen unserer Einheit ›Brandenburg‹ trugen. So wusste der Eisenbahner, wo ich ›hingehörte‹ und antwortete: »Nein, aus Kutno kommen wir gerade her, aber auf dem Nachbargleis steht ein Munitionszug von deiner Division.« Er begleitete mich zu dem anderen Zug, zog die Tür des Güterwaggons auf und half mir hinein.

Drinnen lag Stroh und da ich noch lange nicht nüchtern war, legte ich mich hin und schlief sofort wieder ein. Als ich aufwachte, wurde es bereits hell und wir waren nicht in Kutno, sondern in Leslau, d. h. wir hatten uns noch weiter von Kutno in Richtung Danzig entfernt. Wie mir Reichsbahner sagten, hatten russische Panzer bereits die Bahnstrecke nach Lodz überschritten und gesperrt. Kurz entschlossen kuppelte der Lokführer die Lok ab, hinten wieder an und zog den Zug aus dem feindlichen Bereich.

Inzwischen hatte ich meinen Rausch ausgeschlafen und bekam es beim Überlegen, wie es weitergehen sollte mit der Angst zu tun, wenn ich einer Wehrmachtsstreife in die Hände fallen sollte, konnte man mir ohne Weiteres ›unerlaubte Entfernung von der Truppe‹ oder sogar ›Fahnenflucht‹ vorwerfen. Darauf folgte damals eigentlich nur eines: Sofortige standrechtliche Erschießung! Damit sollte der um sich greifenden und angesichts der Kriegslage nur allzu verständlichen Demoralisierung der Truppe entgegengewirkt werden. Denn wer wollte jetzt noch sterben, wo ein Ende des Krieges doch nur noch eine Frage der Zeit war? Also musste ich versuchen, recht bald zu meiner Einheit zurückzugelangen. Da fiel mir ein, dass in Thorn eine große Frontleitstelle war und ich über die erfahren könnte, wo sich meine Kompanie jetzt befand. Frontleitstellen waren Einrichtungen der Wehrmacht, die z. B. Urlaubern oder nach Verwundung im Feldlazarett Genesenen bei der Rückkehr vom Urlaub oder Lazarett sagten, wo sich ihre Einheit zurzeit befand, denn die konnte sich durch Vormarsch, Rückzug oder Verlegung jetzt an einem ganz anderen Ort befinden als zu Beginn des Urlaubs oder der Verwundung. Also blieb ich im Zug, der in jedem Fall über Thorn fahren musste. Als er dort auf dem großen Güterbahnhof hielt, verließ ich ihn und machte mich zu Fuß über die Gleise auf den Weg zum Bahnhofsgebäude. Unterwegs kamen mir Soldaten entgegen, die offensichtlich auch ›Brandenburger‹ waren. Auf meine Frage sagten sie mir, dass sie zu einer Marschkompanie gehörten, die sich auf dem Weg zur Division befand und Hauptmann Kiefer ihr Kompanieführer sei. Zu dem ließ ich mich führen und berichtete ihm, was ich alles angestellt hatte. Er hörte mich an und meinte dann, ich solle mich jetzt seiner Einheit anschließen. Wenn es später um Fahnenflucht oder Ähnliches gehen sollte, dann könne ich mich auf ihn berufen. Mir fiel ein Stein vom Herzen. Tief befriedigt über diese Entwicklung nahm ich mir insgeheim vor: Du trinkst nie mehr Alkohol!

Die Marschkompanie stellte sich als ein bunt zusammengewürfelter Haufen heraus, der in einem Zug auf seine Weiterfahrt wartete. In der folgenden Nacht setzte sich der Zug mit uns in Bewegung und als wir am folgenden Morgen hinausschauten, waren wir in Hohensalza, etwa 30 Kilometer südwestlich von Thorn. Leider hielten es mehrere Soldaten nicht im Zug aus, sondern begannen die Umgebung um den Bahnhof zu erkunden. Das erfuhr der Standortkommandant und beschlagnahmte kraft seines Amtes den ganzen Zug mit Besatzung, um sie in die Ortsverteidigung einzusetzen, denn die Rote Armee sollte schon vor der Stadt stehen. Also wurden wir ausgeladen und marschierten zur Verteilung der Aufgaben in eine Kaserne. Ich erhielt den Auftrag, mit weiteren sieben Mann einen Posten außerhalb der Stadt zu beziehen und die Verbindung zum Nachbarposten zu halten, der etwa einen Kilometer von uns entfernt Stellung bezogen hatte. Als wir den angegebenen Punkt erreichten, neigte sich der kurze Wintertag seinem Ende zu und die Dämmerung brach herein. Bei Dauerfrost und einer Schneedecke von gut 20 Zentimetern versuchten wir es uns einigermaßen erträglich einzurichten. Inzwischen hatten russische Panzer wohl schon den Stadtrand von Hohensalza erreicht, denn man hörte aus dieser Gegend den typischen hellen Knall der Panzergranaten und der Himmel färbte sich über der Stadt vom Schein der brennenden Häuser blutrot. Die Gefechtstätigkeit ließ aber nach einiger Zeit deutlich nach und so machte ich mich mit einem Kameraden auf den Weg zu unserem Nachbarposten, um die Lage zu erkunden. Dabei war ich gut beraten besondere Vorsicht walten zu lassen, denn als wir uns vorsichtig dem Posten näherten, hörte ich Laute, die eindeutig der russischen Sprache zuzurechnen waren. Die Sowjets hatten also bereits den Nachbarposten besetzt und waren nahe an unseren Posten herangerückt. Ich kehrte also sofort um, mobilisierte meine Leute und begab mich mit ihnen entlang der Eisenbahnlinie Thorn-Posen auf den Rückzug zu einer deutschen Auffanglinie. Es war ein schlimmer Weg, den wir vor uns hatten, denn alle waren übermüdet, hungrig, froren und niemand wusste, wie weit wir marschieren mussten. Dazu kam noch die Dunkelheit. Die Angst davor, den Sowjets in die Hände zu fallen, überwog aber alles und trieb uns voran. So marschierten wir die ganze Nacht in südöstlicher Richtung neben den Bahngleisen und nahmen hin und wieder Schnee in den Mund, um etwas Flüssigkeit im Körper zu haben. Bei anbrechendem Tageslicht erreichten wir am nächsten Morgen ein Dorf, in dem die deutschen Bewohner sich gerade anschickten, mit dem letzten Zug in Richtung Westen abzufahren. Im Abteil saß mir ein Reichsbahner gegenüber, der mir wohl ansah, dass ich ziemlich mitgenommen war, denn er hielt mir eine Flasche Himbeergeist hin und forderte mich auf einen Schluck zu nehmen – was ich auch tat!

Es dämmerte bereits, als unser Zug endlich in den Bahnhof von Gnesen einlief, über den bereits russische Panzergranaten hinwegfegten, denn die sowjetische Spitze hatte, von Südosten verstoßend, bereits den Stadtrand erreicht. Auf dem Nachbargleis stand aber ein Zug unter Dampf: Der letzte Zug für den Abtransport aller Deutschen, in den wir alle umstiegen. Ich hatte kaum den Zug bestiegen, als er sich in Richtung Westen in Bewegung setzte. Es wurde eine grauenvolle Nacht, denn in den Waggons fehlten (Mitte Januar) fast alle Fensterscheiben und unter den Insassen befanden sich viele Frauen mit kleinen Kindern, die übermüdet und hungrig waren und deshalb fast ununterbrochen mehr oder weniger laut weinten. Bei jedem Halt des Zuges in einem Ort verließen deshalb mehrere Männer den Zug und versuchten, in den umliegenden Häusern Milch für die Kleinkinder zu ergattern, um ihnen wenigstens so eine kleine Erleichterung zu verschaffen, auch wenn die kalte Milch natürlich nicht so an die Kleinen verfüttert werden konnte. Dabei musste man aufpassen, sich nicht zu weit vom Zug zu entfernen, denn niemand wusste, wann es weitergehen würde. Im Laufe der Nacht näherte sich der Zug dem Städtchen Wongrowitz.

Kurz vor der Einfahrt in den Bahnhof kollidierte unser Zug aber mit einem anderen Zug. Ich befand mich in einem Wagen im hinteren Teil des Zuges. Dort wurden wir zwar unsanft durcheinander geworfen, es gab aber keine ernsteren körperlichen Schäden; im ersten Waggon sollte es aber Tote gegeben haben. Die Lok war jedenfalls so stark beschädigt, dass sie nicht mehr weiterfahren konnte. So mussten alle Insassen den Zug verlassen und zu Fuß gut einen Kilometer bis zum Bahnhof Wongrowitz gehen. Dort stand bereits eine Lok unter Dampf, die nach kurzem Aufenthalt in Richtung Westen weiterfuhr. Im Morgengrauen erreichte der Zug Kreuz in Hinterpommern, wo über eine Lautsprecherdurchsage alle Insassen aufgefordert wurden, die Waggons zu verlassen. An der Sperre fingen die ›Kettenhunde‹ (So wurden die Angehörigen der Wehrmachtsstreife wegen einer um den Hals getragenen Kette mit Schild genannt.) alle Wehrmachtsangehörigen ab und führten sie in eine in der Nähe gelegene Kaserne, denn der Standortkommandant hatte sich alle zur Verfügung stehenden Wehrmachtsangehörigen unterstellt und verpflichtete sie zur Verteidigung von Kreuz vor der anstürmenden Roten Armee. In der Kaserne wurden einige Panzerfäuste – u. a. auch an mich – ausgegeben. Andere Waffen gab es nicht. Wir wurden dann zu einer Wiese geführt, an deren Rand wir Stellung beziehen sollten.

So grub sich jeder ein Loch zur Deckung und harrte der Dinge, die da kommen sollten. Was hätte er auch anderes tun sollen, denn zu dieser Zeit, Ende Januar 1945, konnten auch die größten Optimisten nicht mehr an die angeblich kriegsentscheidende Wirkung der angekündigten ›Wunderwaffen‹ und an den ›Endsieg‹ glauben. So hatte sich unter den Soldaten ein Fatalismus durchgesetzt. Unsere Ideale waren zerstört, der Krieg verloren. Also war nicht mehr Heldentum nachgefragt, sondern das eigene Überleben stand im Vordergrund. Es galt vor allem darauf zu achten, auch die letzten Kriegstage unbeschadet zu überstehen, nachdem man bisher mehr oder weniger Glück gehabt hatte. Viel Zeit für Überlegungen blieb nicht, denn zunehmender Gefechtslärm kündete schon nach wenigen Stunden davon, dass die Sowjet-Armee uns auf dem Fuße folgte. Es war bereits dunkel, als die Geräusche um uns ständig zunahmen und wir mehrere dunkle Schatten wahrnahmen (es hatte kurz geschneit), die sich hin und her bewegten – russische Panzer wollten das Terrain erkunden. In der Dunkelheit und im unbekannten Gebiet bewegten sie sich aber sehr vorsichtig. Einer näherte sich uns jedoch so weit, dass ich meine Panzerfaust auf ihn abfeuerte. Doch da ich nie daran ausgebildet worden war, verfehlte ich mein Ziel. Nun wurde es den Sowjets aber wohl zu unheimlich und sie zogen ihre Panzer zurück. Der Gefechtslärm rechts und links von uns bewies jedoch, dass die Rote Armee dort vorrückte. Um nicht eingekesselt zu werden, räumten wir deshalb unsere Stellung und setzten uns vom Gegner ab. Damit begann eine über mehrere Tage gehende Entwicklung. Während wir uns auf Waldwegen zurückzogen, rückten die Russen rechts und links davon in etwa dem gleichen Tempo auf den Straßen vor, ohne dass es zwischen uns zu einer direkten Gefechtsberührung gekommen wäre. So verließen wir bei einbrechender Dämmerung Landsberg an der Warthe, während zur gleichen Zeit russische Panzerspitzen auf dem anderen Flussufer eintrafen. Nach Gewaltmärschen, die über mehrere Tage gingen und mir mächtig zusetzten, erreichten wir bei Küstrin die Oder. Geschafft habe ich es wohl nur, weil im anderen Fall Tod oder russische Gefangenschaft gedroht hätte – oder ein Griff zu meiner Pistolentasche. Dazu aber gehört Mut und der hat mir – glücklicherweise wie man heute sagen muss – gefehlt.

Als wir in Küstrin eintrafen, erfuhren wir, dass die Stadt zur Festung erklärt worden sei und alle Neuankömmlinge in die Ortsverteidigung eingebaut würden. Vorher aber wurde ich einem Arzt vorgestellt, denn es zeigte sich, dass meine Füße die zum großen Teil nächtlichen Märsche durch die tief verschneite Winterlandschaft nicht unbeschadet überstanden hatten. Nachdem er sich meine Beine angeschaut hatte, sagte der Arzt deshalb: »Kietz.«

Als ich das hörte, atmete ich erst einmal tief durch, denn eine Oderinsel hieß Kietz und auf der befand sich ein Feldlazarett! Das bedeutete also, dass ich nicht zur kämpfenden Truppe sollte, sondern, weil ich beide Füße erfroren hatte, ins Lazarett eingewiesen wurde. Dort blieb ich aber nur kurze Zeit, denn bald wurde ich in einen Lazarettzug eingeladen, der mich nach Berlin-Spandau brachte.

Nach einem Aufenthalt von einigen Wochen wurde ich dort entlassen, weil die Erfrierungen überraschend schnell abgeheilt waren. So landete ich im März 1945 wieder in Brandenburg und traf beim Betreten der Kaserne einen Kumpel aus meiner Kompanie, der mich mit den Worten «Mensch, Arnold, du lebst auch noch!« begrüßte. Ich konnte ihm das nur bestätigen und fragte ihn, was sich denn damals in Kutno auf der Verladerampe abgespielt habe.

Wie er erzählte, hätte ich mich einige Zeit unterhalten und dann gesagt: »Jetzt ist mir alles scheißegal, ich geh‹ nach Westen.«

Was danach passiert ist, und wie ich in den Zug gekommen bin, werde ich wohl nie erfahren. Tatsache aber ist, dass die Kompanie in der folgenden Nacht vom Russen überrascht worden ist und nur wenige Kameraden das Massaker überlebt haben!

In Brandenburg wurde ich einer neu gebildeten Einheit zugeteilt, der 2. Fahrschwadron ›Brandenburg‹! Allein daraus ist ersichtlich, dass die Wehrmacht aus dem allerletzten Loch pfiff, denn als Panzergrenadier-Division waren wir eigentlich vollmotorisiert. Aber man nehme, so man hat! Als Nachschubtruppenteil hatten wir keine direkte Feindberührung und so verbrachte ich in dieser reizvollen Umgebung um

Niesky und See noch einige ruhige Tage. Es muss um den 4. oder 5. Mai gewesen sein, als wir uns auf den Marsch nach Klotzsche bei Dresden machten, um dort auf die Bahn verladen und in das Protektorat verlegt zu werden. In Klotzsche, das heute ein Stadtteil von Dresden ist, traf ich während der nächtlichen Verladung zwei Frauen, die zu mir sagten: »Was willst du bei den Russen? Der Ami steht schon an der Elbe. Bleib hier, wir verstecken dich so lange!«

Heute ist es müßig sich auszumalen, was alles passiert wäre, wenn ich das Angebot angenommen hätte. Damals fehlte mir der Mut dazu und so bestieg ich den Zug, aus dem wir am 7. Mai im Mährischen, in der Nähe von Mährisch-Trübau, entladen wurden. Beim Ausladen bot sich uns das gleiche Bild wie wenige Monate zuvor in Kutno: In regelloser Flucht strebten die unterschiedlichsten Wehrmachtsteile nach Westen – der Heimat zu. Im Gegensatz zu Kutno warteten wir aber nicht, sondern schlossen uns sofort der Fluchtbewegung an. Über den Rundfunk hörten wir von Friedensverhandlungen und auch vom Friedensschluss am 8. Mai.

Da war ich aber noch mitten im Protektorat Böhmen und Mähren und geriet am Morgen des 9. Mai in Chrudim, südlich von Pardubitz, in sowjetische Kriegsgefangenschaft. Bevor ich auf dem dortigen Sportplatz ›abgeliefert‹ wurde, ohne körperliche Misshandlung, war ich meine Armbanduhr und mein Kochgeschirr los. Auf beides waren die Rotarmisten scharf, verständlich, wenn man das sah, was sie als Kochgeschirr benutzten und Uhren besaß kaum ein Soldat. Für mich das Wichtigste jedoch war: Ich hatte den Krieg überlebt! Dieses unaussprechliche Glücksgefühl überschattete alles und ließ mich nicht daran denken, was mich in der Gefangenschaft bei den Sowjets erwartete. Die erste Begegnung hatte gezeigt, dass es sich auch mit ihnen ›leben‹ ließ, wobei ich mich darüber keinen Illusionen hingab: Gefangenschaft bei den Sowjets, von der ich nicht wusste, wie lange sie dauern würde – versprach alles andere als ein Zuckerschlecken zu werden.

Gefangenschaft in Sibirien

Fast ununterbrochen trafen auf dem Sportplatz in Chrudim weitere Transporte mit deutschen Soldaten ein, was zur Folge hatte, dass der Rasen schon nach kurzer Zeit voll belegt war, einer lag dicht neben dem anderen. Zu unserem Glück war es warm und trocken, außerdem besaß wohl die Mehrheit der Soldaten noch Vorräte an Lebensmitteln, denn ich kann mich nicht erinnern, dass wir in Chrudim Verpflegung erhalten hätten. Am nächsten Tag schon wurde eine Marschkolonne aufgestellt, die den Sportplatz mit unbekanntem Ziel verließ. Vor und hinter der Kolonne sowie an den Seiten marschierten bewaffnete Rotarmisten, die aber, soweit ich mich erinnern kann, nicht aggressiv wurden. Auch weiß ich nichts davon, dass Kameraden, die nicht mithalten konnten, vom Begleitkommando rücksichtslos erschossen worden wären, wie wiederholt von anderen Orten zu lesen war. Bei brütender Hitze wurde es aber ein Tagesmarsch, der von allen Beteiligten ein Übermaß an Kraft verlangte. Nachdem wir etwa 40 Kilometer in östlicher Richtung marschiert waren, erreichten wir am späten Nachmittag endlich unser Ziel – den Schlosshof von Leitomischl, einer Ortschaft im östlichen Böhmen, wo vor uns schon viele Kameraden gelandet waren. Dort suchten wir uns ein Plätzchen für die Nacht und schliefen trotz der ungünstigen äußeren Bedingungen tief und fest, denn der Marsch war hart gewesen. Schon hier versuchten die Sowjets, Ordnung in die immer neuen eintreffenden Massen der deutschen Kriegsgefangenen zu bringen, indem sie Hundertschaften bilden ließen.

Wohl wegen meiner russischen Sprachkenntnisse wurde ich Führer einer solchen Hundertschaft und erhielt als Erstes den Auftrag dafür zu sorgen, dass allen die Haare geschnitten würden, wie es auch bei den Rotarmisten gang und gäbe war. Naiv wie ich war, erklärte ich großspurig, das würde ich schon allein erledigen. Tatsächlich fand sich eine alte Haarschneidemaschine und nachdem ich zuerst mir hatte die Haare schneiden lassen, machte ich mich ans Werk. Ganz schnell aber merkte ich, was für eine Quälerei das mit der stumpfen Maschine war. Bald schon bekam ich einen Krampf in der rechten Hand und war heilfroh, als mich jemand ablöste. Auch in Leitomischl blieben wir nicht lange, sondern wurden nach einigen Tagen auf die Bahn verladen und landeten im früheren KZ Auschwitz, wo zur damaligen Zeit viele Tausende von deutschen Kriegsgefangenen festgehalten wurden. Die Unterkünfte waren zweigeschossige rote Ziegelbauten, die reihenweise gebaut waren, mit breiten Straßen dazwischen. Aus den Häusern war aber das gesamte Inventar entfernt worden. Es standen nur die ›nackten‹ Wände. Bei einem Gang durch die Lagerstraßen fielen mir große Fässer mit einem weißen Pulver ›Lausetto‹, Hersteller: IG Farben auf. Wohl in Vorahnung dessen, was auf mich zukommen würde, besorgte ich mir ein Gefäß mit Wasser, löste darin das Pulver auf, zog meine Klamotten aus – es war ja sehr heiß – und tat sie in die Lösung. Bei der Wärme trockneten die Sachen rasch und ich konnte sie bald wieder anziehen. Solange ich noch diese Klamotten besaß, hatte ich keine einzige Laus, während die Kameraden um mich herum bereits eifrig knackten. Aber leider hielt die Uniform keine fünf Jahre und konnte bei den Temperaturen im Winter auch nicht getragen werden, weil es dann unweigerlich Erfrierungen gegeben hätte.

Eines Tages wurden wir zu einer Untersuchung aufgerufen, bei der wir an mehreren Ärztinnen vorbeimarschieren mussten. Ein Ergebnis erfuhren wir nicht, aber heute weiß ich, dass es um die Tauglichkeit für die Kriegsgefangenschaft in Sibirien ging. Alle Kriegsgefangenen mit erheblichen Gebrechen blieben im Lager und wurden bald nach Hause entlassen. Nach einem Aufenthalt in Auschwitz von etwa 14 Tagen mussten die ›Gesunden‹ vergitterte Güterwagen besteigen, in meinem Fall 49 Mann in einen Wagen, ›Viehwaggon‹, wie wir sie in Riga nannten, die uns an ein unbekanntes Ziel bringen sollten.

Um in den völlig überbelegten Wagen überhaupt schlafen zu können, waren an den Stirnseiten in gut ein Meter Höhe Pritschen angebracht worden. Trotzdem herrschte im Wagen eine drangvolle Enge, sodass man tagsüber eigentlich nur mit angezogenen Beinen sitzen konnte. Ich hatte den Wagen wohl als einer der letzten bestiegen, denn für mich blieb nur ein Platz direkt an der Tür neben einer alten Dachrinne, die schräge aus dem Wagen heraushing und sich bald als ›Pissoir‹ oder ›Donnerbalken‹ entpuppte. Es konnte also durchaus passieren, dass ich aufwachte und über mir einen nackten Hintern erblickte. Die Türen waren natürlich verriegelt und die kleinen Luken auf jeder Seite mit Stacheldraht vergittert. Die Verpflegung während der Fahrt kann man wohl ohne Übertreibung als völlig ungenügend bezeichnen. Hunger hatten trotzdem aber wohl nur die wenigsten von uns, denn alle drückte die Sorge um unsere Zukunft. Wie würden die Sowjets, von denen wir bisher nichts Gutes gehört hatten, mit uns umgehen? Und wohin ging unsere Fahrt, denn das war nicht festzustellen. Wir wussten anhand der Sonne nur, dass wir uns in östlicher Richtung bewegten. Was uns aber während der ganzen Fahrt gewaltig plagte, war permanenter Durst, denn der Sommer 1945 war heiß und die Sonne brannte unbarmherzig Tag für Tag auf unseren Zug, der oft stundenlang auf irgendwelchen Bahnhöfen herumstand. Dann fehlte auch der Fahrtwind und der Waggon wurde zur Sauna. Was bei gelegentlichen Aufenthalten an Wasser in die Wagen gereicht wurde, reichte ›nicht vorn und nicht hinten‹. Manchmal wurde das Wasser aus dem nächsten Tümpel geschöpft und konnte dann auch eine ›Fleischeinlage‹ in Form eines Frosches enthalten. Die Situation wurde noch verschärft durch versalzene Suppen, die mitunter von der Küche geliefert wurden und natürlich das Durstgefühl noch mehr steigerten.

So verging ein Tag nach dem anderen und mich verließ das Gefühl für die Zeit. Ich begann abzustumpfen, mich in mein Schicksal zu ergeben und auf mein Ende vorzubereiten. Wieder einmal hielt der Zug auf einem Bahnhof, aber diesmal wurden die Türen weit geöffnet und das Kommando ertönte »Alle aussteigen«. Da kehrten die Lebensgeister wieder zurück, jeder griff seine Klamotten und verließ mit einem Gefühl großer Freude den Waggon, in dem wir, wie wir später feststellten, sechs Wochen – von Anfang Juni bis Mitte Juli – zugebracht hatten! Zuerst schwankend – denn wir hatten in dieser Zeit nur sitzen oder liegen können – bewegten wir uns auf dem Bahnsteig und ordneten uns dann zu einer Kolonne, um in das Lager zu marschieren, das für eine ungewisse Zeit unser Domizil sein sollte.

Unser Ziel, das Lager, bestand aus acht Erdhütten, die in zwei Reihen zu je vier Hütten hintereinander aufgebaut waren, sowie mehreren Baracken für Essraum, Sanitätsstube und Verwaltung. Ins Lager gelangte man durch ein zweiflügeliges Tor, neben dem sich die Wache befand, die rund um die Uhr mit russischen Soldaten besetzt war, die auch scharf schossen. Umgeben war das Lager von einem etwa drei Meter hohen Bretterzaun, der oben mit Stacheldraht bewehrt war. An zwei gegenüberliegenden Ecken standen Wachtürme, die gewöhnlich mit bewaffneten Posten besetzt waren, die im Falle einer versuchten Flucht ebenfalls von der Schusswaffe Gebrauch machten. Da wir alle vollkommen ausgedörrt waren, nahmen wir mit besonderer Freude zur Kenntnis, dass aus einer Leitung, die mitten im Lager aufgebaut war, ein fast armdicker Wasserstrahl mit eiskaltem, klarem Wasser schoss. Natürlich versuchten alle dort möglichst umgehend ihren Durst zu löschen! Nach 5 1/2 Jahren Krieg und den ungeheuren Strapazen der Bahnfahrt waren unsere Körper aber so ausgemergelt und geschwächt, dass es kam, wie es kommen musste: Innerhalb weniger Tage erkrankten viele Kriegsgefangene an Ruhr, wobei ich nicht zu den Patienten gehörte. Es gelang, diese Epidemie einzudämmen und zu lokalisieren.

Allmählich sickerte auch durch, wo wir gelandet waren: Die Ortschaft Kisseljowsk, in der sich unser Lager 525/10 befand, liegt etwa 2500

Kilometer östlich des Ural im Kusnezker Becken (Russisch: Kuznezki Bassin oder in der dort üblichen Abkürzung: Kusbass), einer Hochebene in etwa 1.100 m Höhe mit reichen Kohlevorkommen. Das Lager befand sich etwas außerhalb der Ortschaft auf einer kleinen Anhöhe. Im Laufe meiner Gefangenschaft bin ich auch in anderen Lagern gewesen, so in Prokopjewsk und im Sowchoz (Sowjetskaja chozjaistwa = Sowjetwirtschaft oder Staatsgut) Stalinez in der Nähe von Stalinsk (heute: Nowokuznezk). Ein Grund für die mehrfachen Verlegungen war u. a. der Tod vieler Kameraden in den fünf Jahren meines Aufenthaltes in Sibirien, weswegen mehrere Lager aufgelöst und zusammengelegt wurden.

Bei der Sowjetarmee, die uns bewachte, lernte ich einen uns unbekannten Dienstgrad kennen, den Unterleutnant als ersten Offiziersdienstgrad. Neu für mich war auch, dass in der Sowjetarmee munter zwischen Dienstgrad und Dienststellung hin und her jongliert wurde. In der deutschen Wehrmacht wäre es z. B. undenkbar gewesen, dass ein Leutnant Führer einer Kompanie geworden wäre, in der ein Oberleutnant – also ein dem Dienstgrad nach höherer – als Zugführer Dienst getan hätte. Bei den Russen spielte das offensichtlich keine Rolle, denn unser Lagerkommandant in Kisseljowsk war ein Unterleutnant. Ihm unterstanden als sein Vertreter für die Versorgung ein Oberleutnant und für das Gesundheitswesen ein Kapitan (Hauptmann), ein wohl deutschstämmiger Jude, der uns aber seine sicherlich vorhandene Antipathie nicht merken ließ. Er hat sich über die vorhandenen deutschen Ärzte und das Sanitätspersonal bemüht, eine ärztliche Versorgung aufzubauen, die im Laufe der Zeit immer besser funktionierte, wenn auch mit völlig unzureichenden Mitteln. Nach einiger Zeit wurde er abgelöst und durch eine Frau ersetzt. Sie war eine hochgebildete Frau, die sich bei uns Kriegsgefangenen immer bedankte, wenn wir ihr irgendwie behilflich gewesen waren. Dann sagte sie aber nicht einfach »spasibo«, sondern wählte die vornehmere Form »Blagodarju«.

Nach unserer Ankunft erfolgte die Verteilung auf die Unterkünfte, die jeweils mit etwa 100 Mann belegt wurden. Wenn man eine Erdhütte betrat, musste man einige Schritte abwärtsgehen. An eine Außentür kann ich mich nicht erinnern, in der Mitte befand sich ein Gang quer durch die ganze Unterkunft, der rechts und links von doppelstöckigen Pritschenreihen begrenzt wurde, an die sich jeweils eine weitere Pritschenreihe anschloss, die aber nach den beiden Seitengängen offen waren, sodass man immer Kopf an Kopf mit einem Kameraden lag. Gefragt waren ganz bald die oberen Schlafplätze, denn es zeigte sich, dass im Holz unendlich viele Kakerlaken hausten, die nachts auf die Schläfer hinunterfielen und ihnen mächtig zusetzten. Am Mittelgang, in der Mitte der Hütte sowie in der Nähe bei den Türen, befanden sich drei Herde, die alle eine durchgehende Eisenplatte auf der Oberseite hatten. Wahrscheinlich zur besseren Wärmeabgabe. Sie wurde von den Kriegsgefangenen aber auch gern zum Rösten von z. B. Kartoffelschalen benutzt. Diese Öfen waren im Winter ununterbrochen in Betrieb, denn die Kohle lagen praktisch ›vor der Tür‹ und wurden vom Schacht angeliefert. Nach der Verteilung auf die Erdhütten sowie weiteren organisatorischen Maßnahmen, begann der tägliche Arbeitseinsatz der Kriegsgefangenen, und zwar aller Kriegsgefangenen ohne Rücksicht auf den militärischen Dienstrang. International war zwar vereinbart, dass kriegsgefangene Offiziere nicht zu Arbeitseinsätzen herangezogen werden durften, die Sowjets hielten sich aber nicht an diese Vereinbarung. Getreu dem Lenin-Wort: »Wer nicht arbeitet, der soll auch nicht essen«, verweigerten sie den nicht arbeitswilligen Offizieren die Verpflegung. Der Widerstand der – wenigen – Offiziere gegen diese Entscheidung war dadurch bald gebrochen und so rückte z. B. ein schon älterer ungarischer Oberstleutnant mit uns zur Arbeit aus.

Der Arbeitseinsatz der Kriegsgefangenen richtete sich nach den täglichen Anforderungen der Betriebe und Institutionen aus der Umgebung, denn das Lager ›vermietete‹ seine Insassen gegen Entgelt in uns unbekannter Höhe an Interessenten aus dem Gebiet. Hauptarbeitgeber war der Kohlebergbau, aber auch der Wohnungsbau, ein Holzbearbeitungsbetrieb mit Sägerei, kommunale Betriebe und die Landwirtschaft benötigten Arbeitskräfte. Von dem erarbeiteten Geld, das in anderen Lagern in größerem Umfang auch an die Kriegsgefangenen ausgezahlt worden sein soll und das dann zum Einkauf zusätzlicher Lebensmittel verwendet werden konnte, haben wir kaum etwas gesehen. Ich habe vielleicht zwei- oder dreimal Geld erhalten, aber nur wenige Rubel, mit denen man keine großen Sprünge machen konnte. An dieser Stelle muss ich einflechten, dass mir eine chronologische Schilderung der Ereignisse nicht mehr möglich ist. Niemand von uns besaß eine Uhr und das Gefühl für die Zeit hatte alle verlassen. So landete ich eines Tages in einer Kohlegrube oder wie der Russe sagt in einem Schacht, von denen es in Kisseljowsk mehrere gab. Fördertürme wurden dort nicht benötigt, denn wenige Meter unter der Erde befanden sich dicke Flöze mit fetter Steinkohle, von der ein früherer Bergmann meinte: »Von so einer guten Kohle haben wir im Oberschlesischen Revier nur träumen können, ganz abgesehen davon, dass wir für den Abbau 1000 Meter in die Tiefe mussten.« Er sagte aber auch: »Wenn man sieht, unter welchen Bedingungen die Menschen hier schuften müssen, kann man die Liebe zu seinem Beruf verlieren.«

Gearbeitet haben wir im durchgehenden Drei-Schicht-System von acht Stunden, wobei der Schichtbeginn zwei Stunden später war als in Deutschland üblich, also für die Frühschicht um 8 Uhr, die Spätschicht um 16 Uhr und die Nachtschicht um Mitternacht. Etwa eine Stunde vor Schichtbeginn wurden wir am Tor von bewaffneten Posten in Empfang genommen, die uns bis zur Grube führten und nach der Schicht wieder zurück zum Lager begleiteten. Ob wir in der Kaue Arbeitsklamotten angezogen haben, weiß ich nicht mehr, halte es bei den damaligen Verhältnissen aber durchaus für möglich, dass das nicht geschah und wir in unserer ›normalen‹ Kleidung arbeiten mussten.

In jedem Falle erhielten wir Helme und Grubenlampen mit Batterien. Die Lampen wurden vorn am Helm befestigt und die Leitung verlief auf dem Rücken bis zu der am Gürtel angeschnallten Batterie. Dadurch war man, wenigstens normalerweise, bei der Arbeit nicht behindert. Wenn alle arbeitsbereit waren, ging es geschlossen zum Schacht und auf einer schiefen Ebene etwa 20 Meter unter Tage. Dort standen E-Züge mit leeren Hunten, die wir besteigen mussten und die uns bis zu unserem jeweiligen Arbeitsort fuhren, der mitunter mehrere Kilometer vom Einstiegsort entfernt sein konnte, denn unten herrschte ein dichtes Gewirr von Gängen. Neben der schiefen Ebene, auf der wir hinab- und auch heraufstiegen, befand sich eine weitere schiefe Ebene mit einem Gleis, auf dem mittels einer Winde die vollen Wagen hochgezogen und nach Entleerung wieder hinabgelassen wurden. Die geförderte Kohle kam dann zu einer Kippanlage, von der sie direkt in die darunter bereitstehenden Waggons geschüttet wurde. Die Tagesleistung unserer Grube soll bei etwa 3000 Tonnen gelegen haben.

Unsere Aufgabe bestand im Wesentlichen darin, die von der Vorschicht freigesprengte Kohle an die Hunte heranzuschaufeln, damit sie verladen werden konnte. Dabei sollte taubes Gestein aussortiert werden, womit ich bei den diffusen Lichtverhältnissen und nur einem Auge meine Schwierigkeiten hatte. Es konnte aber auch passieren, dass ich z. B. den Auftrag erhielt, in einem senkrechten Stollen etwa sechs bis acht Meter hochzuklettern und dort vier Löcher für eine Sprengung zu bohren. Wenn ich das geschafft hätte, sei die Schicht für mich beendet. Das hörte sich zwar gut an, sah vor Ort aber ganz anders aus: In den Stollen waren im Abstand von je einem Meter Rundhölzer eingelassen, an denen ich wie ein Affe mit dem Bohrer (der mehrere Kilogramm wog) hochklettern und ihn oben sicher deponieren musste. Dann ging es wieder hinunter, um das noch schwerere Zwischenstück zu holen und etwa in halber Höhe auf einem Rundholz anzubinden. Das war nötig, weil das Kabel des Bohrers viel zu kurz war und nicht einmal bis zum Boden reichte. Nachdem Bohrer und Zwischenstück verbunden waren, konnte ich wieder nach oben klettern und mit meiner eigentlichen Arbeit beginnen. Da war ich aber schon ›fix und alle‹! Ich habe es aber trotzdem versucht. Bei dem unsicheren Stand auf dem Rundholz in sechs Meter Höhe war es extrem schwierig den Bohrer senkrecht hochzudrücken, besonders auch, weil ununterbrochen Kohlenstaub von oben herunterfiel und ich mich verständlicherweise um mein verbliebenes Auge sorgte. So habe ich in dieser Schicht nicht vier, sondern nur 1 1/2 Bohrlöcher geschafft. Von der Anstrengung war ich physisch, aber auch psychisch so fertig, dass ich oben vor Ort gesessen und nur geheult habe.

Manchmal verschwanden die russischen Bergleute, mit denen ich gelegentlich zusammenarbeitete, spurlos und kehrten erst nach geraumer Zeit an ihren Arbeitsplatz zurück. Es dauerte eine Weile, bis ich hinter ihr Geheimnis kam. Die Kohle wurde, wie bereits erwähnt, in etwa 20 Meter Tiefe abgebaut. Über bestimmte alte Schächte bereitete es keine Schwierigkeiten gelegentlich nach oben zu steigen und frische Luft zu schöpfen. Nachdem ich diese Möglichkeit ausgekundschaftet hatte, habe ich sie auch wahrgenommen, denn mein Arbeitseifer hielt sich verständlicherweise in Grenzen. Wenn man, was auch vorkam, allein arbeitete, dann hieß es besonders aufzupassen, um nicht das Schichtende zu versäumen. Uhren, die uns unter Tage ohnehin nicht geholfen hätten, besaßen wir nicht. Das nahende Schichtende wurde deshalb durch ein akustisches Signal angezeigt. Bei dem Krach und den teilweise erheblichen Entfernungen zwischen den einzelnen Abbauorten konnte es schon passieren, dass das Signal nicht überall gehört wurde. Dass jemand fehlte, merkte der Posten erst beim Zählappell vor dem Rückmarsch ins Lager. Dann musste erst geklärt werden, wer fehlte und wo er gearbeitet hatte. Danach drang der Posten beim Verantwortlichen darauf, den Kriegsgefangenen sofort ausfindig zu machen und hochzuschicken. Bis zu seiner Ankunft mussten alle anderen der

Schicht in der Grube warten, denn der Posten musste an der Lager-wache natürlich die gleiche Anzahl Kriegsgefangener abliefern, die er vor Schichtbeginn übernommen hatte. So konnte es passieren, dass eine Schicht erst Stunden nach Schichtende wieder im Lager eintraf.

Der Schichtwechsel erfolgte wöchentlich, wobei ich immer froh war, wenn ich wieder eine Nachtschicht hinter mir hatte, ich konnte näm-lich tagsüber nur schlecht schlafen. Rings um mich schnarchten die Kameraden in allen Tonarten, ich jedoch fand nur schwer Ruhe und war dann schon bei Schichtbeginn geschafft. Bei irgendeiner Gelegen-heit habe ich mir den linken Mittelfinger verletzt. In der Grube kam Kohlenstaub in die Wunde, die daraufhin zu eitern begann, sodass sie täglich tamponiert werden musste. Eines Tages behandelte ein rus-sischer Arzt die stark eiternde Wunde. Wie man mir nachher sagte, hat er sich dabei vertan und statt des Tampons ein Stück Sehne aus der Wunde gezogen. Die Folge davon war, dass der Finger steif wurde und in den Handteller hineinwuchs. Damit war meine Tätigkeit un-ter Tage beendet. Der in den Handteller hineingewachsene Finger machte es mir aber auch unmöglich, einen Handschuh anzuziehen, was bei der sibirischen Kälte unweigerlich zu Erfrierungen mit später notwendiger Amputation der ganzen Hand geführt hätte. Um dem vorzubeugen, entschloss sich der deutsche Lagerarzt, den Mittelfinger zu amputieren. So wurde ich ins Krankenrevier eingeliefert, wo man mir am nächsten Morgen eröffnete, ich solle nüchtern bleiben, denn ich würde noch heute operiert. Eine Stunde später jedoch wurde diese Auskunft widerrufen und da ich noch Tabak besaß, tauschte ich den gegen einen Kanten Brot ein, um meinen größten Hunger zu stillen. Ich hatte das Brot kaum gegessen, als es hieß: »April, April. Alles gar nicht wahr, wir operieren doch!«

Der Eingriff ist auch problemlos verlaufen, ich soll auf dem OP-Tisch aber gespuckt haben wie ein Reiher. Nun, bei der Desinformation war ich wirklich nicht daran schuld! Auch bei der Heilung gab es keine

Komplikationen und ich konnte im Winter wieder Handschuhe anziehen.

An diesen deutschen Lagerarzt, übrigens ein ausgezeichneter Chirurg, habe ich noch eine andere Erinnerung. Mein linker Arm schmerzte und die Untersuchung ergab eine Lymphangitis, d. h. eine Vereiterung der Lymphgefäße von den Fingern bis in die Achselhöhle. Zu ihrer Beseitigung mussten Schnitte auf der Innenseite des Armes erfolgen, durch die der Eiter abfließen konnte. Der Arzt besaß für den Eingriff aber nur ein stumpfes Skalpell – und sonst gar nichts! Als ich im Revier erschien, erklärte er mir seine Lage und meinte: »Neben Ihnen wird der Sani stehen. Legen Sie den rechten Arm um ihn und drücken ihn, so stark Sie können. Sie dürfen auch schreien, wenn Sie es nicht mehr aushalten. Mehr kann ich aber nicht für Sie tun.« Dann nahm er das Skalpell und schritt zur Tat. Am ersten Tag setzte er vier Schnitte, Tage später weitere zwei und danach noch zweimal je einen Schnitt. Geschrien habe ich wohl nicht, den Sani aber sehr kräftig gedrückt – und nicht aus Zuneigung. Der Eingriff war absolut erfolgreich und ich habe danach nie mehr etwas mit den Lymphdrüsen zu tun gehabt. Einen unangenehmen und nicht erwarteten Nebeneffekt gab es aber als Folge des Eingriffs. Die acht Schnitte erfolgten am ganzen Arm, davon drei am Unterarm und fünf am Oberarm. In die Innenseite des linken Oberarms wurde den Angehörigen der Waffen-SS aber im Gegensatz zu den Wehrmachtsangehörigen, bei denen sie auf der Erkennungsmarke stand, die Blutgruppe eintätowiert. Nach der Gefangennahme waren die Sowjets sehr daran interessiert, auf diese Weise die Angehörigen der Waffen-SS zu erkennen, und so mussten wir alle mit nacktem Oberkörper und erhobenen Armen an einem Arzt vorbeigehen, der dabei besonders intensiv auf die Oberarme schaute. Nun hatte ich an der Stelle zwar keine Blutgruppe eintätowiert, aber eine Narbe – und das konnte insofern gefährlich werden, als manche SS-Leute versucht hatten den verräterischen Buchstaben operativ zu entfernen mit dem Ergebnis, dass sie dort auch eine Narbe hatten. Doch es ging alles gut und niemand hat meine Narben beanstandet.

Als wir in Sibirien eintrafen, war Sommer und alles grünte und blühte wie auch in Deutschland. Im September aber fiel schon der erste Schnee. Der taute zwar noch weg, doch der nächste Schnee im Oktober blieb schon liegen, denn das Thermometer sank ... und sank ... und sank. Die niedrigste Temperatur, die ich erlebt habe, war – 56°! Doch schien der Frost nicht das Schlimmste zu sein, denn die trockene Kälte, die dann herrschte, ließ sich bei entsprechender Bekleidung relativ gut ertragen. Zumal bei Frostgraden unter – 40°, wo jeder Wind aufhörte. Viel unangenehmer war bei Temperaturen um – 15° der sibirische Schneesturm, der Buran. Wenn der tobte, dann schaute jeder bei seinem Nebenmann auf Nasenspitze, Backenknochen und Ohrläppchen. Sobald die weiß wurden, musste, um Erfrierungen zu vermeiden, die betreffende Stelle sofort mit Schnee eingerieben werden. Während eines Buran konnte es passieren, dass wir von einer Arbeitsstelle geschlossen und mit Postenbegleitung losmarschierten, am Lagertor aber einzeln und mit teilweise erheblichen Zeitabständen eintrafen, weil es bei diesem Tosen der Elemente einfach nicht möglich war zusammenzubleiben. Jeder musste zusehen, wie er am besten vorankam. Da unsere deutsche Montur natürlich nicht für diese Temperaturen ausreichen konnte, erhielten wir Winterbekleidung, die, besonders im ersten Winter, weder in Quantität noch Qualität ausreichte. Später hatte die Mehrzahl eine Pelzmütze (russisch: Schapka), Steppjacke (Fufaika), Stepphosen, Filzstiefel (Walenki) und einige auch einen kurzen Pelzmantel (Poluschubok) – fast alles aber bereits getragene Kleidungsstücke. Das bedeutete bei den Filzstiefeln, dass Sohlen und Absätze bereits erneuert waren. Neue Stiefel bestanden aus einem einzigen Stück Filz, das in die entsprechende Form gepresst worden war. Obgleich wir kaum Socken hatten, sondern fast nur Fußlappen, hielten die Filzstiefel unsere Füße wirklich warm. Es gab auch kaum Erkältungskrankheiten, wie ich mich an eine Häufung von Erfrierungen ebenfalls nicht erinnern kann.

Nicht lange nach unserer Ankunft mussten wir den ersten Todesfall im Lager beklagen. Aus diesem Anlass kamen alle Lagerinsassen zusammen, das Bild des Toten mit seiner Adresse wurde herumgereicht und jeder, der in seiner Nähe wohnte, aufgefordert, nach seiner Heimkehr die Angehörigen des Verstorbenen über sein Ableben und die Umstände, die dazu führten, zu informieren. Das hat man auch nach dem zweiten und dritten, vielleicht auch noch nach dem zehnten Todesfall getan. Mit Sicherheit aber nicht mehr, als wir im Lager den hundertsten Todesfall zu beklagen hatten! Ich kenne keine Zahlen über Todesfälle in der sowjetischen Kriegsgefangenschaft, glaube aber anhand meiner Beobachtungen, dass die Vermutung wohl richtig sein könnte, aus der Sowjetunion wäre etwa die Hälfte aller Kriegsgefangenen nicht heimgekehrt. Das hat natürlich mehrere Gründe. In erster Linie ist sicherlich die unzureichende Verpflegung zu nennen, auf die ich noch eingehen will. Damit in Zusammenhang steht, dass viele Kriegsgefangene zu Arbeiten eingesetzt wurden, denen sie in Verbindung mit der einseitigen Verpflegung physisch nicht gewachsen waren. Außerdem hatten fünf Jahre Krieg alle Soldaten geschwächt und ihr Immunsystem ›angekratzt‹. Hinzu kam der psychische Druck, weil niemand wusste, ob seine Angehörigen noch lebten, wo sie sich befanden und wie es ihnen ging, da wir monatelang keine Verbindung zur Heimat hatten. Man muss aber auch sagen, dass eine Reihe von Todesfällen ›hausgemacht‹ war. Dabei handelte es sich um Raucher, die nicht auf ihren Glimmstängel verzichten wollten oder konnten und deshalb Brot von ihrer ohnehin nicht ausreichenden Ration gegen Tabak eintauschten. Auf Dauer konnte das nicht gut gehen. Während der Soldatenzeit hatte ich zu rauchen begonnen, bin aber nie ein starker Raucher gewesen. Die sechs Wochen im Waggon auf der Bahnfahrt nach Sibirien hatten mir gezeigt, dass es auch ohne Glimmstängel geht. So habe ich mir nie Tabak für Brot eingetauscht, eher schon mal den umgekehrten Weg beschritten und bin dabei gut gefahren. Ich meine, bin mir da aber nicht sicher, wir hätten gelegentlich Feinschnitt mit der Verpflegung erhalten. Der wurde aber nicht gern geraucht. Viel beliebter war der einheimische ›Machorka‹, ein ganz grob geschnittener, sehr kräftiger Tabak. Beide aber mussten selbst gedreht werden, wofür Papier benötigt wurde, das aber nicht zur Verfügung stand. Die Russen benutzten dafür ihr Parteiorgan *Prawda* (die Wahrheit) und dieses Papier war auch wirklich am besten dafür geeignet. Die deutschsprachige Zeitung, die wir erhielten, fand dagegen kaum Anhänger.

Der körperliche Verschleiß machte sich bei den Kriegsgefangenen rasch bemerkbar, indem viele Männer bald nicht mehr in der Lage waren zur Arbeit auszurücken. Nach ärztlicher Untersuchung wurden sie dann der OK (Osdorowitjelnaja Komanda = Genesungsgruppe) zugeteilt, d. h. sie blieben im Lager und mussten nicht zur Arbeit ausrücken, sondern nur, falls möglich, im Lager leichte Hilfsarbeiten verrichten. Anstatt ihre Verpflegung zu verbessern, um sie wieder ›aufzupäppeln‹, wurden ihre Rationen aber noch gekürzt, was keineswegs dazu beitrug die Genesungszeit zu verkürzen. Kriegsgefangene, die arbeiteten, sollten früh 200 Gramm Brot und eine Schüssel Suppe, mittags 200 Gramm Brot, eine Schüssel Suppe und Kascha (Brei) sowie abends 200 Gramm Brot und eine Schüssel Suppe erhalten. Für Schwerarbeiter waren größere Rationen vorgesehen, wer nicht arbeitete wie die OK erhielt weniger. Als Suppe wurde vorwiegend dünne Kohlsuppe gereicht, aber auch Nudel-, Gerste- und Hirsesuppe gab es. Allen Suppen war jedoch gemein, dass sie ausgesprochen dünn waren und kaum Nährwert besaßen. Frisches Obst gab es überhaupt nicht, Gemüse außer Weißkohl und Möhren sowie im Winter Sauerkohl auch nicht. Als Brei zu Mittag gab es Hirse, Buchweizen, Haferflocken oder Ähnliches – was gerade da war. Denn die Versorgungslage in Sibirien war nach unseren Vorstellungen katastrophal – auch für die eigene Bevölkerung. Wenn es bei uns z. B. Hirse gab, so war Hirse auch in allen Magazinen (so werden dort die Geschäfte genannt) im Angebot. Wir sagten dann: Es ist ein 60-Tonner mit Hirse angekommen! 60-Tonner, weil auf der Bahn in Sibirien schwere vierachsige Güterwagen mit dieser Tragfähigkeit verkehrten, die ich aus Deutschland nicht kannte. Je nach der Versorgungslage schwankten auch die Brotrationen. Im Sommer 1946 gab es in der Sowjetunion eine Missernte, was zur Folge hatte, dass die Brotrationen über einen längeren Zeitraum reduziert wurden, zeitweise bis zu 200 Gramm pro Tag. Die eigene Bevölkerung aber erhielt wochenlang überhaupt kein Brot, sondern nur Mehl! Da konnte es schon vorkommen, dass an unserem Lagertor Einheimische standen, die von den zur Arbeit ausrückenden Kriegsgefangenen, den ›Woinoplennis‹ ein Stück Brot zu ergattern hofften! Der Hunger unter den Kriegsgefangenen war permanent und um den zu stillen, haben sie die vielfältigsten Versuche unternommen. So wurden aus den Abfällen der Küche Kartoffelschalen herausgesucht, gewaschen und dann auf der Platte in der Baracke ›geröstet‹. Geröstete Kartoffelscheiben waren schon eine Delikatesse. Ein Kamerad hatte einen Hund erwischt, getötet, zerteilt und gekocht. Auch ich bekam ein Stück Fleisch, das ich mit Heißhunger verschlungen habe, obwohl es mir nicht besonders geschmeckt hat – es war eine zusätzliche Mahlzeit. Und damit bewahrheitete sich wieder einmal der Spruch: Hunger ist der beste Koch!

Gewaltig müssen die Hilfeleistungen der Amerikaner während des Krieges gewesen sein, denn in unserer Lagerküche wurden noch Jahre nach Kriegsende große gelbe Büchsen mit ›Pork meat‹ von Oscar Mayer, Chicago verarbeitet. Einseitige Ernährung und körperliche Überbeanspruchung führten bei vielen Kameraden dazu, dass sie Wasser in den Beinen hatten und nicht wenige sind daran gestorben, weil das Wasser im Körper immer höher steigen konnte – und wenn es das Herz erreicht hatte, war es aus. Auch ich war nicht davon verschont und habe wiederholt mit Wasser in den Beinen zu tun gehabt. Noch heute erinnern Narben an beiden Ober- und Unterschenkeln sowie im Kreuz daran, dass dort die Haut aufbrach und das Wasser austrat. Wahrscheinlich zu meinem Glück, denn dadurch drang es nicht bis zum Herzen vor. Außerdem hatte ich keine Probleme mit dem Wasserlassen und bin es auch auf diesem Wege wieder losgeworden. Probleme gab es aber schon, denn in den Baracken befanden sich keine Toiletten, es gab nur einen ›Donnerbalken‹ für das ganze Lager draußen im Freien. Normalerweise hätte man dahingehen sollen, um sich zu ›erleichtern‹, aber das tat nachts niemand; besonders nicht im Winter bei Schnee, Eis und Dauerfrost. Da half eine Konservenbüchse, die man unter seine Schlafgelegenheit stellte und sie, wenn sie voll war, draußen in den Schnee ausleerte. Sicherlich keine besonders hygienische Lösung, aber wenigstens machbar. Mein ›Rekord‹ stand übrigens bei 18 Büchsen, die ich in einer Nacht gefüllt und geleert habe!

Die Gespräche in der Soldatenzeit drehten sich unter Kameraden sehr häufig um etwas, was den Landsern fehlte, und so war deren Thema Nr. 1: die Frauen. In der Kriegsgefangenschaft war das nicht anders, nur drehten sich bei der körperlichen Verfassung und dem permanenten Hunger der Männer die Gedanken in erster Linie ums Essen und so war das auch ihr Thema Nr. 1. Einmal richtig satt zu sein, schien das höchste der Gefühle. Gut erinnerlich sind mir in diesem Zusammenhang mehrere Tage, die ich nach meiner Fingeroperation mit einem Berliner im Revier verbrachte. Er war Bäckermeister am Wedding, erzählte vom Morgen bis zum Abend von Kuchen, Torten und Ähnlichem, wobei er mich mit Rezepten ›fütterte‹. Und ich habe ihm gern zugehört. Der Werbespruch seines Geschäftes lautete:
»Ein Jeder schreibt es an die Wand sich: Bludau, Müllerstraße hundertzwanzig.«

Es war schon Frühjahr 1946, als wir zum ersten Mal Zucker erhielten, also etwa neun Monate nach unserer Ankunft in Sibirien. Den Zucker hatten alle schmerzlich vermisst, weil der Körper ihn brauchte, und ich habe immer wieder geträumt: Wenn ich jemals nach Hause kommen sollte, dann möchte ich als erste Mahlzeit eine große Portion Milchreis mit Zimt, Zucker und Backpflaumen! – Aber zurück nach Sibirien. Wohl weil wir den Zucker so lange hatten entbehren müssen, gab es als ›Ausgleich‹« bei der morgendlichen Brotausgabe eine größere Portion, ich denke vielleicht 150 bis 200 Gramm pro Person. Ich war damals wieder einmal in der OK und brauchte also nicht zur Arbeit auszurücken. So nahm ich meinen Zucker in Empfang, tat ihn in ein Gefäß und deponierte dieses auf meinem Schlafplatz an der Kopfstütze. Meine Absicht war, mir den mittäglichen Brei mit dem Zucker zu ›versüßen‹. Es dauerte eine Weile, bis ich zu der Überlegung kam, dass 150 bis 200 Gramm Zucker zum Mittagessen doch wirklich zu viel sei, ich könne doch ruhig vorher von dem Zucker probieren. Nachdem ich mich selbst von der Richtigkeit meiner Überlegung überzeugt hatte, begab ich mich zu meiner Schlafstelle, holte das Gefäß heraus, öffnete es und ›kostete‹ von dem Zucker. Danach verpackte ich den Rest wieder und ›deponierte‹ ihn an der gleichen Stelle. Es dauerte nicht lange, da zog es mich wie mit magischer Gewalt wieder zu meinem Schlafplatz hin: Eigentlich könnte ich doch noch einen Löffel probieren. Also wieder den Zucker ausgepackt, gekostet und danach den Rest zurückgestellt. Wie oft sich dieser Vorgang im Laufe des Vormittags wiederholt hat, weiß ich nicht. Sicher aber ist, dass ich den Brei zu Mittag ohne Zucker essen musste, weil das Gefäß mit dem Zucker wegen meiner vielfachen ›Kostproben‹ schon lange leer war!

Als ich nach meiner Entlassung mehr als vier Jahre später nach Crivitz (bei Schwerin/Mecklenburg) kam, stand dort ein großer Tonkrug mit Zuckerrübensirup, den meine Mutter in der schweren Zeit nach Kriegsende als Zuckerersatz gekocht hatte. Inzwischen gab es aber Zucker (auf Marken) zu kaufen und nun fand der Sirup keinen Abnehmer mehr. Nachdem ich den vollen Topf entdeckt hatte, ›erbarmte‹

ich mich seiner und leerte ihn Löffel für Löffel! Als ich das geschafft hatte, war mein Heißhunger aber gestillt und auch auf diesem Gebiet kehrte die Normalität wieder.

Mitte Dezember 1945, also gut sieben Monate nach Kriegsende, wurden im Lager die ersten Karten für einen Gruß an die Heimat verteilt. Das waren Karten des russischen Roten Kreuzes und des Roten Halbmondes mit einer anhängenden Karte für die Rückantwort. Doch nicht alle Lagerinsassen erhielten die Karten, sondern nur eine gewisse Anzahl, zu der ich aber nicht gehörte. Ein Kumpel in meiner Nähe gehörte zu den Glücklichen, konnte mit seinem Glück aber nichts anfangen, weil er nicht wusste, wo sich seine Angehörigen befanden. Nachdem ich das festgestellt hatte, war es für mich leicht, ihn zu einem Tausch – Tabak gegen Karte – zu bewegen. So konnte ich am 19.12.1945 mein erstes Lebenszeichen nach Crivitz senden. Woher ich das so genau weiß? Meine Mutter hat alle meine Briefe vom Frühjahr 1944 bis zu meiner Heimkehr aufgehoben. In ihnen steht aber nichts von Hunger, Kälte und Angst, sondern nur von Filmen, Konzerten, einer reichhaltigen Bücherei und Ähnlichem. Warum auch nicht? Die Tatsache allein, dass ich in Sibirien war, sorgte schon für Frust. Den musste ich nicht noch durch mein Wehklagen erhöhen. Diese erste Karte, der im Laufe der Jahre noch viele weitere folgen sollten, war der Beginn einer, man kann schon sagen, festen Verbindung. Allmählich wurden die Bestimmungen für den Postverkehr gelockert und ich durfte auch Briefe schreiben und erhalten. Dadurch konnten mir auch Menschen schreiben, bei denen ich mich nicht melden konnte, die von meinen Angehörigen aber meine Anschrift erhalten hatten.

Vielleicht ein Jahr nach unserer Ankunft in Sibirien waren meine in Auschwitz getränkten Klamotten verschlissen und damit begann auch für mich das ständige Suchen nach Läusen in der Kleidung. Da ich mit diesen Viechern noch nie zu tun hatte, musste ich sie mir erst zeigen lassen. Allmählich habe ich mir dann eine gewisse Taktik in ihrer Bekämpfung angeeignet. Sie ganz zu beseitigen, war aber bei den Bedingungen, unter denen wir hausten, nicht möglich. Es gelang mir nur, ihre Zahl und damit auch die Auswirkungen auf meinen Körper zu begrenzen. Sie haben mich praktisch bis zu meinem Einstieg in den Waggon zur Heimfahrt ›begleitet‹. Mindestens genau so unangenehm wie die Läuse waren Wanzen, die zu Tausenden in allen Unterkünften hausten, die wir bewohnten und es auf unser Blut abgesehen hatten. Sie saßen in allen Ritzen der Holzpritschen, auf denen wir lagen und fielen über uns her, wenn wir schliefen. Dabei hatten auch sie sich eine besondere Taktik zurechtgelegt. Sie krabbelten an der oberen Pritsche herum, bis sie sich genau über dem Schläfer auf der unteren Pritsche befanden (sie müssen wohl mit irgendwelchen ›Sensoren‹ dafür ausgestattet sein) und ließen sich dann auf ihn herunterfallen. Bei ihrem geringen Gewicht spürte man sie nicht, wohl aber, wenn sie Blut gezapft und dabei Giftstoffe in den menschlichen Körper abgesetzt hatten. Ein Mittel zur wirksamen Bekämpfung dieser nächtlichen Quälgeister stand uns nicht zur Verfügung. Wir versuchten der Gefahr auszuweichen, indem wir bevorzugt auf den oberen Pritschen schliefen, doch war auch das kein Allheilmittel.

Nach der Amputation meines linken Mittelfingers konnte ich nicht mehr in den Kohlebergbau zurückkehren und wurde deshalb vorübergehend zur Arbeit im Sowchoz ›Stalinez‹ eingesetzt. Sowchoz ist die Abkürzung von ›Sowjetskaja Choziastwo‹ was Sowjetwirtschaft oder sinngemäß Staatsgut bedeutet. Vorübergehend haben wir nur deshalb im Sowchoz arbeiten können, weil die sibirische Kälte das nicht anders zuließ. Die Hochebene des Kusnezker Beckens hatte nur wenige Bäume, aber ringsherum erstreckten sich die schier unendlichen Urwälder der sibirischen Taiga. Im Winter wurden dort Bäume gefällt, die im Frühjahr, wenn die Flüsse aufgetaut waren, ›wild‹ geflößt wurden, d. h. es wurden keine Flöße gebaut, sondern die Stämme einfach ins Wasser gestoßen, in der Hoffnung sie würden durch die Strömung schon dort ankommen, wo sie hinsollten. Nowo Kusnezk liegt am Tom, einem Nebenfluss der Ob und außerhalb der Stadt befand sich ein Sägewerk, in dem ich auch einige Zeit arbeitete. In einer Biegung des Flusses war ein ›Hafen‹ angelegt worden, in den durch die Strömung ein Großteil der Stämme getrieben wurde. Manchmal waren es so viele, dass sie sich übereinander türmten und bizarre Formen bildeten. Was nicht im Hafen landete, trieb weiter flussabwärts, doch das störte niemand, es war ja genug Holz vorhanden. Mit langen Stangen wie Enterhaken wurden die Stämme von uns an Land und auf eine daneben laufende Kettenbahn gezogen, die über den Lagerplatz bis zum Gatter führte. Je nachdem wo gerade Platz war, wurden die Stämme dann im Lagerbereich von der etwas erhöht verlaufenden Kettenbahn heruntergezogen und rollten selbst zu ihrem Lagerplatz, wo sie trocknen sollten. Die trocknen Stämme rollten wir wieder zur Kettenbahn und zogen sie auf diese, die sie dann zum Gatter beförderte.

Meine ›nahrhafteste‹, aber auch ›anrüchigste‹ Beschäftigung führte mich zur ›*Shilischtschnoje komunalnoje otdelenije*‹ (Kommunaler Wohngebietsverband), und das kam so: Als wir eines Tages vor dem Tor standen und darauf warteten zur Arbeit geführt zu werden, kam ein Posten und holte zwei Kriegsgefangene aus der Kolonne heraus, einen Sudetendeutschen und mich. Er führte uns vor das Tor und übergab uns einem dort stehenden älteren Zivilisten mit einer ›Vogelflinte‹, der offensichtlich auf Arbeitskräfte aus dem KG-Lager gewartet hatte. Zu dritt gingen wir in die Stadt und landeten im Büro des Kommunalverbandes. Dort übergab man uns einen zweirädrigen Karren mit einer großen Tonne darauf, der von einem kleinen Pferd gezogen wurde sowie Schaufel und Besen. Ein Mitarbeiter ging am ersten Tag mit uns, um uns in unsere Tätigkeit einzuweisen. Danach fuhren wir nach einem von uns entwickelten Tourenplan immer allein durch die Stadt. Viele Wohnungen in der Stadt hatten keine Sanitärzellen, es gab andererseits aber kaum öffentliche Toiletten. Dafür jedoch über das ganze Stadtgebiet verstreut viele ›Scheißhäuser‹. Es tut mir leid, aber ein anderer Ausdruck ist für diese Einrichtungen nicht angebracht. Das waren vielleicht sechs bis acht Meter lange und etwa 2 1/2 Meter breite Holzbuden, die von der Schmalseite zu betreten waren. An einer Längsseite war ein ca. 20 Zentimeter hohes und 40 bis 50 Zentimeter breites Podest errichtet, in das in regelmäßigen Abständen Löcher hineingesägt worden waren, Durchmesser etwa 30 bis 35 Zentimeter. Darunter befand sich die Jauchegrube und das war alles! In einer Stadt mit über 100.000 Einwohnern verrichteten dort Männlein und Weiblein ›stehend freihändig‹ ungeniert ihre Notdurft! Unsere Aufgabe war es, die Latrinen mit Schaufel und Besen zu säubern und danach mit dem in der Tonne befindlichen Chlorkalk zu desinfizieren. Eigentlich war unsere Arbeit in eine Vormittags- und eine Nachmittagstour eingeteilt, aber schon bei der ersten Fahrt erlebten wir unser blaues oder besser gesagt ›braunes Wunder‹: Die erste ›Tretmine‹ lag vielleicht zehn Meter vor der Bude und je näher wir ihr kamen, desto mehr Haufen mussten wir auszuweichen versuchen. Im Inneren war es dann ganz schlimm, da lagen sie flächendeckend! Wir hatten also im wahren Sinne des Wortes eine ›Scheißarbeit‹ zu verrichten, wobei ich mir ersparen will ins Detail zu gehen. Jedenfalls hatten wir uns nie über Arbeitsmangel zu beklagen. Daneben gab es aber auch einen großen Vorteil, denn wir waren bei unserer Arbeit ohne Aufsicht und konnten so den ganzen Tag über Kontakt mit der Zivilbevölkerung pflegen. Interessant war besonders die Reaktion der Kleinen. Dieselben Kinder die »Gitler kaputt, Faschist« hinter uns hergerufen hatten, kamen wenige Minuten später an und gaben uns eine Gurke oder Mohrrübe. Dabei hatten die Russen, wie schon erwähnt, selbst kaum genug zu essen und das im eigenen Garten gezogene Gemüse war eine wertvolle Ergänzung zur unzureichenden Ernährung.

Als wir mittags im Büro eintrafen, erwartete uns eine große Überraschung. Auf dem Tisch stand ein eiserner Topf mit Hirsebrei – für uns beide. Ich würde sagen, bestimmt das 3-4-Fache der Menge, die wir im Lager erhielten und von guter Qualität. Wir machten uns darüber her und schafften den Pott auch ohne mit der Wimper zu zucken. Dieser Topf erwartete uns auch an den folgenden Tagen stets um die Mittagszeit und stellte so eine echte zusätzliche Mahlzeit dar, denn abends im Lager erhielten wir einen Doppelschlag Suppe und den Mittagsbrei. Der hat uns dann den Gestank vom Tage ›versüßt‹. Mir ist entfallen, wie lange wir diese Arbeit verrichten mussten, ich meine aber es waren wenige Monate. Wie ich in die Runde gekommen bin, weiß ich heute nicht mehr. In jedem Fall haben meine, wenn auch bescheidenen, Kenntnisse der russischen Sprache entscheidend dazu beigetragen, dass ich eines Tages in die russische Lagerverwaltung bestellt und dort mit einer neuen Aufgabe betraut wurde.

In dem Büro, das wir mit einem jungen ungarischen Fähnrich teilten, hatten ein Landsmann von mir aus Estland und ich die anfallenden schriftlichen Arbeiten zu erledigen. Es gab dort viel zu tun, denn täglich mussten wir die vom Verpflegungsdepot an die Küche des Kriegsgefangenenlagers zu liefernden Lebensmittel anhand der Belegungsstärke und der vorliegenden Verpflegungssätze berechnen und darüber eine Lieferanweisung ausfertigen. Diese musste nach Prüfung vom Stellvertreter des Lagerkommandanten für die Versorgung unterschrieben werden. Der Lagerverwalter holte die Anweisungen täglich bei uns ab, um danach die Lebensmittellieferung für das Lager bereitzustellen. Unsere Arbeit war allein schon deshalb nicht einfach, weil es an den primitivsten Dingen fehlte, z. B. Tinte und Papier. Doch Not macht bekanntlich erfinderisch. Mancher Kamerad im Lager besaß noch einen Kopierstift, der im Laufe der Jahre zu einem kleinen Stummel heruntergeschrieben worden war, mit dem man eigentlich nichts mehr anfangen konnte – wir aber doch. Wenn man den Stift auftrennte, die Mine in ein Gefäß legte und mit heißem Wasser übergoss, dann erhielt man eine hervorragende violette Tinte! Das Schreibpapier fertigten wir uns aus den Papiersäcken, in denen insbesondere Teigwaren angeliefert wurden. Die Säcke waren in der Regel vierfach gelegt. Sie wurden aufgetrennt und die beiden inneren Schichten gleich passend zugeschnitten. Die anderen beiden säuberten wir falls erforderlich, glätteten sie, schnitten auch sie passend zu – und deckten so unseren Bedarf an Schreibpapier.

Um die Verpflegung zu verbessern, hielt die Lagerverwaltung mehrere Schweine, die vornehmlich mit den Abfällen aus der Lagerküche gefüttert wurden. Wenn sie ihr Gewicht erreicht hatten, wurden sie geschlachtet und da alles korrekt zugehen sollte, war über die erfolgte Schlachtung und die Verwendung des Fleisches ein Protokoll zu erstellen, das von allen Verantwortlichen zu unterschreiben war. Da wir diese Protokolle schreiben mussten, merkten wir schnell, wie es dabei zuging. Weil jeder etwas von dem ›Kuchen‹« abhaben wollte, wurden die Zahlen im Protokoll manipuliert nach der Faustregel: Je mehr Unterschriften auf dem Protokoll waren, desto niedriger wurde das Schlachtgewicht des Schweines! Der Oblt. als der Verantwortliche bei dieser Aktion, sorgte natürlich dafür, dass er bei dieser Verteilung nicht zu kurz kam – und man sah bei ihm auch deutlich, wo es geblieben war: Bei einer Körpergröße von etwa 1,75 m wog er gut zwei Zentner und seine Frau stand ihm in Leibesfülle nichts nach! Wir, die täglich mit ihm zu tun hatten, nannten ihn untereinander nur Ali Baba, weil wir der Meinung waren, er sei viel schlauer als die bekannten 40 Räuber aus dem Märchen. Von Lenin soll der Ausspruch stammen: »Vertrauen ist gut, Kontrolle ist besser«. Er kannte halt seine Landsleute! Eines Tages erschien der russische Verwalter des Lebensmittellagers bei mir und bat um meine Sollwerte für sein Lager, denn anhand der Wareneingänge, Auslieferungen und Protokolle führte ich eine Bestandskartei je Artikel für sein Lager. Ich gab ihm diese

Zahlen, ohne zu ahnen, dass er sie für eine Eigeninventur benutzen wollte, denn er hatte erfahren, dass er demnächst überprüft werden würde, und da wollte er vorher alle eventuellen Überschüsse bei Seite schaffen. Irgendwie muss ich mich bei den ihm übergebenen Zahlen aber vertan haben, denn der Lagerverwalter hatte daraufhin für sich eine größere Plusdifferenz errechnet, die er vorsorglich bei Seite legte, um sie später einzukassieren.

Weil die Inventur wenige Tage danach erfolgte, wurde der Fehler jedoch aufgedeckt und der Lagerverwalter musste zähneknirschend alles wieder herausgeben, was er bereits für sich vereinnahmt hatte. Danach hat er mich eine ganze Weile keines Blickes gewürdigt, doch ich habe das überstanden. Häufig kam es vor, dass Ali Baba, mit dem ich jetzt täglich Kontakt hatte, sich zu uns ins Zimmer setzte und über ›Gott und die Welt‹ unterhielt. Dabei erfuhren wir auch manches aus seinem privaten Bereich. Seine Ehe blieb bisher kinderlos, er stammte aus der Gegend östlich von Moskau und wollte gern auch wieder dorthin zurück. Ob dies aber jemals möglich sein würde und wenn ja wann, war völlig ungewiss. Eines Tages wurde ich zu Ali Baba in sein Privatquartier gerufen. Die Russen wohnten alle außerhalb des Lagers in Baracken, die u-förmig aufgestellt worden waren. Während sich in der mittleren Baracke die Verwaltungsräume und auch unser Büro befanden, wohnten in den beiden anderen Häusern die Offiziere und Zivilangestellten mit ihren Familien. Ich ging also zu der Baracke, in der er lebte, und klopfte an die Tür. Auf das »Herein« betrat ich den Raum und befand mich in einem vielleicht 4 x 4 Meter großen Zimmer mit einem Fenster an der gegenüberliegenden Wand, einem Tisch mit zwei einfachen Stühlen, einem Schrank und einem Bett. Sonst war kein Mobiliar zu sehen. So lebte ein Offizier der ruhmreichen Sowjet-Armee, die den Krieg gegen Deutschland gewonnen hatte! Was Ali Baba von mir wollte, weiß ich nicht mehr.

Jedenfalls kehrte ich völlig konsterniert zurück und berichtete, was ich gesehen hatte. Besonders das einzelne Bett gab uns Rätsel auf. Wie sollten die beiden Kolosse drin schlafen. Wechselten sie sich vielleicht sogar darin ab? Fragen über Fragen, auf die es keine Antwort gab. Wenigstens im Augenblick nicht. Die Auflösung erfolgte an einem Sonntag, als ich wieder zu Ali Baba gerufen wurde. Als ich auf sein »Herein« ins Zimmer trat, lag das Ehepaar noch im Bett. Zwar nebeneinander, aber verkehrt, neben dem Kopf des einen war der Fuß des anderen! Nur so hatten die beiden Dicken in dem Bett auch Platz.

Die Zeit in der Lagerverwaltung war für mich verständlicherweise die angenehmste während der gesamten Kriegsgefangenschaft. Ich musste nicht draußen arbeiten, hatte nur einen kurzen Anmarschweg, brauchte physisch nicht schwer zu arbeiten und lernte viele Leute der russischen Verwaltung kennen, was noch von unschätzbarem Nutzen für mich sein sollte. Darüber hinaus bekam ich gelegentlich in der Küche einen größeren Schlag mit der Suppenkelle, denn nun war ich ja in der Lagerhierarchie! Jemandem muss meine Nase aber nicht gepasst haben, denn eines Nachts wurde ich geweckt und mir mitgeteilt, dass ich am nächsten Tag nach OSMO 4 auszurücken hätte. OSMO 4 war eine Großbaustelle, auf der zwar noch mit Ziegelsteinen, aber schon nach einem Taktverfahren mehrgeschossige Wohnhäuser für die Zivilbevölkerung entstanden. Der Staat wollte endlich die Ausnutzung der in Sibirien in überreichem Maße vorhandenen Rohstoffe wie Steinkohle, Erdgas, Erdöl, aber auch Diamanten und andere Edel- und Halbedelsteine vorantreiben. Dafür benötigte er aber Menschen, die in diesem dünn besiedelten Land nicht zur Verfügung standen. Mit Verbannten, deren Arbeitseifer verständlicherweise nicht groß war, ließ sich dieses Loch nicht stopfen. So wurden Freiwillige mit großzügigen Versprechen wie doppelter Lohn, hohe Prämien, freie Fahrten mit der Bahn bzw. Flüge mit der Aeroflot in den Urlaub oder nach Hause in dieses Land mit seinen unwirtlichen Bedingungen gelockt. Für sie

wurden die Häuser gebaut, denn wie sich zeigte, hatten die Werbe-
maßnahmen in der armen Sowjetunion durchaus Erfolg.

So reihte ich mich am nächsten Morgen vor dem Lagertor in die
Kolonne ein, die zu OSMO 4 marschieren sollte. Dort angekommen,
wurde ich einer Gruppe zugewiesen, die an einem Neubau arbeiten
sollte. Der Rohbau war bereits fertiggestellt und es ging an den Innen-
ausbau. Dazu war im Erdgeschoß in einem Raum eine Mischmaschine
aufgestellt worden, die das notwendige Gemisch für die Stuckateure
produzieren sollte. Zement lagerte neben der Maschine, Kies aber lag
bergeweise vor dem Gebäude. Ihn sollten wir durch die leeren Fen-
sterhöhlen in den Raum schippen, in dem die von russischen Frauen
bediente Mischmaschine stand. Vor mir hatten schon viele»"Plennis‹
(=Gefangene) dort gearbeitet, deren Arbeitseifer sich mit dem der einheimischen Frauen deckte, sodass es keine Probleme gab. Nun aber
kam ich: Die Zeit in der Verwaltung hatte mir körperlich wohlgetan
und ich war wieder bei Kräften. Als ich nun meine Aufgabe kannte,
dachte ich mir: Wartet mal, euch werde ich den Laden schon vollrot-
zen. Und begann in raschem Tempo Kies in das Gebäude zu schippen.
Es dauerte nicht lange, da schaute eine der Frauen aus der Fensterhöhle
und fragte, was denn hier los sei. Um den Spaß fortzuführen, sagte ich,
ich würde eine Stachanow-Schicht (stachanowskaja wachta) machen.

Zur Erklärung dafür muss ich etwas weiter ausholen. Die Arbeits-
moral und damit auch die Arbeitsleistungen der Werktätigen in der
Sowjetunion ließen durchaus zu wünschen übrig, was sich in der täglichen Erfüllung bzw. Nichterfüllung der vorgegebenen Planzahlen
ausdrückte. Um sie wieder anzukurbeln, suchte man sich einen Kumpel (im russischen – Schachtjor), eben diesen Stachanow aus, schuf
für ihn einmalige Voraussetzungen zur Planerfüllung und ließ ihn
einen Tag so arbeiten. Ergebnis: Stachanow erfüllte das ihm vorge-
gebene Planziel für diesen Tag mit einigen Hundert Prozent! Dieses

geschönte und falsche Beispiel wurde nun in der ganzen Sowjetunion propagiert und die Arbeiter aufgefordert, diesem Vorbild nachzueifern und selbst bei ihren Stachanow-Schichten Höchstleistungen zu vollbringen. Diese mir bekannte Tatsache nutzte ich aus, um mich als Anhänger der Stachanow-Bewegung auszugeben. Die Frauen muss das sehr beeindruckt haben, sie liefen jedenfalls zu ihrem Meister und berichteten ihm von dem Plenni und seinem Arbeitseifer. Der Meister kam, schaute sich›s an und beorderte mich zu sich ins Haus, um seine Frauen nicht im Kies ersticken zu lassen, den sie mit ihrer alten Maschine objektiv nicht so schnell mischen konnten, wie ich ihn durch das Fenster hinein schaufelte. Dort erhielt ich eine andere Aufgabe: Ich sollte in einer Mulde die fertige Mischung von den Frauen zu den Stuckateuren tragen. Weil auch die sich nicht totarbeiten wollten, hatte ich nicht viel zu tun. Der absolute ›Rekord‹ waren wohl sechs Mulden in einer Schicht von acht Stunden! Am Ende der Schicht bescheinigte mir der Meister für das Lager aber immer eine Planerfüllung von 100 Prozent und mehr, die für unsere Brotzuteilung im Lager von ausschlaggebender Bedeutung war!

Damals wurde mir klar, dass die Planerfüllung in der Sowjetunion – aber nicht nur dort – ein großer Schwindel war, weil sie nicht erarbeitet, sondern mit einem sehr spitzen Bleistift geschrieben wurde. Bald darauf wurde ich wohl wegen meiner›hervorragenden Arbeitsergebnisse‹, zum ›Brigadier‹ ernannt. Da ›meine‹ Leute auf verschiedenen Baustellen in der Stadt eingesetzt waren, bedeutete dieses, dass ich mich frei in der Stadt bewegen durfte. Dadurch hatte ich die Möglichkeit zu Gesprächen mit den Einheimischen und erfuhr dabei so manche interessanten Einzelheiten aus ihrem Leben. So erzählten mir Zivilisten, dass ihnen vom Staat für jedes abgelieferte Kilogramm Zucker nur 0,80 Rubel und für jedes Kilogramm Butter 0,97 Rubel gezahlt würde. Wie so etwas technisch ablaufen konnte, ist mir nicht bekannt. Ich erinnere mich aber, dass die gleichen Artikel im Magazin, dem staatlichen Laden 13,50 bzw. 60,00 Rubel kosteten. Bei diesen Gewinnspannen musste der Staat, umgerechnet auf das Riesenreich, allein aus dem Verkauf dieser beiden Artikel gewaltige Erlöse in Milliardenhöhe erzielen. Die Annahme, die Sowjetunion müsse steinreich sein, schien also durchaus berechtigt, nur war davon nichts zu spüren! Wo also blieben die Gewinne?

Eine Erklärung bot mir die Arbeit auf OSMO 4, wo fünfgeschossige Wohnhäuser errichtet wurden. Wegen des morastigen Untergrundes mussten, um festen Halt für das Setzen des Fundamentes zu finden, erst 18 Meter lange Betonträger in den Boden gerammt werden, auf denen das Fundament gegossen werden konnte. Erst danach begannen die Maurer mit dem Hochziehen des Rohbaus. Anschließend kamen die anderen Gewerke zum Zuge–– wie Klempner, Elektriker, Fußbodenleger, Maler u. a. Nach Abschluss aller Arbeiten wurden das Haus und die Umgebung ›beräumt‹ und zwar geschah das in der Form, dass alles, was sich noch in den Wohnungen befand und nicht eingebaut worden war, durch die Fenster hinausgeworfen wurde. Danach kamen Bulldozer und planierten das Außengelände ohne Rücksicht darauf, was dort noch an Baumaterial herumlag, das nicht mehr für dieses Haus benötigt wurde. So befanden sich bei fast jedem Haus mehrere Betonträger, Tausende von Ziegeln, Kubikmeter Holz, Nägel etc. unter der eingeebneten Fläche. Ein Privatunternehmer hätte je nach seiner Finanzkraft bei einer derartigen Schlamperei beim ersten, zweiten oder dritten Haus Konkurs anmelden, oder zumindest wirksame Maßnahmen zur Beseitigung dieses Missstandes einleiten müssen. Doch nichts dergleichen geschah! Der Staat schluckte alles und niemand nahm daran Anstoß, denn alles war ja Volkseigentum und an dem hatte doch jeder seinen Anteil! Schon im zaristischen Russland galt der Ausspruch: Russland ist groß und der Zar ist weit, womit zum Ausdruck gebracht werden sollte, dass in diesem Riesenreich die Anweisungen aus dem fernen Moskau oft nur halbherzig befolgt wurden.

In der abgewandelten Form–– die Sowjetunion ist groß und Stalin ist weit–– hatte der Ausspruch auch im Kommunismus seine Gültigkeit behalten. Das führte in diesem Staat, bei dem Erfüllung und Über-erfüllung der staatlichen Planauflagen oberste Priorität besaß dazu, dass bei den turnusmäßig anstehenden Meldungen schon mal nach oben ›korrigiert‹ wurde, um die höheren Gremien zufriedenzustellen. Bis Moskau summierten sich diese im Einzelnen sicherlich kleinen Beträge zu gewaltigen Summen, sodass dort teilweise mit Zahlen ope-riert wurde, die jeglicher Realität entbehrten. Auch dieses verbreitete, egoistische Denken hat mit zu dem offensichtlichen Widerspruch beigetragen, dass in diesem an Rohstoffen doch so reichen Land, die Armut sehr verbreitet war und auch heute noch ist!

Die Russen waren durchaus daran interessiert, uns über die Entwick-lung in Deutschland zu informieren und auf dem Laufenden zu halten. Natürlich nur in ihrem Sinne! So erhielten wir schon bald in Moskau gedruckte, deutschsprachige Zeitungen, gelegentlich kam auch die *Tägliche Rundschau*, das Organ der Sowjetmacht in der sowjetischen Besatzungszone bis zu uns.

Um die Meinungsbildung in den Kriegsgefangenenlagern im Sinne der kommunistischen Weltanschauung effektiver beeinflussen zu kön-nen, wurden ab 1946 überall antifaschistische Zellen, die sogenannten ›Antifa‹-Aktive ins Leben gerufen. Nach außen hin als spontane Wil-lensäußerung der Kriegsgefangenen getarnt, waren sie aber in Wirk-lichkeit von den Russen organisierte und überwachte Einrichtungen zur ›ideologischen Umerziehung‹ der Kriegsgefangenen. Um den Ge-fangenen den Entschluss zum Eintritt in diese Aktive zu erleichtern, wurde er mit verschiedenen Privilegien wie bessere Verpflegung und günstigere Arbeitsbedingungen verbunden. Dafür sollte dann bei den Zusammenkünften ›positiv‹ diskutiert werden, um die Kameraden von den ›Segnungen des Sozialismus‹ zu überzeugen.

Doch das Interesse hielt sich in bescheidenem Rahmen, weil die

Russen meiner Meinung nach falsch an die Sache herangegangen sind und damit leichtfertig eine für sie einmalige Chance vertan haben.

Nachdem die ersten Monate in Sibirien vorüber waren und deutlich wurde, dass an eine baldige Heimkehr nicht zu denken war, häuften sich die Versuche, den Aufenthalt für uns angenehmer zu gestalten und kulturelle Veranstaltungen zu organisieren. Vonseiten der Russen geschah das durch Filme, die außerhalb der Essenszeiten im Speisesaal gezeigt wurden. Selbstverständlich standen sowjetische Propagandafilme wie ›Lenin im Oktober‹ und ›Lenin im Jahre 1918‹ im Vordergrund. Ja, es gab sogar amerikanische Filme! Aber auch unter den Lagerinsassen waren mehrere, die früher aktiv mit der Kultur zu tun gehabt hatten und nun erneut danach strebten, auf diesem Gebiet tätig zu werden. Sie taten sich zusammen, schmiedeten gemeinsam Pläne und bemühten sich um ihre Verwirklichung, was unter den herrschenden Bedingungen fast unmöglich schien. Und doch haben sie es geschafft! Es gab mehrfach Konzerte und sogar ›Die lustigen Witwen‹ wurde aufgeführt, allerdings in Ermangelung von Frauen, die nicht im Lager waren, mit männlichem ›Ersatz‹. Diese Kulturveranstaltungen stellten eine angenehme Abwechslung im täglichen Einerlei dar und halfen den Lagerinsassen, über die Zeit zu kommen, die unaufhaltsam verrann, denn alle beherrschte nur ein einziges Thema: Wann geht es heimwärts und werde ich es noch erleben? Sehr viele haben es nicht mehr geschafft. So vergingen die Tage im ewigen Gleichmaß und rundeten sich zu Wochen, die Wochen zu Monaten und diese zu Jahren. Unterbrochen wurde dieses Gleichmaß nur durch gelegentliche Heimtransporte von kranken Kameraden.

Die ganzen Jahre über lebten wir von der Hoffnung auf die Heimkehr. Sie war der Faktor, der uns noch am Leben erhielt, denn jeder, der sich selbst aufgab, war bei den extremen Bedingungen des sibirischen Lagerlebens unweigerlich verloren. Würde es mit dem Wiedersehen bis zum nächsten Weihnachtsfest klappen oder bis Ostern? Vielleicht könnte ich bis zum Geburtstag meiner Mutter am 13. Mai als unerwarteter Besuch aufkreuzen oder meinen eigenen daheim feiern? Vielleicht könnte ich als Kranker auch vorher entlassen werden? Obgleich das natürlich ein zweischneidiges Schwert war, denn wer entlassen wurde, der trug schon fast den ›Kopf unter dem Arm‹ und so schlecht ging es mir glücklicherweise nicht, auch wenn ich wegen verschiedener Erkrankungen mehrfach in der OK gelandet war und vor allen Dingen häufig mit Wasser zu tun hatte. So lebten wir von einer Hoffnung bis zur nächsten – wenn nicht Weihnachten, dann vielleicht zu Ostern, dann ist es auch wärmer und die Fahrt im Zug angenehmer! Offensichtlich beobachteten die Russen sehr aufmerksam die Stimmung der Kriegsgefangenen und reagierten sofort auf erkannte Verschlechterungen. Wenn sie merkten, dass sich die Stimmung der Lagerinsassen dem Nullpunkt näherte, dann wurde geschickt das Gerücht lanciert, ein Heimattransport würde in nächster Zeit zusammengestellt. Obgleich es in der Mehrzahl der Fälle beim Gerücht blieb, ging die Rechnung der Russen eigentlich immer auf. In seiner Hoffnungslosigkeit, denn niemand wusste ja wann ›seine‹ Stunde schlagen würde, klammerte sich der Kriegsgefangene dankbar an jeden noch so kleinen Strohhalm, den er ergreifen konnte nach der Devise: ›Man kann ja nie wissen‹. Selbst wenn ein Russe den Kriegsgefangenen auf der Straße »Skoro damoi!« (Bald nach Hause) zurief, was häufiger vorkam, war das für viele schon ein Grund das Stimmungsbarometer hochschnellen zu lassen, denn wer weiß, vielleicht besaß dieser Mensch Informationen, die uns nicht zugänglich waren.

Natürlich hat es nicht an Versuchen gefehlt, aus der Kriegsgefangenschaft zu fliehen. Bei den riesenhaften Entfernungen in diesem äußerst dünn besiedelten Land und der fehlenden Infrastruktur konnte ihnen aber kein Erfolg beschieden sein. Außer der Transsibirischen Eisenbahn durchziehen kaum andere Wege dieses Land und als wir schließlich auf der Heimfahrt nach Deutschland die Waggontüren öffnen und aus dem Zug schauen konnten, haben wir während der Fahrt oft stundenlang keinen Hinweis auf menschliche Besiedlungen entdecken können. Wie hätte man unter diesen Bedingungen es ohne Kompass, Karte und fremde Hilfe schaffen sollen, sich nach Europa durchzuschlagen? Ein Überqueren der großen, kilometerbreiten Ströme wie Ob, Jenissei und Irtysch war ohnehin nur auf der Eisenbahnbrücke möglich. Zwar war es zur Mongolei viel näher als zum 4500 Kilometer entfernten Deutschland, doch die war ein Satellitenstaat der UdSSR und hätte jeden Deutschen, der dort erwischt wurde, unweigerlich an die Russen ausgeliefert. So ist mir auch kein Fall einer erfolgreichen Flucht aus der Gefangenschaft bekannt. Irgendwann tauchten alle wieder auf, die aus einem Lager geflohen waren, in dem ich mich befand. Was danach mit ihnen geschah, weiß ich nicht. Ob sie in eines der berüchtigten Straflager kamen oder anderen Repressalien ausgesetzt waren, entzieht sich meiner Kenntnis.

Inzwischen schrieben wir 1949 und erfuhren durch die uns zugängliche Presse, dass die Sowjetunion sich verpflichtet hatte, alle Kriegsgefangenen, die sich in ihrem Machtbereich befanden, bis zum Ende dieses Jahres zu entlassen. Nun hatten wir also wieder ein Ziel vor den Augen: Das nächste Weihnachtsfest würden wir alle daheim bei unseren Lieben feiern! Glaubten wir! Doch für viele von uns, darunter auch mich, sollte es ganz anders kommen. Bald nach Bekanntwerden der Nachricht über die bevorstehende Entlassung aller Kriegsgefangenen tauchte ein Mitarbeiter des MWD (Innenministerium) im Lager auf und bezog Quartier in einem Erdbunker. Das MWD war auch für den Staatsschutz zuständig und dieser Mitarbeiter wurde abends, wenn die Mehrzahl der Lagerinsassen sich im Lager befand, aktiv und holte sich Leute zu Vernehmungen. Die Tatsache als solche wurde zwar bekannt, worum es bei diesen Vernehmungen aber im Einzelnen ging, blieb im Dunkel. Natürlich sorgten die Vernehmungen für Unruhe im

Lager, denn niemand wusste, was eigentlich damit bezweckt werden sollte. Ich fürchtete mich aus zweierlei Gründen vor einer Vernehmung und ihren möglichen Folgen. Erstens hatte die Sowjetunion im Jahre 1940 Lettland, in dem ich geboren war, annektiert und mein Geburtsort Riga gehörte nun zur Lettischen Sozialistischen Sowjetrepublik. Bei der mehr als eigenartigen Rechtsauffassung der Sowjets, denn sie interpretierten alle Gesetze in ihrem Sinne, war nicht auszuschließen, dass sie mich nach meiner Entlassung aus der Kriegsgefangenschaft nicht in die inzwischen gegründete DDR entlassen würden, wo meine Mutter lebte, sondern in meine ›Heimat‹ Lettland. Zum anderen hatte ich Angst davor, wie die Russen reagieren würden, wenn sie erfahren sollten, dass ich dem Regiment ›Brandenburg‹ angehört hatte, denn auf Angehörige dieser Einheit, die ihnen schwer zugesetzt hatte, waren sie nicht gut zu sprechen. Zwar hatte ich gleich nach meiner Gefangennahme den Ärmelstreifen ›Brandenburg‹ und auch das Eichenlaub von meinem Uniformrock abgetrennt, in meinen Sachen verstaut und mich als ›einfacher‹ Soldat ausgegeben, man konnte aber nie wissen. Beides habe ich übrigens in Sibirien an Kinder gegen Gurken und Möhren eingetauscht. Meine letzte Nachricht in die Heimat datiert vom September 1949. Es muss also irgendwann im Herbst dieses Jahres gewesen sein, als auch ich zu einer Vernehmung geholt wurde.

Die erste, negative Überraschung war, dass der mich vernehmende Offizier über meine Zugehörigkeit zu den ›Brandenburgern‹ informiert war. Erfahren haben kann er das eigentlich nur von einem anderen Kriegsgefangenen, denn im Kameradenkreise habe ich schon mal gesprächsweise erwähnt, welcher Einheit ich angehört hatte, habe aber nie auch nur einen Gedanken daran verschwendet, dass jemand sein Wissen an die Russen weitergeben würde. Dieses Wissen schien für den Offizier aber gar nicht so interessant zu sein. Vielmehr wollte er von mir wissen, ob ich an irgendwelchen Erschießungen von russischen Soldaten und Zivilisten beteiligt gewesen sei. Das konnte ich mit gutem Gewissen verneinen. Dann interessierte er sich dafür, wie wir uns verpflegt hätten. Naiv wie ich bin, schilderte ich wahrheitsgemäß, dass wir auf dem Vormarsch im Sommer 1941 und Sommer 1942 unsere eigene Verpflegung tagelang nicht erhalten haben und deshalb darauf angewiesen waren, uns aus dem Lande zu ernähren. Da hakte er nach und wollte genaueres wissen. Nun erst dämmerte mir, dass ich wohl großen Mist verzapft hatte, den ich jedoch nicht mehr rückgängig machen konnte. Deshalb versuchte ich den ›Schaden‹ so niedrig wie möglich zu halten und wir einigten uns auf ein Weizenbrot, sechs Eier und ein Pfund Butter, die mir die Bevölkerung gegeben und die ich mangels einer anderen Möglichkeit auch gern genommen hatte. Auch das war keine Lüge, denn in ihrer Freude vom Kommunismus erlöst zu sein, wollten sowohl die Ukrainer als auch die Kaukasier uns etwas Gutes tun und uns im Rahmen ihrer Möglichkeiten beschenken. Aber davon wollte der Vernehmungsoffizier natürlich nichts wissen, denn das passte nicht in sein Konzept. Ich musste mehrfach zu Vernehmungen, und nach einer dieser ›Sitzungen‹ wurde ich nicht mehr ins Lager entlassen, sondern musste einen Lkw besteigen, der mich in das russische Zivilgefängnis brachte. Dort musste ich wie jeder Gefangene meine Klamotten abgeben und landete danach in einem vergitterten Raum von vielleicht 5 x 5 Metern. Eine Wand nahm ein etwa ein Meter hohes Podest ein, auf dem, wie sich später herausstellte, die Hautevolee der Zelle ›ruhte‹. Nur durch dieses Podest war es möglich, den Raum mit gut 50 Mann zu belegen, von denen ich der einzige Deutsche war. Alle anderen erwiesen sich als russische Strafgefangene.

Meine anfänglichen Befürchtungen, sie könnten gegen mich aggressiv werden, erwiesen sich als unbegründet. Nachdem sie mich beschnuppert hatten, verloren sie bald das Interesse an mir und kehrten zur ›Normalität‹ zurück. Das bot mir die Möglichkeit zu interessanten Beobachtungen und Studien, obwohl mir der Sinn überhaupt nicht nach

Derartigem stand! In der Zelle befanden sich mehrere Aluminium-Trinkbecher, die neben ihrer eigentlichen Funktion als Trinkgefäß noch einem anderen Zweck dienten, nämlich der Nachrichtenübermittlung. Wenn man sich mit der Nachbarzelle unterhalten wollte, wurde mit dem Becher, der einen ganz flachen Boden besaß, an die Wand geklopft. Da wurde man nebenan aufmerksam, nahm auch einen Becher und hielt ihn ebenfalls mit dem Boden an die Wand. Durch wiederholtes Klopfen und Korrigieren der Position erreichte man, dass die beiden Becher sich ziemlich gegenüberstanden. Wenn nun der eine in den Becher hineinsprach und sein Gegenüber ein Ohr in den Becher hielt, dann konnte er gut verstehen, was ihm durch die Wand mitgeteilt wurde! Aber nicht nur Nachrichten tauschten die Häftlinge untereinander aus, auch Päckchen bis zu einem gewissen Umfang wanderten von Zelle zu Zelle. Wichtig, das zu befördernde Gut musste durch die Gitterstäbe passen. Dann wurde es an eine entsprechend lange Schnur gebunden und aus dem Fenster gehalten. Nun begann man mit dem Päckchen zu pendeln. Immer schneller und immer höher, bis man es in der Nebenzelle ergreifen konnte! Die Belegung der Zellen erforderte ähnlich wie bei der Hinfahrt im Güterwagen eine strenge ›Schlafordnung‹, denn sonst hätte nicht die Nachtruhe für alle gewährleistet werden können. Irgendwie muss es aber geklappt haben. Im Laufe der folgenden Tage wurden weitere deutsche Kriegsgefangene in die Zelle eingeliefert und zum Schluss waren wir wohl zu sechst. Wir wurden nicht mehr zu Vernehmungen herausgerufen, wussten aber auch nicht, wie es mit uns weitergehen sollte.

Einige Wochen habe ich dort zugebracht, als der Erste von uns zu einer Gerichtsverhandlung herausgerufen wurde, von der er nicht mehr zurückkehrte. Ich kann mich nicht mehr erinnern, wie es um meinen psychischen Zustand bestellt war. Sicher nicht zum Besten, obgleich ich eigentlich immer noch nicht wusste, wessen man mich beschuldigte und was mir bevorstand. Das erfuhr ich erst, als eines Tages auch ich aus der Zelle gerufen wurde. Wieder musste ich meine Klamotten zusammenpacken und ein Auto besteigen, das mich zu einem mir unbekannten Haus brachte, wo ich in einen kleinen Raum geführt wurde. An dessen Stirnseite befand sich vor einem Fenster ein Tisch mit drei Stühlen, vor den ich mich setzen musste. Einige Zeit darauf betraten drei russische Offiziere den Raum, nahmen am Tisch vor mir Platz und erklärten das Kriegsgerichtsverfahren gegen mich für eröffnet! Nachdem sie mich gefragt hatten, ob ich einen Dolmetscher benötigen würde, was ich verneinte, wurde die Anklageschrift gegen mich verlesen, was eine gewisse Zeit in Anspruch nahm. Von den gegen mich erhobenen Anschuldigungen ist mir nur erinnerlich, dass ich auf dem Terek ein Floß mit russischen Verwundeten beschossen haben sollte, wobei 1000 Soldaten umgekommen wären. Und dann, dass ich ein Weizenbrot, sechs Eier und ein Pfund Butter entwendet und damit sozialistisches Eigentum gestohlen hätte. Danach forderte man mich auf dazu Stellung zu nehmen. Ich erklärte, dass ich noch nie am Terek gewesen sei, und erfuhr erst viel später, dass während ich im September/Oktober 1942 nach dem Tod meines Vaters Heimaturlaub hatte, meine Kompanie tatsächlich bis zum Terek vorgestoßen war, wobei es zu verlustreichen Gefechten kam. Auch zu den anderen Punkten bekannte ich mich nicht schuldig, denn mir sollte offensichtlich alles angelastet werden, was man den ›Brandenburgern‹ im gesamten Südabschnitt an angeblichen Kriegsverbrechen vorwarf.

Nach kurzer Beratung, bei der ich gar nicht weiß, ob die Offiziere überhaupt den Raum verlassen hatten, verkündete das Gericht sein Urteil: Wegen des Diebstahls von sozialistischem Eigentum – alle anderen Punkte der Anklageschrift hatte man fallen gelassen – wurde ich schuldig gesprochen und erhielt gemäß Ukas 1 des Präsidiums des Obersten Sowjets der UdSSR eine Strafe von 25 Jahren Straflager! Die ganze Verhandlung war eine Farce, sie hatte vielleicht eine

Viertelstunde gedauert und wie man mir später sagte, sah der zitierte Ukas 1 nur zwei Möglichkeiten vor: Entweder 25 Jahre Straflager oder Freispruch. Der eigentliche Grund der ganzen Aktion war wohl nur, dass die Sowjetunion auch nach 1949, dem selbstgestellten Termin für die Entlassung aller Kriegsgefangenen, noch billige Arbeitskräfte behalten wollte. So nutzte sie diese Scheinverfahren, um mit einem Schlag aus Kriegsgefangenen, die zu entlassen waren, ›Kriegsverbrecher‹ zu machen, die rechtlos waren. Die brauchte sie natürlich nicht 1949 zu entlassen! Nach der Verhandlung fuhr man mich wieder ins Gefängnis zurück. Dort kam ich aber nicht mehr mit Russen zusammen, sondern wurde in eine Zelle eingewiesen, in der sich nur deutsche ›Kriegsverbrecher‹ befanden. Dort saßen wir nun vom Morgen bis zum Abend zusammen und grübelten, wie es mit uns weitergehen sollte, fanden aber keine Lösung. Gelegentlich bekamen wir Zuwachs, wenn wieder ein Verfahren abgeschlossen worden war. Auch in dieser Zelle verbrachte ich einige Zeit. Eines Tages wurden wir aber alle herausgerufen, mussten unsere Klamotten wieder in Empfang nehmen und einen Lkw besteigen, der uns wieder in das Kriegsgefangenenlager zurückbrachte. Dort erlebten wir eine große Überraschung, denn die Russen hatten, um eine Baracke in diesem Lager einen hohen mit Stacheldraht bewehrten Zaun errichtet, der nur ein Tor hatte, durch das man zu der Baracke gelangen konnte. In diese Baracke mussten wir einziehen, jeglicher Kontakt zu den Kameraden jenseits des Zaunes war verboten, beiden Seiten. Unsere Verpflegung erhielten wir zwar aus der Lagerküche, doch geschah das in der Form, dass die Kisten und Kessel vor dem Tor abgestellt wurden und wir sie erst übernehmen durften, wenn sich die Kameraden jenseits des Tores wieder entfernt hatten. Nach dem gleichen Verfahren erfolgte auch die Rückgabe des leeren Geschirrs. Es dauerte nicht lange, bis wir eine Möglichkeit erkannt hatten, trotzdem mit den Kameraden draußen in Verbindung zu treten und über sie auch unsere Angehörigen zu informieren. Die Suppe, die wir dreimal täglich erhielten, aßen wir aus Aluminiumschüsseln, die zusammen mit dem Essen in Stapeln aus der Küche angeliefert wurden. Genauso erfolgte auch der Rücktransport. In diese Stapel mit den Schüsseln schoben wir nun Briefe an unsere Angehörigen und baten unsere Kameraden, sie nach Deutschland mitzunehmen und dort aufzugeben. In meinem Falle hat es mehrmals geklappt.

Das Weihnachtsfest und der folgende Jahreswechsel waren schon schlimm. Nachdem man sich gedanklich darauf eingestellt hatte das Fest zu Hause zu feiern, fehlte jetzt jegliche Perspektive! Die Kameraden jenseits des Zaunes verließen uns, doch waren viele von ihnen zu Weihnachten auch noch nicht zu Hause, sondern auf der Heimfahrt, weil die Russen es nicht geschafft hatten, alle rechtzeitig auf die Bahn zu bringen. Immerhin waren sie sicherlich trotzdem in euphorischer Stimmung, denn sie hatten im Gegensatz zu uns eine Perspektive, wo wir 25 Jahre Straflager vor uns hatten. Auch wenn man nicht daran denken wollte, alle Gedanken kreisten doch um diese magische Zahl. Noch 25 Jahre in diesem Land würde wohl kaum jemand von uns überleben, hatte es überhaupt noch Sinn zu leben. Ich wäre dann schon 53 und hätte kaum etwas vom Leben gehabt.

Zurück nach Deutschland

In dieser Stimmung saßen wir eines Tages in unserer Baracke beisammen, als ein russischer Offizier hinzutrat. Natürlich erkannte er unsere Stimmung und fragte deshalb, was denn mit uns los sei.

»Lassen Sie sich mal 25 Jahre Straflager verpassen, dann verstehen Sie uns besser!«, meinten wir zu ihm, er aber erklärte, wir sollten doch nicht so verbissen aussehen und ihm lieber etwas vorsingen.

Wenn Deutsche etwas singen sollen, ist häufig aber guter Rat teuer, denn gewöhnlich kennt kaum jemand den Text. Vielleicht noch die erste Strophe, aber dann? Schließlich einigten wir uns auf den bekannten Schlager der 40er-Jahre ›Unter der roten Laterne von St. Pauli‹. Nachdem wir ihn mehr schlecht als recht gesungen hatten, wollte der Offizier auch noch den Text wissen. Seine Reaktion, nachdem er ihn sinngemäß erfahren hatte, war: »Charascho, krasnaja lampotschka.« (Gut, rote Lampe) Die Farbe ›rot‹ hatte ihn wohl davon überzeugt, dass dieses Lied einen positiven Inhalt haben müsse. Nachdem wir allein im Lager zurückgeblieben waren, wurden wir wieder verlegt und mit anderen ›Kriegsverbrechern‹ in einem größeren Lager in Prokopjewsk vereinigt.

Dort traf ich eines Tages – es mag vielleicht im Februar 1950 gewesen sein – Ali Baba wieder, den ich seit meinem Ausscheiden aus der Verwaltungsarbeit nicht mehr gesehen hatte. Er erkannte mich sofort, kam auf mich zu und sagte mir, ich möge mitkommen, er hätte Arbeit für mich. Wie sich herausstellte, hatte er einen Transport mit deutschen Kriegsgefangenen nach Frankfurt/Oder begleitet und war gerade erst zurückgekehrt. Für die Fahrt hatte er Lebensmittel empfangen, deren Abrechnung ich für ihn erstellen sollte. Das war, wenn man die Zahl der Tage, die Anzahl der Essenteilnehmer und die Verpflegungssätze kannte, eine einfache, wenn auch zeitaufwendige Rechenaufgabe. Als ich die gelöst hatte, ging Ali Baba mit mir in die Küche und wies den Küchenleiter an mich ordentlich zu verpflegen, denn er hatte wohl erkannt, dass ich wieder einmal ›am Boden zerstört‹ war. Der dämliche Kerl – anders kann ich den Küchenchef nicht nennen – hatte nun nichts Besseres zu tun, als eine Portion Kartoffeln in die Pfanne zu hauen, die in Öl schwammen. Dabei musste er wissen, dass ich in meinem gegenwärtigen Zustand nicht für so ein fettes Gericht aufnahmefähig war. Ich schlang die Kartoffeln mit Heißhunger hinunter – der Erfolg war durchschlagend im wahrsten Sinne des Wortes, denn meine Därme waren, da sie in den letzten Monaten kaum Fett erlebt hatten, völlig ausgetrocknet und so kam ich kaum vom ›Donnerbalken‹ herunter!

Nach dieser ersten Begegnung war ich noch mehrfach mit Ali Baba zusammen. Bei einem dieser abendlichen Gespräche, bei denen wir uns wieder über alles Mögliches unterhielten, sagte Ali Baba völlig unvermittelt und ohne erkennbaren Zusammenhang: »Ihr könnt euch freuen!«

Ich registrierte den Satz zwar, wusste mit ihm aber nichts anzufangen, denn in meiner Lage konnte ich weit und breit nichts Erfreuliches erkennen. Einige Zeit später saßen wir wieder zusammen und im Laufe des Gespräches sagte Ali Baba wieder absolut zusammenhanglos: »Eure Tage sind gezählt.«

Auch dieser Satz sagte mir überhaupt nichts. Bald danach kam aber tatsächlich das Gerücht von einem Transport auf, der angeblich in Kürze nach Deutschland gehen sollte. Nach meinen bisherigen Erfahrungen erschien mir das aber äußerst unwahrscheinlich, denn wir waren schon so oft angeschwindelt worden und dann sah ich einfach keinen Sinn darin, erst Menschen zu verurteilen und anschließend sofort zu entlassen. So gab ich mich keinen großen Hoffnungen hin und nahm an, auch diese Seifenblase würde bald platzen. Nach einigen Tagen wurde das ganze Lager jedoch in den Speisesaal gerufen – es muss wohl Ende März gewesen sein – wo der Lagerkommandant auf einer Versammlung verkündete, dass eine Reihe von Gefangenen als angebliche ›Bestarbeiter‹ in Kürze nach Hause fahren dürften. Er verlas die Namensliste und darunter auch meinen! Wie ich darauf reagiert habe, weiß ich nicht mehr. So ein Wechselbad der Gefühle innerhalb weniger Monate muss erst verkraftet werden.

Um die Monatswende März/April wurden wir Heimkehrer in ein anderes Lager verlegt und in den ersten Apriltagen bestiegen wir in Prokopjewsk die Waggons für die Heimfahrt. Es waren zwar wieder Güterwagen, nur waren nicht mehr 49 Mann in einem Wagen, sondern vielleicht 20. In der Mitte war ein eiserner Ofen aufgestellt, der dringend benötigt wurde, denn bei unserer Abreise herrschte im

Kusbass noch strenger Winter. Es war sehr kalt und die Gegend tief verschneit. Ganz fassen habe ich das alles noch gar nicht können. Vielleicht war es nur ein schöner Traum, aus dem ich bald erwachen würde.

Heute im Rückblick wird mir immer klarer, dass ich meine frühzeitige Entlassung vor allen Dingen wohl Ali Baba zu verdanken habe, der sich mit Vehemenz dafür eingesetzt haben muss. Hinzu kam vielleicht, dass ein Weizenbrot, sechs Eier und ein Pfund Butter den Verantwortlichen doch etwas wenig für 25 Jahre zu sein schien. Die Räder unseres Zuges rollten Tag und Nacht und jede Umdrehung brachte uns der Heimat näher. Im Gegensatz zur Hinfahrt waren die Luken nicht vergittert und auch die Türen konnten geöffnet bleiben, wovon wir auch Gebrauch machten, soweit es die Witterung zuließ, denn es war in der ersten Zeit sehr kalt und wir achteten deshalb darauf, dass unser Ofen nie ausging. Sowie der Zug auf einem Bahnhof hielt und ein längerer Aufenthalt zu erwarten war, schwärmten wir sofort aus, um Kohle zu ›organisieren‹, was nicht schwierig war, weil fast überall Kohlewagen standen. Um vom – wohl weit verbreiteten – ›organisieren‹ abzuschrecken, waren die Kohlewagen häufig mit Kalk bestreut, sodass man sehen konnte, wenn sich jemand daran zu schaffen gemacht hatte. Daran störte sich jedoch niemand und auch uns interessierte das wenig. Hauptsache: Wir hatten es warm! Bei dieser Heimfahrt gewann ich erst eine ungefähre Vorstellung von der riesenhaften Ausdehnung dieses Landes.

Es dauerte Tage, bis wir den Ural erreicht hatten, das Grenzgebirge zwischen Asien und Europa, das mir als ein sehr unwirtliches Gebiet in Erinnerung geblieben ist. Zwar fuhr der Zug bedeutend schneller als auf der Hinfahrt und hatte auch wenigere sowie kürzere Aufenthalte. Für unsere Begriffe aber schien er durch die Gegend zu schleichen, denn nun konnte es uns nicht schnell genug gehen. Schließlich erreichten wir doch Moskau, das wir aber umfuhren, ohne dort anzuhalten. Gut zwei Wochen nach der Abfahrt im Kusbass näherten wir uns der polnischen Grenze und verließen bei Brest/Litowsk endlich die Sowjetunion. Bei einem Aufenthalt in einer Ortschaft östlich von Warschau kam ich mit einem polnischen Hauptmann in ein Gespräch. Dabei sagte er zu mir: »Euer Hitler hat einen großen Fehler gemacht. Er hätte alle Juden umbringen sollen!«

Antisemitismus ist also keineswegs wie gern behauptet wird eine ausschließlich deutsche Angelegenheit. Wir fuhren durch Posen, in dem ich ja mein Abitur gemacht hatte, und überquerten bald danach die alte deutsche Grenze, die durch das Potsdamer Abkommen viel weiter nach Westen gerückt worden war. In der Nacht vom 20. zum 21. April erreichte der Zug die Oder und fuhr in den frühen Morgenstunden des 21. April über die Eisenbahnbrücke: Wir waren in Deutschland! Nach Jahren erfuhr ich, dass alle Transporte mit entlassenen Kriegsgefangenen in den Nachtstunden über die Oder geleitet wurden, weil die Regierung der DDR, aus welchen Gründen auch immer, nicht wollte, dass die Frankfurter Bevölkerung etwas von ihnen mitbekommen sollte. Was ich empfunden habe, als ich wieder in Deutschland war, kann ich nicht beschreiben. Ich fühlte mich wie neugeboren!

Unser Zug durchfuhr also den menschenleeren Bahnhof von Frankfurt/Oder und brachte uns zum Durchgangslager nach Gronenfelde, einem Dorf nahe der Stadt. Der ganze Tag in Gronenfelde verging mit dem Anlaufen von verschiedenen Amtsstuben. Ich erhielt eine Bescheinigung über meine Entlassung nach Crivitz und eine Fahrkarte dorthin. Weil ich in der DDR bleiben wollte, konnte ich das Lager schon am Abend des gleichen Tages verlassen und hatte Glück, denn ein Zug, der auch viele russische Urlauber beförderte, fuhr von Frankfurt direkt nach Schwerin. Ich bestieg ihn und er trug mich durch die Nacht zu meinem Ziel, das ich am Morgen des 22. April gegen 7 Uhr erreichte. Hier also sollte ich künftig leben. Wie kam ich nun aber nach Crivitz? Da fiel mir ein, dass meine Schwester als Zahnärztin wohl einen Telefonanschluss haben würde. Ich wählte die Nummer und hörte am anderen Ende nach mehr als fünf Jahren die Stimme meiner älteren Schwester, die, wie ich erst später erfuhr, in der Praxis ihrer Schwester eine Art Sprechstundenhilfe spielte und die schriftlichen Arbeiten erledigte. Der Schock, den mein Anruf verursachen musste, ist mir erst später bewusst geworden, denn die Nachricht von meiner Verurteilung war ja gar nicht so alt.

Als noch nicht ganz 18-jähriger hatte ich am 19. April 1940 mein Elternhaus verlassen. Nun sollte sich fast auf den Tag genau 10 Jahre später der Kreis schließen. Die Jahre, von denen man sagt, sie wären die schönsten im Leben eines Menschen, habe ich beim ›Barras‹ verbracht. Soldat mit Leib und Seele war ich nie, kann – und will – diese Jahre aber auch nicht aus meinem Leben streichen, denn sie haben mich schon geprägt. Einige Erkenntnisse drängen sich mir im Rückblick auf die in Sibirien verbrachten 4 3/4 Jahre auf:

1. Trotz aller Widrigkeiten dort habe ich mehrere für mein späteres Leben wichtige Erfahrungen sammeln können.
2. Ich habe festgestellt, dass der Mensch viel mehr auszuhalten in der Lage ist, als er sich selbst zutraut.
3. Es ist im menschlichen Leben gut eingerichtet, dass man nicht in die Zukunft schauen kann.

Wenn ich im Sommer 1945 gewusst hätte, dass ich nach Sibirien kommen würde, dort fast fünf Jahre bleiben musste und was mich in diesem Land alles erwarten würde, weiß ich nicht, ob ich durchgehalten hätte. So aber hat mich die Hoffnung auf eine Heimkehr aufrecht erhalten, und mir die Kraft verliehen, um nicht wie so viele meiner Kameraden schlappzumachen.

Der Ernst des Lebens beginnt

Nun saß ich also mit meiner Schwester in einem Bus, der mich zu meinem neuen Wohnsitz Crivitz bringen sollte und mir damit das Wiedersehen mit meiner Mutter nach mehr als fünfjähriger Trennung bescheren würde. Ich war innerlich so aufgewühlt, dass ich alles um mich herum wie durch einen Schleier wahrnahm. Zwar erklärte meine Schwester mir die Gegend, durch die wir fuhren, mitbekommen habe ich aber nur das wenigste. Ich fieberte dem Moment entgegen, an dem ich meine Mutter in die Arme schließen konnte. Bald hatten wir ein kleines Städtchen erreicht. Wir fuhren durch eine Straße, in der meine Schwester Ellinor auf ein rotes Haus zeigte und sagte: »Hier wohnen wir.«

Noch eine Kurve und wir bogen auf den Marktplatz des Städtchens ein, unser Endziel. Natürlich mussten wir auffallen, als wir über den Platz gingen und wir fielen auch auf! Meine jüngere Schwester als Zahnärztin war im Ort bekannt ›wie ein bunter Hund‹ und so wussten viele in der Stadt, dass ihr Mann vermisst und ihr Bruder in Gefangenschaft war. Dass ich aus russischer Kriegsgefangenschaft heimkehrte, wurde schon durch die Steppjacke, die ich trug, offensichtlich. Außerdem hatte man uns in Sibirien nach unserer Verurteilung wieder eine Glatze geschnitten, die in der kurzen Zeit noch nicht nachwachsen konnte. So hatte ich kurze Stoppelhaare, die heute zwar modisch wirken würden, damals aber eindeutig auf einen entlassenen Kriegsgefangenen schließen ließen. Bis zur Rudolf-Breitscheid-Straße 13/15 waren es nur wenige Schritte und dann umarmten wir uns mit meiner Mutter.

Natürlich vergingen die ersten Tage, und besonders die Abende, mit den gegenseitigen Berichten, wie es uns seit meinem Abschied aus Bromberg im Januar 1945 ergangen war. Wie meine Mutter und

Schwestern wenige Wochen später auf der Flucht vor den Roten in diesem Städtchen Crivitz gelandet waren, hatten sie bereits erzählt. Bedingt durch den anhaltenden Vormarsch der Sowjets trafen tagtäglich neue Flüchtlinge im Ort ein. Erst kamen sie aus den Reichsgauen Wartheland und Danzig-Westpreußen mit Bromberg und Thorn, bald folgten ihnen Menschen aus Ostpreußen und bald danach auch aus Hinterpommern, der östlichen Mark Brandenburg, Ober- und Niederschlesien. Zusammen mit den 3 1/2 Millionen Sudetendeutschen, die von den Tschechen aus ihrer angestammten Heimat vertrieben wurden, kann man von etwa zehn Millionen Deutschen ausgehen, die durch den Krieg ihre Heimat verloren hatten und sich auf der Suche nach einer neuen Bleibe befanden.

Einige Flüchtlinge blieben im Ort, andere nahmen nur einen kurzen Zwischenaufenthalt und zogen dann weiter in Richtung Westen, denn nach allem, was man gehört hatte, vereinte die Menschen die Angst vor den ›roten Horden‹. Trotz dieser allgemeinen Not, die eigentlich doch die Menschen vereinen sollte, bildete sich bald ein Gegensatz zwischen Einheimischen und ›Flüchtlingen‹ heraus, weil diejenigen, die alles verloren hatten, auf Hilfe und Unterstützung, kurz auf Solidarität, angewiesen waren. Die anderen aber waren leider häufig nicht bereit zu teilen! Dieser Gegensatz war jedoch keineswegs nur auf Mecklenburg oder gar nur Crivitz beschränkt – sondern trat in unterschiedlichen Formen in ganz Deutschland auf. Es hat viele Jahre gedauert, bis diese Gegensätze abgebaut und die Flüchtlinge integriert waren. Meine Mutter und Schwestern waren noch nicht lange in Crivitz, als sich die Front ihnen wieder näherte. Zur gleichen Zeit hörte man aber, dass englische Truppen in Schwerin eingerückt wären, und so nahmen die drei Frauen ihre Sachen, die sie gerettet hatten, und machten sich auf der Flucht vor den Russen auf den Weg in das kaum 20 Kilometer entfernte Schwerin. Sie kamen aber nur bis Krudopp, einem vielleicht zwei Kilometer hinter Crivitz liegenden ›Ausbau‹, als russische Streitkräfte sie überholten. Bei einem Krudopper Bauer fanden sich die Flüchtlinge auf dem Hof wieder und um nicht den Sowjets als Freiwild in die Hände zu fallen, wollten meine Schwestern freiwillig aus dem Leben scheiden! Sie schnitten sich die Pulsadern auf, sind aber gerettet worden. Mit Unterstützung des Bauern hatten sie vorher noch auf dem Hof die Wertsachen vergraben können, die sie auf die Flucht mitgenommen hatten. Als sie dann nach Crivitz zurückkehrten, war eine Decke, die sie unter dem Arm hatten, tatsächlich das Einzige, was sie noch besaßen.

Meine jüngere Schwester fand dann eine Anstellung bei einem Zahnarzt und konnte, als der aus Crivitz fortzog, seine Praxis übernehmen. So ging es langsam bergauf. Meine Schwestern aber wollten nach Westdeutschland, wo sich auch die Mehrzahl unserer Verwandten wiedergefunden hatte. Meine Mutter jedoch lehnte das mit dem Hinweis ab, ich würde nur ihre Anschrift in Crivitz kennen. Wenn sie in den Westen umzögen, sei es für mich ungleich schwieriger, wenn nicht gar unmöglich, sie zu finden. Dieses Risiko wollte sie nicht eingehen!

Im Krieg 1945 hatte die Flucht vor den anrückenden Russen in einer Vielzahl von Orten erst in letzter Minute und damit überstürzt erfolgen können, denn viele Ortsgruppenleiter oder andere ›Goldfasane‹ der NSDAP hatten dieses mit verschiedenen fadenscheinigen Begründungen zu verhindern gewusst. Wer trotzdem auf eigene Faust zu fliehen versuchte und erwischt wurde, sah sich unterschiedlichen Repressalien ausgesetzt. In Bromberg muss das anders gewesen sein, denn die Frauen hatten ausreichend Zeit, um sich auf die Flucht vorzubereiten und bereitzulegen, was sie mitnehmen wollten. Vorher hatten sie durch Vermittlung eines Landsmannes verschiedene persönliche Dinge nach Crivitz schicken und dort deponieren können. Auf die letzte Etappe nach Schwerin hatten sie u. a. die nicht unbeträchtlichen Gold- und Silbersachen mitgenommen, die wir besaßen, z. B. eine goldene Omega-Sprungdeckeluhr mit einer Panzerkette, die mir ein Onkel vermacht hatte. Diese Sachen hatten sie also auf dem Bauernhof in Krudopp vergraben.

Als meine Schwester nach Kriegsende die eingegrabenen Wertsachen bei dem Bauern abholen wollte, teilte er ihr mit, jemand sei ihm zuvorgekommen und habe das Versteck schon aufgegraben und ausgeräumt. So könne er leider die Sachen nicht zurückgeben. Das konnte man glauben oder nicht, es gab jedenfalls keine Möglichkeit, ihm das Gegenteil zu beweisen. So hatten wir uns eigentlich schon alle mit dem Verlust abgefunden. Bis zu einem Tag etwa sechs Jahre später im Sommer 1951: An diesem Tag fuhren meine Schwester und ich im Zug nach Schwerin. Uns gegenüber saß der Bauer aus Krudopp in einem Anzug mit Weste. Und was war da deutlich zu sehen? Die Kette der Omega-Uhr! Wir ließen uns nichts anmerken, beratschlagten aber zu Hause, wie wir weiter vorgehen sollten. Entscheidend geholfen hat uns dann mein späterer Schwiegervater, der bei der BHG (Bäuerliche Handelsgenossenschaft) Crivitz beschäftigt war und den Krudopper Bauern gut kannte. Gemeinsam mit meiner Schwester suchten sie den Mann auf, konfrontierten ihn mit unserer Beobachtung und redeten ihm ins Gewissen. Es dauerte zwar eine Weile, doch dann gab er zu, dass er gelogen hatte, als er behauptete, das Versteck sei von einem Unbekannten geplündert worden. Er selbst hatte Gefallen an den Stücken gefunden und sie ausgegraben in der Hoffnung, sie auch behalten zu können. Es hätte auch fast geklappt, denn niemand konnte ihm ja das Gegenteil beweisen und Hilfe durch die Polizei war zu damaliger Zeit nicht zu erwarten, wenn er, zu unserem Glück, nicht so eitel gewesen wäre, die Stücke öffentlich zur Schau zu tragen. Der Zufall wollte es, dass wir im gleichen Zug fuhren und uns auch noch gegenübersaßen. Damit hatte er sich selbst der Lüge überführt. Der Mann holte dann die von ihm ausgegrabenen Wertsachen her und übergab sie meiner Schwester. Und sie bestätigte, dass kein einziges Stück fehlte! Von einer

Anzeige nahmen wir Abstand, denn sie hätte kaum etwas gebracht und der Mann war ohnehin schon gestraft. So hat diese Angelegenheit doch noch einen guten Abschluss gefunden.

Meine Mutter war nicht nur eine gute Köchin, sie sprach auch ausgezeichnet russisch. So kam es wohl dazu, dass sie einige Zeit für die Offiziere der Roten Armee gekocht hat, die auch in Crivitz einen Standort hatten. Das hatte für sie sicherlich den damals unschätzbaren Vorteil, dass sie sich erstens satt essen und außerdem gelegentlich wohl auch etwas für ihre Töchter mitnehmen konnte. Darüber hinaus lernte sie einige Offiziere kennen, von denen einer ein besonders netter Mensch gewesen sein muss. Der Hauptmann hat nicht nur den Frauen nach Kräften geholfen, eines Tages kam er mit einem neuen Paar schwarzer Herrenschuhe aus Leder an, gab sie meiner Mutter und sagte: »Mutji (so nannte er sie), du hast doch einen Jungen. Ich gebe dir die Schuhe, damit er etwas zum Anziehen hat, wenn er nach Hause kommt.«
Sie passten mir und haben mir gute Dienste geleistet, denn Lederschuhe besaßen 1950 noch absoluten Seltenheitswert. Man verarbeitete die verschiedensten Austauschstoffe.

Nach einer Zeit der Erholung fühlte ich mich nicht mehr wohl, denn das Herumsitzen konnte mich auf Dauer natürlich nicht befriedigen und ich wollte auch nicht meiner Schwester auf der Tasche sitzen, sondern eigenes Geld verdienen. Nun war ich ja gleich nach dem Abitur zum Kommiss gegangen, hatte also keinen Beruf erlernt. Es war Mitte Mai, als meine Schwester mir eines Tages eröffnete, sie habe eine Arbeitsstelle für mich gefunden. Ich könne in der Buchstelle Eiselt anfangen, in der auch ihre Unterlagen bearbeitet würden. Endlich würde ich eigenes Geld verdienen. Es war reiner Zufall, dass ich genau auf den Tag – einen Monat nach meiner Heimkehr, am 22. Mai 1950 – einem Montag in der Buchstelle Eiselt erschien, um den ersten Schritt ins Arbeitsleben zu tun und damit einen neuen Abschnitt in meinem

Leben zu beginnen. Chef des Unternehmens war Ludwig Eiselt und seine Belegschaft bestand aus vier jungen Frauen, alle wohl in meinem Alter oder etwas jünger. Ein Fräulein Heinzel würde den Betrieb zum 30. Juni verlassen und solle mich bis dahin in mein künftiges Aufgabengebiet einarbeiten.

Herr Eiselt war Helfer in Steuersachen und die von ihm geleitete Buchstelle hatte die Aufgabe für ihre Klienten anhand der vorgelegten Unterlagen, die fälligen Steuern zu berechnen, die Steuererklärungen auszufertigen, die Überweisungsaufträge zu schreiben und dann den Klienten zur Erledigung zu übergeben. Die Möglichkeit einer Verprobung ergab sich aus dem Festpreissystem in der DDR. Grundlage dafür bildeten die Preislisten, die für jeden Artikel vorlagen und unbedingt eingehalten werden mussten, was durch ständig durchgeführte Preiskontrollen überwacht wurde. So war z. B. der Preis für eine Flasche Weizenkorn 32 % in der ganzen DDR gleich, unabhängig davon, ob man sie am Kap Arkona auf Rügen oder auf dem Inselsberg in Thüringen kaufte und auch unabhängig vom Hersteller. Dieses alles und noch viel mehr waren für mich ›böhmische Dörfer‹, als ich meine Tätigkeit bei der Buchstelle begann und nun saß ich mit Fräulein Heinzel in der Buchstelle Eiselt nebeneinander. Je länger wir zusammen waren, desto häufiger warf ich einen Blick auf meine Lehrerin und desto mehr gefiel sie mir. Fräulein Heinzel war wie ich inzwischen erfahren hatte fast fünf Jahre jünger als ich und wir passten figürlich gut zusammen. Ich hörte aber auch, dass sie zwar weder verheiratet noch verlobt war, aber doch so gut wie ›in festen Händen‹ – allerdings bei einem jungen Mann in Thüringen. Das war mein Vorteil. Bedingt durch Krieg und Gefangenschaft hielten sich meine Erfahrungen mit jungen Mädchen in recht engen Grenzen. Liesel, wie ich sie inzwischen nennen durfte, gefiel mir mittlerweile aber so gut, dass ich gewillt war, diese sich mir bietende Gelegenheit auch zu nutzen. Dabei war Eile geboten, denn wenn sie Ende Juni die Buchstelle verließ, wer weiß, ob wir uns danach so bald wiedersehen würden. So nahm ich meinen ganzen Mut zusammen und forderte Liesel eines Tages zu einem gemeinsamen Kinobesuch auf. Sie erbat sich Bedenkzeit, die sie, wie sie mir später erzählte, zu einer Rücksprache mit ihrer Mutter nutzte. Frau Heinzel, ein herzensguter Mensch, redete ihrer Tochter gut zu: »Denn der arme junge Mann hatte ja in den letzten Jahren keine Gelegenheit mit einem Mädchen ins Kino zu gehen.«

Die beiden Jahre in der Buchstelle Eiselt waren für mich sehr erfolgreiche Lehrjahre. Durch die verschiedenen Klienten, die ich zu bearbeiten hatte, wurde ich auch mit den unterschiedlichsten Aufgaben konfrontiert. Ich habe sie gelöst, und das dabei erworbene Wissen hat mir in meiner weiteren beruflichen Entwicklung gute Dienste geleistet. Im Rückblick ist die Feststellung realistisch, dass Herr Eiselt uns zwar relativ gut bezahlt, andererseits aber auch ziemlich ausgenutzt hat. Damals war ich noch jung und habe erhöhte Anforderungen problemlos verkraftet. Im Gegenteil, an den Wochenenden damals noch 1 1/2 Tage, denn am Sonnabend wurde bis Mittag gearbeitet, wollten wir etwas unternehmen. Dafür boten sich im Sommer Fahrten an die Ostsee an. Am Samstagabend wurde irgendwo getanzt und gefeiert. Am Sonntag dann in der Sonne gelegen und ›gebraten‹. Dabei passierte es uns mehr als einmal, dass meine Mutter uns bei der Heimkehr mit den Worten: »Ihr Armen!« empfing.

Was war geschehen? In Crivitz hatte es am Wochenende mehr oder weniger heftig geregnet. An der See hatten wir, wenn überhaupt, nur einige dunkle Wolken im Hinterland gesichtet, uns ansonsten aber in der Sonne bräunen lassen.

Das Jahr 1950 neigte sich seinem Ende zu, Weihnachten, das ›Fest der Deutschen‹ rückte näher. Ich war schon mehrfach bei Heinzels – meinen späteren Schwiegereltern – gewesen und hatte die Familie kennengelernt. Zu uns wurde Liesel erst später eingeladen, denn bei den Balten gab es ein ungeschriebenes Gesetz: Wenn ein junger Mann von der Familie eines jungen Mädchens nach Hause eingeladen wurde oder umgekehrt, dann musste es schon mehr als nur ein vorübergehender Flirt sein und ›ernstere‹ Absichten bestehen. Das brauchte aber natürlich seine Zeit, bis es so weit war. Irgendwann um die Jahreswende 1950/51 habe ich dann all meinen Mut zusammengenommen und Liesel gefragt, ob sie sich ein Leben mit mir vorstellen könne. Ihr ›Ja‹ war für mich eine Erlösung und ich bin ihr wohl um den Hals gefallen.

Im Juni 1951 feierte Crivitz seinen 700. Geburtstag. Wir Jungen gingen gemeinsam auf den Rummel und ließen uns unter einem Transparent mit der damals noch aktuellen Losung ›Ob Ost oder West, das ganze Deutschland soll es sein‹ aufnehmen. Später allerdings wollte die SED davon nichts mehr wissen. Wenn Wiedervereinigung, dann selbstverständlich nur unter marxistischer Vorherrschaft! Mit anderen Worten also nie, denn damit – und das wusste die Regierung der DDR ganz genau – würden weder die Mehrheit der DDR-Bevölkerung noch die Menschen in der Bundesrepublik Deutschland und schon gar nicht die Westalliierten einverstanden sein. Denn schon bald nach Kriegsende hatten sich die Beziehungen zwischen den Westmächten und der Sowjetunion merklich abgekühlt und jede Seite beäugte die andere äußerst argwöhnisch.

Im gleichen Sommer lud ein Freund, der einen Pkw besaß, Liesel und mich an einem Sonntag ein, mit ihnen an die Ostsee zu fahren. Gerne willigten wir ein, weil wir ja keinen ›fahrbaren Untersatz‹ besaßen, und so fuhren wir an einem Vormittag frohgemut in Richtung Norden. Über Wismar ging die Fahrt bei herrlichem Sonnenschein vorbei an zahlreichen Getreidefeldern weiter in nordwestlicher Richtung. An einer Straßenkreuzung, vielleicht 20 Kilometer vor unserem Ziel, verwehrte uns ein Volkspolizist jedoch die Weiterfahrt. Soweit aus seinen Reden zu entnehmen war, führte die Volksmarine, die in dem neben Boltenhagen gelegenen Tarnewitz stationiert war, zurzeit Übungen durch. Um zu verhindern, dass ›westliche Agenten‹ dort zu viel erspähen könnten, wurde einfach das ganze Gebiet hermetisch abgeriegelt.

Schließlich einigten wir uns auf die Sächsische Schweiz als Ziel unseres ersten gemeinsamen Urlaubes. Im Gegensatz zu Liesel, die in den 30er-Jahren schon einmal mit ihren Eltern in Dresden gewesen war, kannte ich ›Elbflorenz‹ noch nicht. Diesen Namen hatte sich Dresden, die als eine der schönsten Großstädte galt, insbesondere durch ihre hervorragenden Barockbauten erworben. Zwar wusste ich, dass angloamerikanische Bomber bei militärisch sinnlosen Terrorangriffen kurz vor Kriegsende im Februar 1945 weite Teile der Stadt in Schutt und Asche gelegt hatten. Dabei hatte es Tausende von Toten gegeben, besonders Frauen und Kinder, denn die Stadt war zu dieser Zeit mit Flüchtlingen aus Schlesien und Brandenburg überfüllt, die vor den Russen Schutz gesucht hatten. Damals hatte jeder aber mehr oder weniger mit sich selbst zu tun und so besaß ich keine genaue Kenntnis vom Ausmaß der Zerstörungen in der Stadt. Es war deshalb mehr als deprimierend für mich, als ich, nachdem der Zug über die Elbbrücke gefahren war, auf den letzten zwei Kilometern bis zum Bahnhof nur noch Trümmerhaufen und total zerstörte Häuser sah. Auch das Bahnhofsgebäude war schwer in Mitleidenschaft gezogen, so fehlten z. B. fast alle Fensterscheiben, und der Bahnbetrieb wurde nur mühsam aufrechterhalten. Erschütternd aber war der Blick, der sich mir bot, als ich, immerhin mehr als fünf Jahre nach Kriegsende, aus dem Bahnhofsgebäude trat. Es stand wirklich kaum noch ein Stein auf dem anderen. Es gab zwischen Bahnhof und Elbe nur noch Ruinen oder Schuttberge. Die Prager Straße vom Bahnhof in die Stadt war zwar freigeräumt, den anfallenden Schutt hatte man aber der Einfachheit halber in die links und rechts einmündenden Straßen gekarrt, wo er sich meterhoch türmte, so hoch wie die beiderseitigen Häuserruinen. Dass dort früher einmal eine Straße gewesen war, erkannte man nur an den zurückweichenden Bordsteinen. Bis zum Elbufer bot sich uns mehr oder weniger das gleiche Bild. Der Wiederaufbau hielt sich zu dieser Zeit noch in Grenzen.

Nach einem kurzen Rundgang durch die Stadt besuchten wir in Sörnewitz bei Meißen einen Kameraden, der nach der Entlassung seine Frau gefunden und sich dort niedergelassen hatte. Fast 17 Monate nach unserem Abschied in Gronenfelde, tauschten wir alte Erinnerungen aus und fuhren am folgenden Tag nach Meißen. In der Stadt waren nur wenige Häuser zerstört, doch machte sie einen sehr ungepflegten Eindruck und ließ nur wenig von vergangener Pracht ahnen. Danach setzten wir die Fahrt nach Bad Schandau fort, das wir nach wenigen Stunden erreichten. Wenn ich heute an diese Fahrt zurückdenke, dann komme ich mir immer wie ›der Reiter auf dem Bodensee‹ vor. Denn unerfahren wie ich war, hatte ich vorher kein Hotelzimmer bestellt, sondern wir waren ›auf blauen Dunst‹ losgefahren. In der DDR konnte das jedoch unangenehme Folgen haben, denn ›auf Anhieb‹ waren Hotelzimmer kaum zu bekommen. Der FDGB (Freier Deutscher Gewerkschaftsbund) sollte, ähnlich wie früher die Organisation ›Kraft durch Freude‹ (KdF), den Urlaub für alle Werktätigen organisieren und konfiszierte deshalb im Laufe der Zeit fast alle Privatunterkünfte, um sie für seine Mitglieder nutzen zu können. In einer Nacht- und Nebelaktion wurden außerdem viele Hotelbesitzer wegen angeblicher Gesetzesübertretungen inhaftiert und enteignet. Als Ergebnis davon gab es kaum noch freie Hotelzimmer und es war mehr als leichtsinnig, ohne Vorbuchung irgendwohin zu fahren. Und wie erging es uns? Wir kamen in Bad Schandau an, setzten mit einer Fähre auf das andere Elbufer über und gingen dann in das erste Hotel ›Erholung‹, um uns nach einem freien Doppelzimmer zu erkundigen. Das Hotel lag unweit der Ortsmitte am Anfang des Kirnitzschtales – und hatte für uns ein Zimmer!

Alljährlich wurden durch die Steuerfahndung Schwerin die Unterlagen der Steuerschuldner auf Vollständigkeit, Ordnungsmäßigkeit und Richtigkeit überprüft. Das erfolgte für unsere Klienten zweckmäßigerweise in der Buchstelle, denn erstens befanden sich die Unterlagen in der Regel dort und zweitens konnten wir im Bedarfsfalle häufig fundiertere Auskünfte geben. Die Herren von der Steuerfahndung waren mit dieser Regelung einverstanden, weil sie auch ihre Arbeit vereinfachte und erleichterte. So hatte es sich eingebürgert, dass sie für die Dauer der Prüfung Hotelzimmer in Crivitz mieteten und damit nicht auf die Züge angewiesen waren, die damals noch häufig dunkel und ungeheizt, dafür aber überfüllt waren. Das Sprichwort »Wer gut schmiert, der fährt gut« kannte auch Herr Eiselt und war von seinem Wahrheitsgehalt überzeugt. Deshalb bat er mich, in dieser Zeit einige Abende mit den Herren im Hotel zu verbringen. Er vertrug keinen Alkohol und wollte deshalb selbst nur selten aufkreuzen, übernahm aber die entstehenden Kosten. Da ich mit einigen Prüfern einen guten Kontakt hatte, wurden es mitunter nette Abende. Insgesamt wurde das Klima in der Buchstelle aber immer unerfreulicher.

Inzwischen hatten wir uns mit Liesel und unseren Familien auf den 31. Mai 1952 als unseren Hochzeitstermin geeinigt. Mir war deshalb klar, dass ich mich möglichst umgehend nach einer anderen Arbeitsstelle umsehen müsse, die nach unseren Vorstellungen in Schwerin sein sollte. Denn da Liesel schon in Schwerin arbeitete, wollten wir früher oder später auch dorthin umziehen. Dazu bedurfte es aber immer noch einer Zuzugsgenehmigung in die Stadt. Die war nicht einfach zu bekommen, denn alles drängte in die Städte, wo es Arbeit gab. Im Wohnungsbau tat sich aber noch fast gar nichts. Als die HO-Gaststätten Schwerin in der Zeitung einen Buchhalter suchte, meldete ich mich also und erhielt die Einladung zu einem Einstellungsgespräch ins Strandhotel Zippendorf, den damaligen Sitz der Landesleitung Mecklenburg der HO Gaststätten. Die Konditionen sagten mir zu, der Personalchef Jupp Konieczny war mit mir wohl auch einverstanden und wir verständigten uns auf den 18.6.1952 als meinen Antrittstag bei der HO-G Schwerin. Vorher wollten wir ja noch in die ›Flitterwochen‹. Nachdem dieses geklärt war, konnte ich mein Arbeitsverhältnis bei der Buchstelle Eiselt zu Mitte Mai lösen.

Eine Familie wird gegründet

Die Vorbereitungen für unsere Hochzeit begannen nicht nur rechtzeitig, sondern schon recht zeitig. Der Grund dafür war vor allem die unbefriedigende Versorgungslage, die dazu führte, dass Dinge nicht dann gekauft wurden, wenn man sie benötigte, sondern dann, wenn man sie gerade im Geschäft sah. Mit anderen Worten, der Kauf der Weihnachtsgeschenke begann praktisch schon gleich nach Neujahr. Diese Tatsache bestimmte das Denken und Handeln vieler Menschen in der DDR, die dabei gut gefahren sind. Als logische Folge einer ungenügenden Versorgung führte sie zwangsläufig aber auch zu Hamsterkäufen und damit überhöhten Beständen in den Haushalten. Vom Prinzip her hat sich an dieser Situation bis zum Ende der DDR nichts geändert, auch wenn im Laufe der Zeit eineBesserung in der Versorgung zu verzeichnen war. Wochenspeisepläne aufzustellen war aber bis zum Schluss nicht möglich, weil man nie genau wusste, wann was im Angebot sein würde, mit Ausnahme der Grundnahrungsmittel. Zu diesem Thema aber später noch mehr. Außerdem gab es damals noch Lebensmittelmarken und damit war eine Hochzeitsfeier in einer Gaststätte praktisch schon ausgeschlossen. Denn woher sollte man die dafür benötigten Marken hernehmen. Zwar hatten zu der Zeit schon die ersten HO-Gaststätten geöffnet, doch: Wer soll das bezahlen? In der Anfangszeit kostete eine Bockwurst um die 10 Mark. Da kann man sich unschwer ausrechnen, was für ein Hochzeitsmenü zu berappen gewesen wäre.

Am 31. Mai, dem Pfingstsonnabend, um 11 Uhr hatten wir im Rathaus unseren Termin für die standesamtliche Trauung. Mein Wunsch war es immer gewesen bei der kirchlichen Trauung einen Frack zu tragen. Diesen Wunsch habe ich mir auch erfüllt. Es war jedoch kein eigener Frack, ich hatte mir einen im Kostümverleih geholt. Ich habe mich trotzdem in dem geliehenen Frack wohlgefühlt, auch wenn die ›Schwalbenschwänze‹ für meinen Geschmack hätten ein wenig länger sein können. Für 17 Uhr war die Trauung in der Kirche angesetzt. Probst Petersen fand für unseren Eintritt in den neuen Lebensabschnitt zu Herzen gehende Worte und seine Tochter sang mit ihrem vollen Sopran einige wunderschöne Lieder (sie sang später im Chor der Berliner Staatsoper).

Nach der Hochzeit trat ich am 18. Juni meinen Dienst als Finanzbuchhalter bei den HO-Gaststätten Schwerin an. Also trafen wir uns am Morgen dieses Tages gegen sechs Uhr früh mit Liesel auf dem Crivitzer Bahnhof, um gemeinsam mit anderen Frauen und Männern den Zug nach Schwerin zu besteigen und zur Arbeit zu fahren. Treffen mussten wir uns deshalb, weil wir zwar verheiratet waren, aber noch keine Wohnung besaßen. Liesel wohnte also weiterhin bei ihren Eltern und ich in der Rudolf-Breitscheid-Straße. So beschränkte sich unser Zusammenleben im Wesentlichen auf die Wochenenden.

Gegenüber den heutigen Verhältnissen wies der damalige Bahnbetrieb schon einige Besonderheiten auf. Im Kriege war der ganze Lok- und Wagenpark sehr in Mitleidenschaft gezogen worden. Da an Neubauten oder Ersatz vorläufig nicht zu denken war, musste man mit dem vorhandenen Bestand auskommen. So kamen auf der Strecke nach Schwerin vorwiegend alte Waggons zum Einsatz, die in den 20er-Jahren gebaut worden waren und normalerweise schon längst hätten verschrottet werden sollen. Hinzu kam, dass nach den Halts in Sukow und Plate keine Stecknadel mehr zu Boden fallen konnte, weil alle dicht gedrängt standen. Abends wiederholte sich das ganze

Szenarium auf der Heimfahrt. Natürlich trugen diese unangenehmen Begleitumstände nicht dazu bei, die Arbeitsbegeisterung zu erhöhen. Es ist deshalb nur zu verständlich, dass die überwiegende Masse der ›Pendler‹ nach einer Wohnung in Schwerin strebte, um diesem täglichen Dilemma zu entrinnen. Zwar wurden an der Peripherie der Städte Satellitensiedlungen aus dem Boden gestampft, aber nichts für den Erhalt der Altbausubstanz getan. Fast für jede am Stadtrand von Schwerin errichtete neue Wohnung musste eine Wohnung in der Altstadt wegen Baufälligkeit geräumt werden.

Die SED-Oberen posaunten zwar immer aus, dass in der DDR die Mieten immer noch auf dem Niveau von 1944 stehen würden, verschwiegen aber geflissentlich, dass diese bei den allgemein gestiegenen anderen Preisen nicht mehr kostendeckend sein konnten. Der Staat plante deshalb für seinen Wohnungsbestand Zuschüsse ein, und ein Privatmann musste bei dieser Sachlage seinen Grundbesitz früher oder später abstoßen. Manche Eigentümer verschenkten ihre Häuser sogar, nur um sie loszuwerden und so kam die DDR billig zu Grundbesitz.

Die Schweriner HO-Gaststätten waren in drei Betriebe gegliedert: HO-G I, HO-G ll und HO-G III. Wie ich leider erst bei Arbeitsbeginn erfuhr, sollte ich in der Buchhaltung I eingearbeitet werden, um danach die Buchhaltung II zu übernehmen. Der dortige Leiter hatte keineswegs die Absicht, seinen Posten zu räumen und unternahm alles Mögliche, um das zu verhindern.

Die Zeit war noch alles andere als normal. So kam ein Kollege eines Morgens völlig verstört zur Arbeit und erzählte, dass eine Krankenschwester in den frühen Morgenstunden über den Platz der Freiheit gegangen sei, vielleicht von einer Schicht oder zu einer Schicht. Auf dem Platz lief sie zwei russischen Soldaten in die Hände, die sie ergriffen und auf den Hölzern der Verkaufstische vergewaltigten. Die Frau hatte furchtbar geschrien, aus den umliegenden Häusern habe sich aber niemand getraut ihr zu Hilfe zu eilen, aus Angst vor möglichen negativen Folgen. Und das sieben Jahre nach Kriegsende! Diese Angst vor den Russen hat viele Menschen in der DDR berechtigterweise bis zum Schluss nicht verlassen. Zwar waren die sowjetischen Behörden sehr um ein gutes Renommee bemüht und bestraften ihre Soldaten hart, wenn sie bei Gesetzesübertretungen erwischt wurden. Aber wann war das schon der Fall!

Meine Tätigkeit bei der HO-G begann mit einer Dampferfahrt auf dem Schweriner See, an der auch die ganze Landesleitung des Betriebes teilnahm. Alkohol war auch an Bord und schon bald hatten einige die ›Schlorren‹ voll. In diesem Zustand verfielen sie auf die Schnapsidee, sich gegenseitig die Schlipse abzuschneiden. Etwas, wofür ich nie Verständnis hatte, wozu mir aber wohl auch die ›rheinische Fröhlichkeit‹ fehlt. Damals aber war ich besonders schockiert, weil es in einer Zeit, in der es an allem und jedem fehlte, wirklich unpassend war, Schlipse zu zerschneiden.

Jetzt erscheint es angebracht, nähere Ausführungen zur Aufgabenstellung der HO (Handelsorganisation) zu machen. Das Ziel der Kommunisten und der von ihnen beherrschten SED (Sozialistische Einheitspartei Deutschlands) bestand darin, das Privateigentum auf allen Gebieten und Ebenen zu brechen und es in das Eigentum des Staates – die Kommunisten sagten Volkseigentum (VE) – zu überführen. Um das erstrebte Ziel zu erreichen, wendeten sie alle erlaubten und unerlaubten Methoden und Tricks an. Wenn diese nicht zum Ziel führten, dann wurde eben mal das Gesetz mit Füßen getreten.

Im Einzelhandel wurde Ende der 40er-Jahre die HO gegründet. Zum Zeitpunkt meines Arbeitsbeginns gab es in Schwerin, wie bereits erwähnt, drei Betriebe, denen mit Ausnahme des *Café am Markt* und des *Stadtkrug* fast nur kleine Restaurants, Cafés und Imbissstuben gehörten. Im Übrigen galt § 2 der Mecklenburgischen Verfassung: Beständig ist nur der Wechsel (§ 1: Es bleibt alles beim Alten) – auch für die HO-Gaststätten. Im Laufe der 20 Jahre bei diesem Betrieb habe ich wohl an die 20 Reorganisationen mit teilweise tief greifenden Auswirkungen miterlebt. Allein sechsmal ist die Verwaltung innerhalb der Stadt umgezogen. Als ich zum Betrieb HO-G II kam, war die Verwaltung in einem Hofgebäude in der Schlossstraße untergebracht, was für uns ein wahrer Glücksgriff war: Im Nebengebäude, dem früheren Hotel *Nordischer Hof*, saß nämlich die sowjetische Militärverwaltung und irgendwie hingen wir an deren Elektrokabel dran. Damit waren für uns tägliche Stromsperren, wie sonst in der ganzen Stadt üblich, tabu. Denn die Russen, und damit auch wir, hatten immer Licht. Ich lebte noch in Crivitz und musste früher gehen, um noch den Abendzug nach Hause zu erreichen. Um diese Fehlzeit auszugleichen, arbeitete ich mittags, wenn die anderen Essen gingen, durch und holte so die Arbeitszeit wieder rein.

Zwischen den Buchhaltungen der Gaststättenbetriebe in Mecklenburg hatte die Landesleitung einen Wettbewerb organisiert. Wer am Monatsende als Erster seine Unterlagen einreichte, erhielt eine Prämie in Höhe von 15 Prozent des Bruttogehaltes, und zwar alle Mitglieder des Kollektivs, der Zweite erhielt 10 Prozent und das dritte Kollektiv konnte sich 5 Prozent gutschreiben. Natürlich waren alle Kollektive bestrebt, diese Vorteile auch in Anspruch zu nehmen. In der Praxis hatten die Schweriner Betriebe aber den nicht zu übertreffenden Vorteil, dass sie am Orte saßen und nach Fertigstellung ihres Abschlusses sich nur noch in die Straßenbahn setzen und nach Zippendorf fahren mussten. Das mussten zwar auch alle anderen Betriebe im Lande, davor aber stand eine unter Umständen mehrstündige Bahnfahrt nach Schwerin. Damals wurden noch in allen Gaststätten Stichtaginventuren am Monatsende verlangt. Also schwärmte die gesamte Verwaltung von Schwerin am Ultimo nach Dienstschluss aus, um Inventuren aufzunehmen. Das war abends nicht ungefährlich – besonders für Frauen, wie die Vergewaltigung am Platz der Freiheit bewiesen hatte.

Einmal ergab die Abschlussinventur nach der Kündigung eines Gast-stättenleiters die ungewöhnlich hohe Minusdifferenz von etwa M 1.600. Wenige Tage danach erschien er in der Buchhaltung, um sich nach dem Ergebnis der Inventur zu erkundigen. Als er es erfuhr, zuckte er, ohne eine Miene zu verziehen, seine Brieftasche, entnahm ihr M 1.600, blätterte sie uns auf den Tisch, wünschte uns weiterhin alles Gute und verschwand. Wahrscheinlich ist noch einmal die gleiche Summe in seiner Brieftasche geblieben! Zur damaligen Zeit waren M 1.600 eine gewaltige Summe. Wer sie in einem Quartal verdiente, gehörte schon zu den ›Besserverdienern‹.

In den ersten Nachkriegsjahren fehlte es noch an vielem und das be-sondere Interesse der Kommunisten galt auch deshalb einem schnellen Aufbau der Industrie, die durch den Krieg schweren Schaden genom-men hatte. Aus dieser Zeit stammt auch die Scherzfrage: »Was ist der Unterschied zwischen der Bahn im Osten und im Westen?«

Antwort: »Im Westen fahren die Züge auf den Schienen, im Osten aber fahren die Schienen auf den Zügen.«

Womit darauf angespielt wurde, dass die Russen entweder ganze Strecken völlig demontierten und die Gleise in die Sowjetunion trans-portierten oder von ursprünglich doppelgleisigen Strecken das eine Gleis abbauten. Unter den Nachwirkungen dieser Aktion hatten wir noch jahrzehntelang zu leiden. Besonders wichtig für die Bevölke-rung aber war, dass es genug zu essen gab. Vorrangig sollte dafür ein reines Agrargebiet wie Mecklenburg sorgen. Das war aber nicht einfach, denn einerseits fehlten auch auf dem Lande die im Kriege gefallenen und die noch nicht aus der Kriegsgefangenschaft heim-gekehrten Männer, andererseits standen kaum Maschinen für die Landwirtschaft zur Verfügung. Zur Überbrückung dieses Engpasses ließen sich die Kommunisten etwas ganz Besonderes einfallen: Alle städtischen Betriebe wurden verpflichtet, im Sommer Arbeitskräfte für die Erntearbeiten auf dem Lande abzustellen. Gelegentlich auch für einen längeren Zeitraum, in der Regel aber für Tageseinsätze als Erntehilfen. Wenn die Anforderung kam, dann mussten sich alle, die nicht den ›Kopf unter dem Arm‹ trugen, am nächsten Tag mit entsprechender Bekleidung an einem Stellplatz einfinden, wo sie ein Omnibus abholte und zu ihrer Arbeitsstelle hinfuhr. Dort sollten Rüben oder Kartoffeln gehackt, Kartoffeln geerntet, Getreidegarben aufgestellt oder andere Arbeiten getan werden. Mittags wurde man im Dorf mit einem kräftigen Eintopf oder auch einem Fleischgericht verpflegt und im Laufe des Nachmittags von einem Omnibus wieder abgeholt – oder auch nicht, was gelegentlich auch schon passierte! Dann musste man eben ein paar Kilometer zu Fuß marschieren, bis schließlich doch ein Fahrzeug auftauchte und uns mitnahm.

Zum 1. Oktober 1952 lösten die Kommunisten die bisherigen Länder Mecklenburg- Vorpommern, Brandenburg, Sachsen-Anhalt, Sachsen und Thüringen auf und ersetzten sie durch 14 Bezirke und (Ost-) Berlin. Im Norden entstanden so die Bezirke Schwerin, Rostock und Neubrandenburg. Damals betrug die wöchentliche Arbeitszeit, zumindest in den Verwaltungen, 48 Stunden. Für die HO-Gaststätten bedeutete das von Montag bis Freitag eine tägliche Arbeitszeit von 8 1/2 Stunden (7.30 - 13 Uhr und 14 - 17 Uhr) und am Sonnabend 5 1/2 Stunden (7.30 - 13 Uhr). Es kann wohl Ende der 50er-Jahre gewesen sein, als bei uns jeder zweite Sonnabend bei gleichzeitiger Verkürzung der Wochenarbeitszeit arbeitsfrei wurde. Weitere Jahre später, als sie in der Bundesrepublik bereits längst durchgesetzt war, führte auch die DDR die 5-Tage-Arbeitswoche ein. In den ersten Jahren wurde auch am 24. Dezember bis 13 Uhr gearbeitet. Getan wurde an diesem Tag aber überall nicht viel. Wie auch am 31. Dezember nicht, an dem ebenfalls gearbeitet werden sollte. An beiden Tagen fanden sich die Arbeitskollektive zu einer gemeinsamen Kaffeetafel zusammen. Es gab Kuchen und zu Silvester Berliner Pfannkuchen. Man unterhielt sich über ›Gott und die Welt‹, wobei auch Alkohol getrunken wurde. Im

Zimmer des Direktors war für uns eine Kaffeetafel eingedeckt und als alle saßen, erschien der Weihnachtsmann, ein früherer Arbeitskollege, und förderte aus seinem Sack für jeden von uns ein Geschenk zutage, das ein unbekannter Spender vorher beim Weihnachtsmann abgegeben hatte. Beim Auspacken gab es so manches Hallo und die Stimmung in der Runde war gut. Sie stieg noch, als auch Alkohol auf den Tisch gestellt wurde.

Trotz der schon geschilderten Schwierigkeiten, eine Wohnung zu erhalten, bemühten wir uns mit Liesel aber vom ersten Tag an um einen Zuzug nach Schwerin. Denn auf Dauer ging uns die tägliche Fahrerei nach Schwerin ›auf den Keks‹ und wir wollten natürlich auch auf eigenen Füßen stehen und unseren eigenen Haushalt gründen. Über die Wohnungskommission ihres Betriebes gelang es Liesel nach einiger Zeit auch, die Zuzugsgenehmigung zu erhalten. Doch ergab sich daraus kein Anspruch auf eine Wohnung. Wenige Tage vor Weihnachten 1952 erhielten wir trotzdem die Zuweisung für eine 1-Raum-Wohnung in der Clara-Zetkin-Straße 19! Unsere Freude war unbeschreiblich. Endlich konnten wir einen eigenen Hausstand gründen und mussten keine Wochenendehe mehr führen. Dank der Unterstützung aller, auch unserer Betriebe, konnten wir bereits am Tag nach Weihnachten umziehen. Wir besaßen ja kaum etwas und so konnte unsere neue Nachbarin, die uns beim Einzug beobachtete, auch feststellen: »Das sind noch vernünftige Leute, die haben keinen Kram!«

Tischlermeister Brandt aus Crivitz hatte für uns ein Schlafzimmer in Arbeit, von dem er die Betten und den Schrank zum Umzug lieferte. Spiegelschrank und Nachttische kamen später, wie auch der runde Wohnzimmertisch. Die Küche hatten wir vorher in Schwerin bestellt, sie stand bei unserer Ankunft schon im Treppenhaus. Unsere Behausung erwies sich als eine Dachwohnung mit einem kleinen Flur, einer Minitoilette, kleinen Küche und einem Zimmer mit zwei schrägen

Wänden. Aber wir waren allein! Und haben nicht das Schicksal sehr vieler Familien mitmachen müssen, die in Untermiete oder in einer Teilwohnung lebten und ständig auf ihre Mitbewohner Rücksicht nehmen mussten. Wir aber machten die Wohnungstür hinter uns zu und waren allein!

Irgendwie muss ich mit meiner Arbeit Erfolg gehabt haben und bei den Kollegen angekommen sein, denn obgleich ich neu im Betrieb und einer der Jüngsten war, wählten sie mich bei der nächsten Gewerkschaftswahl zum BGL-Vorsitzenden (Betriebsgewerkschaftsleitung – entspricht dem heutigen Betriebsrat). Dazu noch eine Erklärung: Über die Mitgliedschaft zu anderen Organisationen konnte diskutiert werden, über die Mitgliedschaft zum FDGB (Freier Deutscher Gewerkschaftsbund) nicht. Dem musste man einfach angehören! Dieses Ehrenamt hatte für mich zur Folge, dass ich gelegentlich an Beratungen im Kreisvorstand der Gewerkschaft Nahrung und Genuss, Gaststätten teilnehmen musste. Wenig später sollte mein Amt bei der Gewerkschaft Folgen für mich haben. Die von der SED erstrebten und avisierten ökonomischen Erfolge stellten sich nicht ein. Im Gegenteil! Besonders in der Industrie, dem Kernstück der kommunistischen Politik, blieben Erfolge aus, was sich in nicht erfüllten Plänen ausdrückte. Als natürliche Folge wurden weniger Waren hergestellt als vorgesehen und das Warenangebot verbesserte sich nicht, sondern wurde schlechter. Dieser unbefriedigenden Entwicklung versuchte das Regime gegenzusteuern, indem es die Planziele erhöhte. Eine absolute Fehlspekulation, denn sie führte dazu, dass die Arbeiter immer weniger in ihren Lohntüten vorfanden, und schürte so die schon vorhandene Unzufriedenheit der Massen.

Rigorose Erhöhungen der Planaufgaben brachten schließlich am 16. Juni 1953 das Fass zum Überlaufen: In der heutigen Karl-Marx-Allee (damals Stalinallee), einer riesigen Baustelle in Ostberlin, legten die dort Beschäftigten die Arbeit nieder und marschierten zum Regierungsgebäude in der Leipziger Straße, um den SED-Oberen, im besonderen Walter Ulbricht, dem 1. Sekretär des Politbüros des SED, ihre Forderungen vorzutragen. Sie wollten Pläne, die auch erfüllbar waren, eine bessere Entlohnung und Versorgung. Diese Bewegung griff, weil die Oberen in Berlin nicht auf die Forderungen reagierten, rasch auf die Arbeiterzentren in der ganzen DDR über und führte zu den bekannten Ereignissen des 17. Juni. Über einen Kollegen, der ein Radio hatte, wurden wir laufend über den Stand der Dinge informiert. Unerwartet rief uns am Nachmittag der Direktor zusammen, um uns mitzuteilen, dass im Zuge von Einsparungsmaßnahmen die halbe Belegschaft fristlos entlassen würde. Als BGL-Vorsitzender war ich unkündbar (So ›demokratisch‹ ging das zu!), sollte aber die Aufgaben des Bilanzbuchhalters und der Kassiererin zusätzlich übernehmen. Als ›Ausgleich‹ wurde mein Gehalt von M 450,- auf M 360,- ›verändert‹. Ganz ernst konnte so einen Humbug eigentlich niemand nehmen und knapp 24 Stunden später rief man uns auch wieder zusammen, um uns mitzuteilen: »April, April! – § 1 der Mecklenburgischen Verfassung gilt weiterhin!« (- »Alles bleibt beim Alten!«)

In Schwerin war kaum Industrie angesiedelt und so hat man hier nur wenig von dem Arbeiteraufstand gemerkt. Wie man ja überhaupt dem Mecklenburger nachsagt: Er wäre im Denken ein wenig langsam. Von Bismarck soll ja der bekannte Ausspruch stammen: »Wenn die Welt einmal unterginge, dann wolle er in Mecklenburg leben, dort ginge sie mit Sicherheit erst 100 Jahre später unter.«

Als wir am 17. Juni zum Mittagessen, damals im *Niederländischen Hof* am Pfaffenteich gingen und beim Arsenal (damals Sitz der Volkspolizeibehörde) um die Ecke bogen, sahen wir russische Panzer, die das Gebäude vor möglichen Demonstranten schützen sollten. Unsere Lohnbuchhalterin war über diesen Anblick so erbost, dass sie auf die Panzer losgehen wollte. Wir hatten Mühe, sie zurückzuhalten, denn es hätte nur unangenehm für sie ausgehen können und wie ist die Redewendung: »Es hat keinen Sinn gegen den Strom zu schwimmen.« Diesen Ausspruch habe ich mir auch zum Maßstab meines Verhaltens während der kommunistischen Diktatur gemacht. Die SED-Oberen sprachen in Zusammenhang mit dem 17. Juni 1953 nachher nur von einer ›imperialistischen Aggression westlicher Geheimdienste‹, die aber dank des ›beherzten Eingreifens aller friedliebenden Kräfte im Verein mit unseren sowjetischen Brüdern‹ erfolgreich niedergeschlagen werden konnte. Wir hatten es aber anders erlebt. Inoffiziell war auch zu hören, dass es besonders in Berlin und im Raum Halle-Merseburg Hunderte Verhaftungen und mehrere Todesurteile gegeben hatte. Viele Arbeiter wurden in die Sowjetunion verschleppt und kehrten, wenn überhaupt, erst nach Jahren wieder heim.

Nach diesem, nur durch das Eingreifen russischer Panzer gescheiterten, Versuch bessere Arbeitsbedingungen zu erhalten, gab es keine Wiederholungen. Zwar ließ Walter Ulbricht die Erhöhungen der Arbeitsnormen, die zu den Unruhen geführt hatten, zurücknehmen. Nach einiger Zeit zog er aber die Zügel wieder straffer an und erreichte so doch sein Ziel. Ein Mitarbeiter des Ministeriums für Staatssicherheit (Stasi) sagte einmal zu mir: »Uns sind die Parteilosen, die ihre Pflicht tun (womit er mich meinte) lieber als Genossen, die nur um gewisser Vorteile in die Partei (die SED) eingetreten sind.«

Ein vernünftiger Standpunkt, denn von denen gab es eine ganze Menge, weil man gewisse Positionen nur bekleiden konnte, wenn man SED-Genosse war. Dann wurde man auch bei der Vergabe von Wohnungen bevorzugt, erhielt eher einen Telefonanschluss usw. Ein typischer Vertreter dieser Gattung war ein Mitarbeiter der DSF (Gesellschaft für deutsch-sowjetische Freundschaft), der in den frühen 50er-Jahren bei den HO-Gaststätten häufig Schulungen durchführte. In ihnen schilderte er unseren ›großen Bruder‹ (die Sowjetunion) in den glühendsten Farben als einen Staat, dem nachzueifern unser aller

Ziel sein müsse. Im Gegensatz zum Arbeiterparadies war der Westen ein ›Sammelbecken von Kriegsverbrechern und Imperialisten‹, deren einziges Ziel es war die friedliebende Sowjetunion zu vernichten. Eines Tages aber fehlte er und allmählich sickerte durch, dass, trotz seiner völlig konträr lautenden Referate, auch er in Richtung Westen abgewandert war! Mit diesen Typen zu diskutieren, konnte gefährlich werden, denn wegen der zu erwartenden Vorteile schreckten sie auch vor Denunziationen nicht zurück.

Bedingt durch Krieg und Gefangenschaft, konnte ich mein Ziel, das ich mir als Junge gestellt hatte, nicht erreichen. Ich wollte mit 25 heiraten, dann wäre ich bei der Silberhochzeit 50, eine glatte Zahl. Da ich meinen 25. Geburtstag in Sibirien ›feiern‹ musste, verschob sich alles um fünf Jahre, d. h. ich war bei der Hochzeit schon 30 und kein Jüngling mehr. Damit konnten wir die Nachwuchsfrage nicht auf die lange Bank schieben. Ende 1953 merkte Liesel, dass sie schwanger war. Sehr zur Freude auch der Großeltern, die ihr erstes Enkelkind erwarteten. Mutter und Schwiegermutter sorgten sich sehr um Liesel und meine Schwestern ›organisierten‹ manches für das zu erwartende Baby. Liesel hielt sich in dieser Zeit sehr tapfer, und so konnten wir uns noch vor der Geburt einen Wunsch erfüllen: Anfang 1954 hatte sich ein Nachbar unserer Freunde in der Jahnstraße nach Westberlin abgesetzt und sich offiziell auch von seiner Frau getrennt. Tatsächlich aber wollte er in der Bundesrepublik das Terrain sondieren und seine Frau ihm zum geeigneten Zeitpunkt nachfolgen. Weil es jetzt so weit war, entstand der Gedanke, bei dieser Gelegenheit auch unsere Wohnsituation durch einen Tausch zu verbessern. Denn das Leben mit einem Baby wäre in unserer Ein-Raum-Wohnung schwierig geworden. Eine Arbeitskollegin von Liesel, die in sehr beengten Verhältnissen lebte, wurde in unsere Überlegungen einbezogen und dem Wohnungsamt folgender Vorschlag für einen Ringtausch unterbreitet: Die Nachbarin zieht in das Zimmer am Markt, in dem Liesels Kollegin lebte; diese übernimmt unsere Wohnung in der Clara-Zetkin-Straße und wir ziehen in die 2-Zimmer-Wohnung in der Jahnstraße. Unser gemeinsamer Antrag wurde genehmigt und Ende Mai – Liesel hatte bereits Schwangerschaftsurlaub – zogen wir um!

Da kann man wirklich nur sagen: Alle Achtung und ein Glück, dass alles gut gegangen ist! Denn was Liesel sich in ihrem Zustand zugemutet hatte, war schon allerhand. Auch wenn sie keine schweren Kisten schleppen musste, es blieb noch genug für sie zu tun. Die nächsten Tage vergingen mit Auspacken und Einräumen. Ende Juni rückte der Termin der Geburt aber näher und da Liesel in Crivitz entbinden wollte, fuhr sie zu ihren Eltern. Am Abend des 28. Juni setzten die ersten Wehen ein und ihre Mutter begleitete Liesel dann in die Klinik, wo am 29. Juni gegen 4 Uhr unsere erste Tochter zur Welt kam, ein gesundes und kräftiges Mädchen. Als mich meine Schwester Ellinor am Vormittag im Büro anrief – wir besaßen ja zu Hause kein Telefon – nahm ich mir gleich dienstfrei und fuhr mit dem nächsten Bus nach Crivitz, um Mutter und Tochter zu sehen. Ich hatte noch nie so kleine Kinder gesehen und war ob der vielen Falten im Gesicht doch ein wenig erschrocken. Als ich sie aber fünf Tage später, am Sonntag, wieder besuchte und auch aufnahm, sah sie schon ganz anders aus und ich war ein stolzer Vater. Auch wenn sie keine Notiz von mir nahm!

Ost-West

Um die zunehmende Flucht von den Einwohnern der DDR nach Westberlin, die ihnen zunehmend Probleme bereitete, zu unterbinden oder mindestens zu erschweren, hatten sich die DDR-Oberen etwas ganz Besonderes ausgedacht: Ostberlin wurde vom Rest der Republik abgeschottet! Wer nach Berlin wollte, musste bei der Anreise einen Kontrollpunkt anlaufen, auf dem eine Ausweis- und Gepäckkontrolle erfolgte. In Schönfließ, wo eigens für die Kontrollen ein Bahnsteig neu gebaut wurde, hielt der Zug etwa eine halbe Stunde. Sofort nach dem Einlaufen des Zuges bestiegen die Kontrolleure die Wagen und ließen sich die Ausweise der Reisenden zeigen, mussten sich, weil die Züge in der Regel gut besetzt waren, aber bei der Gepäckkontrolle auf Stichproben beschränken.

Bei der HO-G wurden in etwa zu dieser Zeit zwei jüngere Kollegen in leitenden Positionen eingestellt. Beide waren einige Jahre jünger als ich, wir lagen aber in etwa auf der gleichen ›Wellenlänge‹ und waren häufiger zusammen. Nicht lange danach bat einer der beiden im Betrieb den anderen und mich zu sich ins Büro. Sichtlich erregt teilte er uns mit, dass die Stasi an ihn herangetreten sei und zur Mitarbeit (heute würde man sagen: als IM) aufgefordert habe. Er sei aber nicht dazu bereit und werde sich deshalb, um allem aus dem Wege zu gehen, mit seiner Frau nach Westberlin absetzen, was er bald darauf auch getan hat. Auf diese Weise hat es das Ministerium für Staatssicherheit geschafft, viele Menschen aus dem Lande zu jagen, die dem Staat als wertvolle Arbeitskräfte verloren gingen.

In seinen Erinnerungen über die damalige Zeit sprach der erste Leiter der ständigen Vertretung der Bundesrepublik in Ostberlin, Günter Gaus, von einer ›Nischengesellschaft‹ in der DDR. Er meinte damit, dass sich die Menschen dort wie die Schnecken in ihre Häuser zurückziehen würden, weil, wegen der Allgegenwart der Stasi, kaum jemand dem anderen trauen konnte. Er hatte bestimmt insofern Recht, als man Verkehr nur mit Menschen pflegte, die man genau kannte und auf die man sich voll verlassen konnte. In den 50er-Jahren hatten wir es uns zur Gewohnheit gemacht, ein- bis zweimal im Jahr nach Berlin zu fahren. Wir wollten endlich wieder in Westberlin tief durchatmen können, ohne jedes Wort auf die Goldwaage legen zu müssen, weil der Gesprächspartner eventuell ein Stasispitzel war. Auch gab es immer etwas einzukaufen, was in Schwerin nicht erhältlich war, und schließlich besuchten wir gern Theateraufführungen in Westberlin. Unter den Zuschauern war einmal auch der damalige Bundespräsident Theodor Heuß, der sich völlig ungezwungen in der Menge bewegte. Als er nach der Vorstellung seinen Wagen bestieg, um fortzufahren, rief ihm ein Berliner zu: »Theo, komm bald wieder!«

Über diese Respektlosigkeit war ich völlig konsterniert, denn derartiges wäre in der DDR nie möglich gewesen. Man stelle sich nur vor: In Ostberlin hätte in Anwesenheit von Walter Ulbricht jemand aus der Menge »Walterchen, komm bald wieder!« gerufen. Das hätte er nur einmal getan, dann wäre er schon festgesetzt und wegen ›Verunglimpfung der Staatsführung der DDR‹ angeklagt worden, was bis zu Zuchthaus in Bautzen führen konnte.

Bis zum Mauerbau bestanden in der Stadt durchgehende Verkehrsverbindungen z. B. von Ruhleben im Westen nach Pankow im Osten. Wie bei den Fernverbindungen erfolgten aber auch im innerstädtischen Verkehr bei der Aus- und Einreise in den Ostsektor Ausweis- und Gepäckkontrollen. Die Züge hielten auf dem letzten Bahnhof vor Ost-Berlin längere Zeit, um dem Zoll Gelegenheit für Stichprobenkontrollen zu geben. Bei diesen Überprüfungen taten sich Frauen durch besonderen Eifer unrühmlich hervor. Einmal war eine Bekannte mit einem selbst gebackenen Kuchen, verpackt in einem Karton, in der U-Bahn unterwegs zum Geburtstag nach Zehlendorf. Wie es das Pech wollte, erwischte die Frau eine Zollbeamtin, der wohl schon der Tortenkarton aufgefallen war. Sie ergriff und öffnete ihn. Nachdem sie sich von seinem Inhalt überzeugt hatte, erklärte sie in barschem Ton: »Sie wissen genau, dass es verboten ist Lebensmittel aus dem demokratischen Sektor (so nannten die Kommunisten ihren Teil von Berlin im Gegensatz zu den drei Westsektoren) auszuführen. Die Ware ist beschlagnahmt!« Sie ergriff den Karton und verließ den Wagen. Die Bekannte war über diese Frechheit so erbost, dass ihr im Augenblick die Lust am Geburtstagskaffee vergangen war. Sie stieg auch aus und folgte der Beamtin, die mit dem Karton im Arm in einem Gebäude auf dem Bahnsteig verschwand. Unsere Bekannte postierte sich davor und harrte der Dinge, die da kommen sollten. Und die kamen auch! Nach einiger Zeit verließ die Beamtin, immer noch mit dem Karton im Arm, das Häuschen und strebte dem Ausgang zu. Die Frau folgte ihr, so ging es durch einige Straßen. Als die Beamtin aber in ein Haus hineingehen wollte, versperrte unsere Bekannte ihr kurz entschlossen den Weg und begann sie laut zu beschimpfen. Im Nu bildete sich ein kleiner Menschenauflauf von vorübergehenden Passanten, die alle gegen die Zollbeamtin Partei ergriffen, weil sie endlich eine Möglichkeit sahen, ihren angestauten Ärger über die staatliche Bevormundung loszuwerden. In dem entstehenden Gedränge schnappte sich die Frau ihren Karton, lief zur U-Bahn-Station, bestieg den nächsten Zug nach Westberlin und gelangte unbehelligt nach Zehlendorf, wo sie endlich ihr Geschenk überreichen konnte. Wer aber kann das Erstaunen der Anwesenden nachempfinden, als das Geburtstagskind den Karton öffnete. In ihm befanden sich nämlich neben der Torte auch noch 500 DM! Da hatte die Zollbeamtin doch vorher dieses Geld beschlagnahmt, aber nicht die Absicht es auch wie gefordert abzuliefern. Sie wollte im Gegenteil damit ihren privaten Haushalt aufbessern und hatte die günstige Gelegenheit nutzen wollen, um es nach Hause zu schaffen. Couragiertes Auftreten hatte dieses verhindert. Die Versuchung, der sie täglich ausgesetzt waren, sich über die D-Mark Dinge zu kaufen, von denen man in der DDR nur träumen konnte oder die man hier wie z. B. Kiwi oder Brokkoli nicht einmal dem Namen noch kannte, war für die Grenzbeamten einfach zu groß. Das haben wohl auch die SED-Oberen erkannt und deshalb nach einer gewissen Zeit den an der Grenze tätigen Kräften verschiedene Vergünstigungen eingeräumt.

Mitte der 50er-Jahre hatten sich die Bedingungen in der DDR so verschlechtert, dass Liesel und ich beschlossen, auch in den Westen abzuhauen. Neben der Versorgung, die schlechter statt besser wurde, machte uns auch die permanente Berieselung mit kommunistischen und sowjetischen Parolen sehr zu schaffen. Sogar auf der Straße begegnete man überall Transparenten, die z. B. darauf hinwiesen, dass ›dem Kommunismus die Zukunft‹ gehöre, weil er ›für den Frieden‹ eintrete und ähnlichen Schwachsinn! Im Laufe der Jahre legte man sich zwar ein so dickes Fell zu, dass man derartigen Quatsch gar nicht mehr wahrnahm. In der ersten Zeit hatten wir aber schon unsere Probleme mit dieser ununterbrochenen Konfrontation. Besonders auch, weil die kommunistischen Versprechungen und ihre Realisierung in einem offensichtlichen Missverhältnis zueinanderstanden. Wenn sie es vernünftig angepackt hätte, wäre es 1945 für die Sowjetunion leicht gewesen, viele Deutsche, die vom Nationalsozialismus enttäuscht worden waren, für sich zu gewinnen. Für das Riesenreich bedeuteten die gewaltigen Kriegsreparationen und auch alle späteren Lieferungen, bei denen die Sowjetunion aber immer die Bedingungen diktierte, aber nur einen ›Tropfen auf den heißen Stein‹. Denn das Land war – und ist auch heute noch – in unbegrenztem Maße aufnahmefähig. Dem Allem wollten wir aus dem Wege gehen, indem wir uns nach Westdeutschland absetzten. Natürlich waren unsere Angehörigen darüber nicht sehr erfreut und versuchten uns umzustimmen. Wir aber blieben bei der einmal getroffenen Entscheidung und hatten – um bei der Ankunft im Westen schon etwas zu besitzen, das Beispiel der mit uns befreundeten Familie Stuhr vor Augen – bereits 38 Pakete mit unseren persönlichen Sachen an Verwandte und Freunde in der Bundesrepublik geschickt, die sie uns nach unserer Ankunft im Westen wiederzukommen lassen wollten. Da erhielten wir Post von Familie Stuhr aus Stuttgart, wo die in der Zwischenzeit ein neues Zuhause gefunden hatten, mit einem beigefügten Zeitungsausschnitt. In ihm war zu lesen, dass Familien mit Kindern auf der Suche nach geeignetem Wohnraum Schwierigkeiten haben könnten, weil viele Vermieter kinderlose Ehepaare als Mieter bevorzugen würden. Wohl wegen des Lärms, die

Kinder nun einmal machen und möglicher Verunreinigungen und Beschädigungen durch sie.

Nun war unsere Tochter aber da, zu der Zeit wohl gut zwei Jahre alt und die sollte in jedem Fall mit uns mitkommen. Wir haben schon damals die Ehepaare nicht verstehen können, die abhauten und ihre Kinder bei den Großeltern zurückließen in der Hoffnung, sie würden im Zuge der Familienzusammenführung bald folgen können. Darüber konnten unter Umständen Jahre vergehen, in denen Eltern und Kinder sich fremd geworden waren. Außerdem waren wir uns auch darüber einig, dass die Kleine kein Einzelkind bleiben, sondern ein Brüderchen oder Schwesterchen haben sollte. Unter diesem Aspekt überdachten wir nochmals unseren Entschluss und kamen zu dem Ergebnis, es sei wohl besser, wenn wir hierblieben. Also schrieben wir unsere Verwandten und Freunde wieder an und baten sie, unsere Sachen wieder zurückzuschicken. Bei der Formulierung musste man aber sehr vorsichtig sein, denn die Post wurde von der Stasi kontrolliert. Im Laufe der Jahre hat sie es dabei zu einer gewissen Meisterschaft gebracht. Aber alles ging gut und alle 38 Pakete haben uns tatsächlich wieder erreicht, und zwar vollständig, was keineswegs selbstverständlich war. So blieben wir zur Freude unserer Angehörigen der DDR erhalten und haben uns mit dem Regime arrangiert.

Heute ist es müßig, darüber zu sinnieren, ob es vielleicht nicht doch besser gewesen wäre, wenn wir unseren einmal gefassten Beschluss nicht geändert hätten.

Bei meiner Rückkehr aus der Gefangenschaft erhielt ich eine Nachricht, dass eine Freundin mit ihren Eltern Deutschland in Richtung Kanada verlassen hätte. Der Vater war Russe und fürchtete, damals durchaus verständlich, die Sowjets könnten sich weiter nach Westen ausdehnen. Was sie mit Sicherheit auch gern getan hätten, denn sie wollten ja die ganze Welt ›beglücken‹. Eines Tages brachte mir die

Postbotin auch ein Päckchen aus Kanada, dem ein Zettel vom Kontrollpostamt Ludwigslust folgenden Inhalts beilag: »Wegen Überschreitung der zulässigen Höchstmenge wurde eine Tafel Schokolade beschlagnahmt.«

Aus dem glücklicherweise beiliegenden Inhaltsverzeichnis konnte ich lesen, dass sie drei Tafeln Cadbury Milchschokolade und eine Tafel Cadbury Nussschokolade eingepackt hatte. Und ausgerechnet die Nussschokolade fehlte! Natürlich ärgerte mich die Art und Weise, wie von der Behörde mit uns umgegangen wurde und so holte ich mir das Gesetzblatt der DDR, auf das sich das Zollamt bei seiner Beschlagnahme bezogen hatte und das bei mir im Betrieb natürlich vorlag. Darin stand zwar: zulässige Höchstmenge bei Schokolade 300 g (3 Tafeln á 100 Gramm). Weiter unten stand aber auch: Gegen Entrichtung des doppelten Zollsatzes kann die zulässige Höchstmenge bis zu 100 % überschritten werden. Das war natürlich Wasser auf meine Mühlen und so setzte ich mich hin und verfasste ein Schreiben an das Zollamt ungefähr folgenden Inhalts:

»Die Regierung der DDR erlässt ihre Gesetze zum Schutze der Werktätigen und nicht, damit sie von Bürokraten willkürlich ausgelegt werden können.« Unter Hinweis auf § sowieso des Gesetzblattes verlangte ich die sofortige Aufhebung der Beschlagnahme und die Auslieferung der Schokolade, von der wir überzeugt waren, dass die Zöllner sie schon längst aufgegessen hatten.

Es dauerte eine Weile, dann kam aus Ludwigslust ein Brief: »Sehr geehrter Herr Reinschüssel! Beschlagnahme aufgehoben. Hochachtungsvoll Unterschrift.«

Und kurz darauf traf tatsächlich die Cadbury Nuss-Schokolade ein, für die ich etwas Zoll, weniger als eine Mark, bezahlen musste. Man braucht sich also auch in einer Diktatur nicht alles gefallen zu lassen!

lm Sommer 1955 fuhren wir erstmalig in Richtung Westen. Von Leipzig ging es in einer Nachtfahrt über die innerdeutsche Grenze nach Frankfurt. Es war schon ein eigenartiges Gefühl, als der Zug in der Frühe auf dem Grenzbahnhof hielt und die Beamten den gut besetzten Zug bestiegen. Sie prüften die Ausweise, fragten nach dem woher und wohin und kontrollierten stichprobenweise auch das Gepäck. Obgleich wir nichts Verbotenes mitgenommen hatten, hofften wir doch, bei der Gepäckkontrolle übergangen zu werden, denn allein das wieder Einpacken war im Zug, in dem alle Sitzplätze besetzt waren, nicht ganz einfach. Dieses Gefühl habe ich auch bei allen späteren Auslandsreisen verspürt, obgleich ich eigentlich nie etwas vom Zoll zu befürchten hatte. Doch die Grenzbeamten verstanden es, obwohl sie immer höflich waren, in einem das Gefühl aufkommen zu lassen, man sei nur ein Mensch 2. Klasse und ihnen ausgeliefert – was ja auch stimmte.

An einem Abend kurz danach war in unserem Haus in der Schweriner Jahnstraße eine Hausversammlung anberaumt worden, und zwar bei einem Ehepaar, das ›dunkelrot‹ war – weshalb befürchtet werden musste, sie könnte zu einer Schulung über Marxismus-Leninismus (kurz M/L) ausarten. Um uns das nicht anzutun, hatten wir mit Liesel vereinbart, sie würde zur Versammlung gehen und ich in der Küche Fotos der Reise entwickeln. Sollte sie bis 1/2 10 noch nicht zurück sein, würde ich hochkommen und sie unter dem Vorwand, dass das Kind heftig weinte, in unsere Wohnung rufen. Ich war mit dem Entwickeln gerade fertig, als Liesel, wütend über den Quatsch, den sie auf der Versammlung gehört hatte, herunterkam. Sie sah die Bilder, die ich in Frankfurt/Main auf der Automobilausstellung von einem Mercedes-Benz 300 Sportwagen und einem Rennwagen der gleichen Firma gemacht hatte. Mit den Worten »Die muss ich denen da oben unter die Nase halten« ergriff sie die Bilder und verschwand. Nach einiger Zeit kam sie wieder und erzählte Folgendes:
Die Frau des Hauses war sichtlich beeindruckt von dem Gezeigten

und meinte: »Die sind aber schick, die sind bestimmt von hier (sie meinte in der DDR hergestellt).«

Worauf ihr Mann knurrte: »Ach Quatsch, die sind von drüben. Aber unsere sind viel besser.«

Da kann man nur sagen: Selig sind die Bekloppten, denn sie brauchen keinen Hammer. Zu bemerken wäre vielleicht noch, dass bei der Vergabe der Wohnungen in der sanierten Jahnstraße natürlich ›aufrechte Genossen‹ bevorzugt wurden. An Feiertagen, an denen geflaggt werden sollte, glich die Jahnstraße deshalb auch einem roten Fahnenmeer. Wir waren durch Zufall in diese Wohnung gekommen, haben uns nach allen Seiten abgeschottet und so mit einem dicken Fell die Jahre dort gut überstanden.

Im Spätherbst 1957 merkte Liesel, dass sie wieder schwanger war. Kurz vor der Entbindung fuhr sie auch dieses Mal nach Crivitz, denn die Schweriner Frauenklinik hatte damals wegen häufiger Brustentzündungen keinen guten Ruf. Dort erblickte am 3. Juni 1958 unsere zweite Tochter das Licht der Welt. Nun aber nicht mehr im Krankenhaus, sondern in der neuen Frauenklinik. Damit war unsere Familie komplett. Im Gegensatz zu ihrer Schwester weinte die Kleine häufig des Nachts und hat uns, besonders aber natürlich ihrer Mutter, in den ersten Monaten oft den Schlaf geraubt. Glücklicherweise bekam die Große davon kaum etwas mit, sondern schlief den ›Schlaf des Gerechten‹.

Wie bereits erwähnt, bestrafte die Sowjet-Armee ihre Angehörigen hart, wenn sie bei irgendwelchen Gesetzesübertretungen erwischt wurden, und zwar ohne Rücksicht auf den Dienstgrad des Betreffenden. Dafür ein Beispiel: Es war an einem Nachmittag, wohl schon nach Dienstschluss, denn ich war allein im Büro, als ich durch Lärm aus der Gaststätte in meiner Arbeit gestört wurde. Als ich an die Treppe ging, um nach der Ursache für den Krach zu schauen, bot sich mir ein erschreckendes Bild: Vor der Treppe lag ein Leutnant der Sowjet-Armee ohne Koppel und ohne Stiefel mit dem Kopf auf der ersten Treppenstufe und fluchte fürchterlich. Die Hände waren mit seinem Koppel gefesselt und auf ihm drauf saß ein Muschik, ein einfacher Soldat, der ihn zu beruhigen versuchte, was bei dem Volltrunkenen aber keinen Erfolg hatte. Nach einiger Zeit erschienen weitere Soldaten, packten den Offizier an Schultern und Beinen und trugen ihn zu einem Pritschenwagen, der inzwischen auf der Straße vorgefahren war. Wie ein Stück Vieh wurde er auf die Ladefläche geworfen und das Auto brauste ab!

Wie mir der Gaststättenleiter, der häufig sowjetische Offiziere als Gäste hatte, später erzählt hatte, war der Leutnant durch lautes Krakeelen unangenehm aufgefallen. Da er sich nicht beruhigen ließ und auch andere Gäste belästigte, rief der Leiter, wie schon häufig vorher, die Militärpolizei an. Die befand sich im gegenüberliegenden ›Haus der Offiziere‹ (ehemals ›Stadthallen‹) und reagierte auf derartige Anrufe prompt. In einer Unterhaltung über die Menschen in der Sowjetunion wird häufig von ›Russen‹ gesprochen, doch ist das nicht immer korrekt, wenn auch in vielen Fällen richtig. Die Sowjetunion war ein Vielvölkerstaat, in dem über 100 verschiedene Nationen lebten und eine der größten Lügen der Kommunisten war, in der UdSSR sei das Nationalitätenproblem erfolgreich gelöst worden. Obgleich Stalin selbst kein Russe, sondern Georgier war, war aber genau das Gegenteil der Fall, wie heute noch in der Tschetschenienfrage zu beobachten ist: Die dauerhaft schwelende Nationalitätenfrage, vornehmlich im Baltikum, in Mittelasien und den Kaukasusrepubliken, hat auch zum Zerfall der Sowjetunion beigetragen. Denn die Russen haben sich in allen diesen Ländern nicht wie Brüder, sondern wie Eroberer und Herren aufgespielt und es nicht verstanden auf die Menschen dort zuzugehen, Sympathien zu gewinnen und für die Sowjetunion und ihre Ziele zu werben.

Eines Tages kam unser Planungsleiter, auch ein ›Genosse um des Vorteils willen‹, mit dem ich mich aber trotzdem gut verstand, in mein Zimmer und druckste herum. Schließlich rückte er mit der Sprache heraus: Er sei von der Betriebsparteiorganisation (BPO) der SED beauftragt worden, mich für die SED zu werben. Zwar hatte ich das Angebot erwartet, verspürte aber keine Lust, ihr beizutreten. Nur wusste ich nicht, wie ich meine Ablehnung formulieren sollte, ohne meine berufliche Entwicklung zu gefährden. Denn ich war inzwischen Bilanzbuchhalter und Stellvertreter des Hauptbuchhalters geworden und traute mir durchaus zu, auch diesen Posten zu übernehmen. Im Laufe unserer Unterhaltung kam das Gespräch auch auf meine Herkunft und dabei erwähnte ich, dass mein Vater Mitinhaber einer Schuhfabrik mit etwa 100 Beschäftigten gewesen war. Einige Zeit später verließ mich der Kollege, ohne dass wir zu einem Ergebnis gelangt wären. Danach ist mit mir nie mehr über einen Beitritt zur SED gesprochen worden. So einen ›Kapitalistenhengst‹ wollte die Arbeiterpartei wohl nicht bei sich haben! Ich war über diese Entwicklung unendlich froh, denn einerseits bin ich mir nicht sicher, ob ich bei weiteren Versuchen mich zu werben standhaft geblieben wäre. Immerhin stand da auch Geld auf dem Spiel und ich hatte eine Familie zu versorgen. Andererseits habe ich mir damit wohl die Möglichkeit verbaut, Betriebsdirektor zu werden, es aber doch zum Direktor Ökonomie gebracht und nicht schlecht verdient.

Etwa um die gleiche Zeit fing bei uns ein neuer Leiter der Abteilung Arbeit an – ein etwas lauter, hemdsärmeliger Typ. Es dauerte nicht lange, da wurde er zum Sekretär der BPO (Betriebsparteiorganisation der SED) gewählt, hatte also das höchste Parteiamt im Betrieb inne. Zusammen mit seiner betrieblichen Funktion glaubte er sich befugt, sich in alle betrieblichen Belange einzumischen und Weisungen zu erteilen. Damit war eine Konfrontation auch mit mir vorprogrammiert, denn von der Buchhaltung hatte er nun wirklich keine Ahnung.

Eigentlich bilde ich mir ein, ein relativ friedlicher Mensch zu sein, der allerhand vertragen kann und sich nur schwer aus der Fassung bringen lässt. Einmal ist mir dann aber doch der Kragen geplatzt, als er etwas Unsinniges durchsetzen wollte, und ich habe ihn angebrüllt, dass zwar nicht die Wände gewackelt, einige Kollegen sich doch verwundert angesehen haben. Bei dem jungen Kollegen sind meine lauten Worte jedenfalls angekommen, denn nun wusste er, was er von mir zu halten hatte. Von dem Tage an haben wir uns gut verstanden und ich musste nie mehr laut werden. Daraus habe ich aber auch gelernt, dass Schreien gelegentlich doch nützlich sein kann.

Die Potjomkinschen Dörfer als Sinnbild für vorgegaukeltes Blendwerk sind allgemein bekannt. Fürst Potjomkin, ihr geistiger Vater, ist aber von den DDR-Oberen bei Weitem in den Schatten gestellt worden. Ostberlin war die größte Lüge auf diesem Gebiet, denn dort wurde den ausländischen Besuchern permanent ein real nicht existierender Wohlstand suggeriert, indem in den Berliner Geschäften Waren angeboten wurden, von denen die Menschen außerhalb der ›Hauptstadt der DDR‹ oft nur träumen konnten. Ähnlich war es zur Zeit der Messe in Leipzig. Wenn im März die Frühjahrsmesse bzw. im September die Herbstmesse nahte, dann merkten wir das besonders in den hiesigen Fleischereien. Denn um den Messebesuchern genügend anbieten zu können, wurden in der gesamten übrigen ›Ostzone‹ die Fleischkontingente gekürzt. Dies Von-der-Hand-in-den-Mund-Leben hat praktisch bis zur Wende und Wiedervereinigung angehalten, auch wenn es sich im Laufe der Zeit schwerpunktmäßig in Nuancen veränderte.

Ehrlicherweise kann kaum jemand behaupten, in der DDR gehungert zu haben. Andererseits war es aber auch nicht möglich einen Wochenspeiseplan aufzustellen, weil man nie wusste, was gerade im Angebot sein würde. Um den für die von uns geliebten baltischen Speckpiroggen notwendigen Speck zu bekommen, musste ich immer rechtzeitig eine Flasche ›Nordhäuser Doppelkorn‹ besorgen. Wenn Liesel dann die verpackte Schnapsflasche über den Ladentisch reichte, erhielt sie im Gegenzug den eingepackten Speck. Beziehungen waren eben alles!

Mit dem aufkommenden Fernsehen stellte sich auch in der DDR die Frage nach einem flächendeckenden TV-Angebot. Man entschloss sich, in Zippendorf einen Fernsehturm und daneben einen weiteren Turm für den Empfang mehrerer Rundfunkprogramme zu errichten. Der Bau des Fernsehturms war schon recht weit gediehen, als festgestellt wurde, dass bei der Planung vergessen worden war, für das im Turm vorgesehene Café eine Klimaanlage einzuplanen. Nun war guter Rat teuer. Um zu retten, was noch zu retten war, entschloss sich unser Direktor kurzfristig zu einem Besuch der Leipziger Messe, denn unser HO-Betrieb war als der künftige Nutzer des Cafés von der Schlamperei naturgemäß besonders betroffen. Er verabredete sich dort mit mir, weil ich vom Betrieb bereits zu einem Besuch der Messe delegiert worden war. Um möglichst vielen Kollegen die Möglichkeit zu geben sich vom ›unaufhaltsamen Fortschritt des Sozialismus‹ zu überzeugen, delegierten Betriebe aus der ganzen DDR alljährlich Mitarbeiter zum Besuch der Leipziger Messe. Fahrt- und Übernachtungskosten wurden erstattet und ein Tagegeld vom 7,00 Mark gezahlt. Auch wenn das Tagegeld bei den zur Messezeit üblichen Preisen nur einen Bruchteil der tatsächlichen Aufwendungen deckte, waren die Tage in Leipzig trotzdem immer interessant, aber auch anstrengend. Besonders als ich in Leipzig keine Unterkunft fand und in Halle übernachten musste. Da galt es schon ›kurz nach Mitternacht‹ aufzustehen und zum Bahnhof zu eilen. Die Fahrt mit der Bahn nach Leipzig dauerte etwa 30 Minuten. Vom Bahnhof ging es dann entweder in die verschiedenen Messehallen in der Innenstadt oder mit der Straßenbahn zum Messegelände. Abends wiederholte sich alles in umgekehrter Reihenfolge. Als ich 1960 mit dem Direktor dort war, konzentrierten wir uns aber auf die Liefermöglichkeit einer Klimaanlage für unser Turm Café. Es zeigte sich, dass so etwas nur im

VEB (Volkseigener Betrieb) Lufttechnische Anlagen Berlin-Lichtenberg produziert wurde. Als wir auf dem Stand dieses Betriebes vorsprachen und erklärten, dass die Anlage in drei Jahren geliefert werden müsse, weil das Café 1964 eröffnet werden solle, schauten uns die Leute dort nur mitleidig an und meinten, über einen so kurzfristigen Termin erübrige sich jede Diskussion. Sie könnten vielleicht in sechs bis acht Jahren liefern, früher auf keinen Fall! So kehrte unser Direktor unverrichteter Dinge nach Schwerin zurück. Statt der vorgesehenen Klimaanlage wurde nun eine Luftpumpe installiert, die Frischluft ansaugen und die verbrauchte Luft nach draußen befördern sollte. Weil die beiden Öffnungen aber zu dicht nebeneinanderlagen, wurde – wenigstens teilweise – die verbrauchte Luft wieder angesaugt! Bis zur Vereinigung ist dieser Zustand mit Sicherheit nicht verändert worden.

In den 50er-Jahren tauchten auch in Schwerin die ersten Fernsehgeräte auf. Natürlich nur in Schwarz-Weiß, das Farbfernsehen breitete sich in der DDR erst 20 Jahre später aus. Die Fernsehgeräte ›Dürer‹ und ›Rembrandt‹ besaßen aber nur Bildschirme in Postkartengröße und waren so teuer, dass eine Anschaffung für uns allein schon aus diesem Grund nicht infrage kam. Im Laufe der Zeit wurden die Bildschirme jedoch immer größer und da die Preise sanken, entschlossen auch wir uns zum Kauf eines Fernsehgerätes. Wir meldeten uns in einem Geschäft in der Helenenstraße (damals Karl-Liebknecht-Straße) an und harrten der Dinge, die da kommen sollten. Ende April 1960 wurden wir verständigt, das bestellte Gerät sei eingetroffen und am 30. April holte ich es ab. Zu Hause wurde es sofort ausgepackt und ausprobiert. Wir waren alle begeistert und besonders unsere ältere Tochter hat abends gern das Sandmännchen gesehen. Natürlich wollten wir nicht nur das DDR-Fernsehen, sondern auch das (West-)Programm der ARD sehen und so ließen wir uns eine Antenne auf das Dach setzen, die uns zwar keinen völlig einwandfreien, aber doch recht guten Empfang ermöglichte. Wir waren glücklich.

Mangelwirtschaft

Da beim Kauf des Fernsehgerätes auch von einer notwendigen Vorbe-
stellung die Rede war, soll nun auf ein in der DDR notwendiges Übel
eingegangen werden, das uns praktisch bis zur Wiedervereinigung
begleitete: Normalerweise geht man, wenn man etwas benötigt, in
ein Geschäft, das diesen Artikel führt und kauft ihn. Das setzt jedoch voraus, dass zwischen Angebot und Nachfrage ein ausgewogenes
und stabiles Verhältnis besteht, von dem in der DDR keine Rede sein
konnte. Hier hinkte bei vielen Artikeln das Angebot weit hinter der
Nachfrage hinterher. Allgemein bekannt ist, dass man, wenn man
ab der 60er-Jahre einen Pkw Trabant (›Trabbi‹) bestellt hatte, bis zu
15 Jahre auf seine Auslieferung warten musste. Das war mit unterschiedlichen Wartezeiten auch bei fast allen elektrischen Haushalts-
geräten der Fall. Als wir uns für eine Gefriertruhe anmeldeten, wurde
uns eine Wartezeit von etwa drei Jahren mitgeteilt. Wir erhielten eine
Nummer mit der Maßgabe, uns immer wieder in der Verkaufsstelle
zu melden, da die Auslieferung in laufender Reihenfolge geschehe.
Nach drei Jahren waren wir aber noch lange nicht dran und erhielten
die Truhe schließlich – nach gut 5 Jahren! Dieses Beispiel ließe sich
beliebig fortsetzen.

Wie war das möglich in einem Land, das nach eigenen Angaben zu
den führenden Industrienationen der Welt gehörte? Dafür gibt es
verschiedene Gründe. Zum einen hatte ich bereits erwähnt, dass die
Sowjetunion, die führende Macht im ›sozialistischen Weltlager‹, in
unbegrenztem Maße für fast alles aufnahmefähig war, was bei uns
hergestellt wurde. Dafür ein Beispiel: Ich benötigte für das Büro eine
extragroße Tasse, weil ich mir das Kaffeetrinken angewöhnt hatte und
früh sowie nach dem Essen gern meinen ›Pott‹ trank. Etwas Passendes
konnte ich aber nicht finden. So betrat ich bei einem Aufenthalt in
Moskau ein Geschäft in der Maxim-Gorki-Straße und fand da eine

Tasse, die genau meinen Vorstellungen entsprach. Ich kaufte sie, und als ich sie umdrehte, las ich auf dem Boden: *Farfor is GDR* (Porzellan aus der DDR). Die DDR musste also liefern ›ohne Rücksicht auf Verluste‹, die eigene Bevölkerung konnte warten. Die Sowjetunion war zum anderen aber auch bemüht, das von ihr gegründete kommunistische Imperium zu konsolidieren. Dazu vertiefte sie die wirtschaftlichen Beziehungen der einzelnen Länder untereinander und erhöhte dadurch die gegenseitigen Abhängigkeiten. Ferner sollte das kommunistische ›Weltfriedenslager‹ wirksam gegen alle Angriffe der ›imperialistischen Kriegstreiber‹ aus dem Westen geschützt werden können. Das führte zu einer unverhältnismäßigen Aufblähung der Militärhaushalte, die die finanziellen Möglichkeiten der Mitgliedstaaten bei Weitem überstieg, und hat letztendlich auch zum Ende des Kommunismus beigetragen.

Schließlich wollte die DDR auch am Welthandel teilnehmen. Da sie aber keine frei konvertierbare Währung besaß, musste sie ihre Importe entweder mit Valuten bezahlen, die ihr nur in geringem Umfang zur Verfügung standen oder über ein Clearing-Abkommen, d. h. durch Verrechnung mit eigenen Warenlieferungen. Die letztere Möglichkeit wurde zwar von den DDR-Oberen favorisiert, ließ sich jedoch nicht immer durchsetzen. In jedem Fall aber erhielt der Export der eigenen Erzeugnisse einen sehr hohen Stellenwert. Nach der Devise »Export geht vor Eigenbedarf« wurde alles exportiert, was nur irgend möglich war, ohne Rücksicht auf die Wünsche und den Bedarf der eigenen Bevölkerung! Auf der Leipziger Messe konnte man dann sehen, was alles in der DDR hergestellt wurde, aber nie in die eigenen Läden kam.

In einem Witz aus der damaligen Zeit hieß es dazu:
Walter Ulbricht kommt zur Inspektion in einen volkseigenen Betrieb. Der Leiter begrüßt ihn und meldet: »Genosse Ulbricht, unser

Betrieb hat seinen Plan erfüllt und die Ausschussquote[4] auf ein Prozent gesenkt.«

Darauf der SED-Obere: »Ausgezeichnet, aber reicht das auch für unsere Bevölkerung?«

Dass dieser Witz keineswegs aus der Luft gegriffen war, erlebte Liesel, die für ein Kind ein Paar dickere Strumpfhosen kaufte und dafür 30 Mark bezahlen musste. Zu Hause stellte sie im oberen, dickeren Teil einen Fehler fest. Naiv wie wir waren, glaubte sie bei diesem Preis eine einwandfreie Ware verlangen zu können und reklamierte deshalb am nächsten Tag im Geschäft.

Darauf meinte die Verkäuferin: «Aber liebe Frau, glauben Sie wirklich, ich hätte Ihnen diese Strumpfhose verkaufen können, wenn sie nicht den Fehler gehabt hätte?«

Bedingt durch dieses permanente Missverhältnis zwischen Angebot und Nachfrage konnte nicht mehr von einem Handel, sondern nur noch von einem Verteilen die Rede sein. Dadurch wurde die Position der Verkaufskräfte gewaltig gestärkt. Der Begriff ›UT-Ware‹ kam auf und gewann zunehmend an Bedeutung. ›UT‹ bedeutete ›unterm Tisch‹ und galt für Ware, die zwar offiziell nicht vorhanden, tatsächlich aber doch da war. Die Verkäuferin konnte diese Ware nun ›frei nach Schnauze‹ verteilen. Wenn ihr ein Gesicht nicht passte, hieß es »Ham wa nich.« Im anderen Falle erhielt der Kunde ein bereits eingewickeltes Paket mit der Ware. Häufig bekam die Verkäuferin als Gegenleistung ein Geschenk oder bei größeren und wertintensiveren Waren auch einen bzw. mehrere Scheine. Die Korruption blühte. Zu ihrer Bekämpfung wurde die Arbeiter- und Bauerninspektion (ABI) gegründet. Ihre Kontrolleure waren berechtigt die Lagerräume der Verkaufsstellen auf gehortete Waren zu überprüfen. Wenn sie fündig wurden, dann musste die Ware sofort ins Angebot gelangen. Das wiederum rief den Protest der Verkaufskräfte hervor, die auch für sich

---

4   Ausschuss-Produkte waren Produkte mit Fehlern, die nicht exportfähig waren und
    deswegen in der DDR verkauft wurden.

selbst Waren zurücklegten. Ihr Argument »Wenn wir schon etwas verkaufen, was nicht immer zu haben ist, dann wollen wir auch etwas davon haben«, entbehrte nicht einer gewissen Logik. Denn wie sonst hätten sie an die Ware kommen sollen?

Da die Mitarbeiter der ABI fast ausnahmslos Genossen waren, die sich nach den Weisungen der SED zu richten hatten, hielten sich ihre Ergebnisse in Grenzen. Denn auch die SED-Oberen wollten möglichst viel vom ›Großen Kuchen‹ abbekommen!

Die 60er-Jahre

Berufliche Entwicklung

Genau genommen besaß ich keine fachliche Ausbildung für meinen Beruf, sondern nur eine gewisse praktische Erfahrung. Bedingt durch Umsiedlung und Kriegsbeginn hatte ich die letzte Schulklasse in verkürzter Form durchlaufen und genau genommen ein Notabitur abgelegt. Danach kam ich zur Wehrmacht und als ich zehn Jahre später aus der Kriegsgefangenschaft heimkehrte, war ich schon 28 und das Geldverdienen stand für mich an erster Stelle. Ich hatte auch Erfolg, aber um beruflich weiterzukommen, war eine fachliche Weiterbildung in Form eines Studiums für mich unerlässlich. Inzwischen war ich aber 38 und hatte für eine Familie zu sorgen. Damit stand ein Direktstudium für mich nicht zur Debatte und es blieb die Möglichkeit eines Fernstudiums als einzige Alternative. Da seit meinem Abgang von der Schule bereits 20 Jahre vergangen waren, glaubte ich ein Hochschulstudium nicht erfolgreich abschließen zu können und meldete mich deshalb zum Wintersemester 1960 bei der Fachschule für Binnenhandel Dresden, Außenstelle Schwerin, an, was den großen Vorteil hatte, dass mir die Anreisen zu den Konsultationen und eventuelle Übernachtungen dort erspart blieben. Der Betrieb unterstützte meine Fortbildung, indem er mich bei vollem Lohnausgleich für die Veranstaltungen der Fachschule freistellte. Meine Bewerbung wurde angenommen und so fand ich mich im Oktober 1960 in dem damaligen Sitz der Außenstelle zur ersten Konsultation ein. Wir waren etwa 25 - 30 Frauen und Männer, fast alle wesentlich jünger als ich und kaum dem Schulalter entwachsen. Die Veranstaltungstermine wurden bekannt gegeben, erforderliche Unterlagen verteilt und die Vorlesungen begannen. Natürlich nahm dabei Marxismus/Leninismus (M/L) einen ebenso breiten Raum ein wie die politische Ökonomie

(Pol. Ök.) des Kapitalismus und des Sozialismus. Daneben wurde z. B. in den Fächern Deutsch und Mathematik altes Schulwissen aufgefrischt. Um sich auf die jeweiligen Veranstaltungen vorzubereiten, musste man zu Hause einiges tun. Dafür bot sich normalerweise die Zeit nach dem Abendessen an, wenn unsere Töchter im Bett lagen. Dann war ich aber gewöhnlich so geschafft, dass ich den Stoff nicht mehr aufnehmen konnte. Um beim Lesen nicht einzuschlafen, kniete ich auf einem Stuhl und stützte den Kopf mit den Ellbogen, die auf dem Tisch lagen. Auf Dauer brachte das aber auch nicht den angestrebten Erfolg und so entschied ich mich für eine andere Methode, die letztlich auch erfolgreich war: Ich ging früh schlafen und stellte den Wecker auf ½ 3 Uhr. Wenn der klingelte, stellte ich ihn sofort ab, sodass zwar Liesel, aber nicht die Kinder etwas mitbekamen. Dann nahm ich meine Sachen und ging ins Wohnzimmer. Dort konnte ich dann mehr als drei Stunden bis zum »normalen« Aufstehen gut lernen und das Erarbeitete auch behalten.

Die Bevölkerung der DDR hatte die Nase voll von diesem Staat und setzte sich deshalb in zunehmendem Maße in den Westen ab. Das geschah vornehmlich durch einen Übertritt nach Westberlin, weil es dort am einfachsten war. Viele nutzten aber auch Reisen in die Bundesrepublik, um dortzubleiben. Hauptgründe für diese Massenflucht waren Unzufriedenheit mit dem kommunistischen Regime und die ökonomische Entwicklung. Zwar ging es den Menschen in der DDR im Vergleich mit den anderen Staaten des Ostblocks relativ gut und sie hatten bis zur Vereinigung den höchsten Lebensstandard aller Ostblockländer. Die Bevölkerung hatte es aber satt dauernd angelogen und mit leeren Versprechungen abgespeist zu werden. Ein Blick nach Westberlin zeigte, was alles möglich war – auch für uns! Zumal die Menschen hier hart arbeiten mussten und das teilweise unter Bedingungen die katastrophal waren und bei denen kein Arbeiter in der Bundesrepublik auch nur einen Finger gehoben hätte. Dort aber gab es freie Gewerkschaften, die sich für die Belange der Werktätigen einsetzten. An der Spitze des FDGB und seiner Einzelgewerkschaften jedoch saßen ausnahmslos Genossen der SED. Wer dagegen die vom Politbüro der SED festgelegte Politik polemisierte, wurde ›zurechtgerückt‹ und wenn das nicht half, wurde er seiner Ämter enthoben und aus der SED ausgeschlossen. So einfach war das! Bei den Regierungsmitgliedern, einschließlich Ministerpräsidenten, war das im Übrigen nicht anders, denn die Politik wurde im Politbüro gemacht. Die Regierung musste sie nur umsetzen. Da die Bevölkerung sich mit dieser, ihr aufoktroyierten Politik, die keine andere Meinung zuließ, nicht identifizieren konnte, kam es zu der sogenannten ›Volksabstimmung mit den Füßen‹, indem die Massen das Land verließen.

In den Spitzenzeiten waren das über 30.000 Menschen in einem Monat. Das hatte natürlich Auswirkungen auf das Arbeitsgeschehen, besonders da in steigendem Maße hoch qualifizierte Fachkräfte abwanderten, die keine Perspektive mehr für sich sahen. Natürlich war auch der Gaststättenbetrieb von dieser Entwicklung betroffen und ich erinnere mich noch, dass ich einen Gaststättenleiter auf der Straße traf, der mit seinen Erlöseinzahlungen in Rückstand geraten war. Als ich ihn daraufhin ansprach, entschuldigte er sich mit Mehrarbeit. Im Übrigen sei er gerade auf dem Weg zur Bank, um das Versäumte nachzuholen. Dort kam er aber niemals an, sondern landete in Westberlin! Die Erlöse hatte er bewusst zurückgehalten, um sich damit ein Startkapital für den Neubeginn im Westen zu sichern.

Der Mauerbau

Das war die Situation, als sich Walter Ulbricht vor die Presse begab und erklärte, er habe erfahren, dass die westlichen Medien über einen Mauerbau an der Grenze berichteten. Dazu könne er nur sagen, die Betriebe in der DDR hätten Wichtigeres zu tun. Niemand denke daran, eine Mauer zu errichten. Ich habe ihm das damals auch geglaubt, weil ich mir nicht vorstellen konnte, dass sich ein Land einfach durch eine Mauer teilen lasse, und andererseits vermutete ich, die DDR könne sich einen derartigen Affront der westlichen Welt gar nicht leisten.

Ende Juli 1961 hatte ich Urlaub und wir fuhren mit unserer 7-jährigen Tochter nach Großschönau im Zittauer Gebirge. Die Bahnfahrt dorthin war zwar lang, aber insofern interessant, als die Bahnstrecke hinter Neugersdorf ein kurzes Stück über tschechisches Gebiet führte. Zwar hielt der Zug in Warnsdorf, es durfte aber weder ein- noch ausgestiegen werden, denn den kleinen Grenzverkehr gab es noch nicht.

Auf der Rückfahrt wollten wir unserer Tochter noch Berlin zeigen und hatten uns für einige Nächte bei unserer dortigen Bekannten angemeldet. Am 12. August fuhren wir zum Wedding. Damals waren die Petticoats groß in Mode – aber nur im Westen, denn der Osten tat sich schwer, die ›dekadente‹ Mode der westlichen Länder zu übernehmen. In einem Laden erblickten wir wohl Hunderte von Petticoats. Unsere Tochter war von dem Anblick, der sich ihr bot, sichtlich beeindruckt und meinte nach einer kurzen Pause: »Hier gibt es aber mehr zu kaufen als bei uns.« Sie durfte sich auch einen Petticoat aussuchen.

Am nächsten Morgen, es war Sonntag, der 13. August 1961, weckte uns unsere Gastgeberin mit der Nachricht, die Grenze nach Westberlin sei dicht. Niemand dürfe mehr hinüber oder herüber! Sie weinte, denn sie machte sich Sorgen um ihre Tochter, die sich in Westberlin befand. Sie lebte zwar bei ihrer Mutter, arbeitete aber im Westteil der Stadt und war mit dem dortigen Chef befreundet. Wie wir später erfuhren, gelangte die Tochter zurück in den Osten, packte alles Nötige zusammen und schaffte sogar wieder den Übertritt in den Westen. In den ersten Tagen war die Grenze wohl noch nicht ganz hermetisch geschlossen und bot deshalb für Ortskundige die Möglichkeit zum

Übertritt. Die Nachricht schockte uns natürlich, ohne dass wir sofort ihre ganze Tragweite erkannten.

Nach dem Frühstück beschlossen wir, uns erst einmal umzuschauen und die Lage zu erkunden. Auf der Friedrichstraße bot sich uns ein ungewohntes Bild: Kolonnen von Kampfgruppe-Angehörigen mit Gewehren bzw. MP1 marschierten auf der Straße in beiden Richtungen. Es war so laut, dass unseres Bleibens hier nicht sein konnte. Wir beschlossen deshalb mit unserer Tochter Angela den Tierpark in Friedrichsfelde aufzusuchen und machten uns auf den Weg zum S-Bahnhof Friedrichstraße. Dort angekommen, bot sich uns ein Bild, wie ich es noch nie erlebt hatte. Die ganze Bahnhofshalle war voller Menschen. Alle standen dicht an dicht, sodass die sprichwörtliche Nadel wirklich nicht hinunterfallen konnte. Die Fernbahnsteige sowie die S-Bahnsteige in Richtung Westen waren gesperrt, niemand durfte sie betreten, wie auch der Zugang zur U-Bahn nicht möglich war. Die Massen drängten nun zur Treppe, die auf den S-Bahnsteig in Richtung Osten führte. Wir mussten nur auf unsere Tochter aufpassen, sonst brauchten wir nichts zu tun, wir wurden einfach nach oben geschoben. Auf dem Bahnsteig bot sich uns das gleiche Bild. Menschen über Menschen, die auf eine S-Bahn warteten. Niemand wusste, ob oder wann ein Zug kommen und wohin er dann fahren würde, aber die Massen standen. Für uns war das Fahrziel uninteressant, denn alle Züge mussten über den Alexanderplatz fahren und dort wollten wir in die U-Bahn nach Friedrichsfelde umsteigen.

Irgendwann liefen Züge ein und in einem fanden auch wir Platz. Als wir am Alex den Zug verließen, war dort von dem Trubel schon nichts mehr zu spüren. Wir wechselten zur U-Bahn und erreichten bald den Tierpark. Das Wetter war gut und so schlenderten wir mit unserer Tochter einige Stunden durch die weiträumige Anlage. Im Laufe des Nachmittags machten wir uns auf den Rückweg, fuhren nach den

Erfahrungen des Morgens aber nicht mehr bis zur Friedrichstraße, sondern gingen vom Alex zu Fuß in unser Quartier. Die Heimfahrt verlief problemlos und erst zu Hause konnten wir uns vergegenwärtigen, was eigentlich passiert war. Ohne bereits jetzt alle Auswirkungen und Folgeerscheinungen erkennen und erfassen zu können.

Nach Kriegsende hatten auf dem Gebiet der DDR über 18 Millionen Menschen gelebt. Von ihnen waren mehr als eine Million Unzufriedener bis zum Mauerbau in den Westen geflohen. Einen derartigen Aderlass kann kein Staat verkraften und die DDR-Oberen konnten sich ausrechnen, wann der Staat bei diesem Fluchttempo völlig ausgeblutet sein würde. Also musste gegengesteuert werden. Da boten sich aber nur zwei Möglichkeiten an: Entweder entschloss sich die Regierung dazu, den Wünschen der übergroßen Mehrheit der Bevölkerung nachzugeben und die DDR zu einem demokratischen Staat umzugestalten, in dem das Leben für die Bürger auch lebenswert war, womit die Gründe für eine Flucht fortgefallen wären. Wenn sie dazu nicht in der Lage oder nicht Willens war, dann musste sie Tatsachen schaffen, die eine Massenflucht in der bisherigen Form unmöglich machten. Noch heute besteht keine endgültige Klarheit darüber, ob man – wie die früheren DDR-Mächtigen behaupten – in einem so großen Umfang von Moskau abhängig war, dass sie ohne Konsultation mit dem Kreml und dessen Zustimmung keine eigenen Beschlüsse fassen und schon gar nicht umsetzen konnte. Oder ob Ulbricht und Konsorten selbst die Idee mit der Mauer hatten, um so alle Fluchtmöglichkeiten für ihre Bürger auszuschalten. Egal wer der geistige Urheber dieses Bauwerks der Schmach und Schande auch war, in den folgenden gut 28 Jahren hat die Mauer das Leben der Menschen in der DDR nachhaltig geprägt, viele Familien auseinandergerissen und zur Entfremdung zwischen den Deutschen in Ost und West beigetragen.

Leben hinter der Mauer

Zweifellos haben die DDR-Oberen mit dem Mauerbau das von ihnen erstrebte Ziel erreichen können. Der Flüchtlingsstrom versiegte von einem Tag zum anderen und hat bis zur Wende – abgesehen vielleicht von den Tausenden, die im Spätsommer und Herbst 1989 die DDR über Ungarn oder die Tschechei verließen – nie mehr den Umfang der Zeit vor der Errichtung dieser Schandmauer erreicht. Auch wenn in den gut 28 Jahren des Bestehens der Mauer einigen Tausend Bürgern der DDR auf den verschiedensten Wegen die Flucht aus dem Unrechtsstaat gelang. Sei es mit Schlauchbooten, anderen zum Teil selbst gebauten Wasserfahrzeugen oder sogar schwimmend über die Ostsee, mit Flugzeugen oder einem selbst gebauten Ballon auf dem Luftweg, kehrten sie der DDR, die nicht ihre Heimat war, den Rücken. Es gab viele Versuche, die Grenze zu überwinden oder auch auf dem Umweg über ein Nachbarland in den Westen zu gelangen. Besonders beliebt war in diesem Fall Jugoslawien, weil man von dort ziemlich problemlos nach Österreich und weiter in die Bundesrepublik Deutschland reisen konnte. Die SED-Oberen reagierten darauf, indem sie Visa für Jugoslawien nur noch an besonders ›linientreue‹ und zuverlässige Bürger ausgeben ließen.

Eine erfolgreiche Flucht erforderte also eine sehr gründliche und realitätsnahe Planung und Vorbereitung, eine genaue Erkundung der Örtlichkeit sowie der Eigenheiten der Grenztruppen in dem für die Flucht vorgesehenen Bereich, Nerven›wie ein Drahtseil‹ sowie– last but not least– viel Glück! Es ist deshalb nicht verwunderlich, dass nur ein Bruchteil der Fluchtversuche erfolgreich war. Sehr viele Flüchtlinge – genaue Zahlen gibt es nicht – wurden am Grenzzaun erwischt oder, wenn die Flucht über einen anderen Ostblockstaat erfolgte, von den sozialistischen Nachbarn an die DDR ausgeliefert. In den meisten Fällen landeten sie dann in dem berüchtigten Zuchthaus Bautzen, wo sie unter menschenunwürdigen Bedingungen hausen mussten und schutzlos der Willkür des sadistischen Wachpersonals ausgesetzt waren. Erst Jahre später kam die Praxis des Freikaufens auf. Einige Hunderte aber mussten den Versuch in die Freiheit zu gelangen, mit ihrem Leben bezahlen. Sie ertranken in den kalten Fluten der Ostsee, wurden von den Minen am Grenzzaun zerfetzt oder von MP-Garben der Grenzsoldaten durchlöchert. Denn die Grenztruppen der DDR waren angewiesen jeden Versuch einer ›Republikflucht‹ zu verhindern. Wenn erforderlich auch mit Gewalt und ohne Rücksicht darauf, dass die Flüchtlinge unbewaffnet waren. Der Bundesgrenzschutz hat mehrere Fälle beobachtet, bei denen angeschossenen Flüchtlingen jede medizinische Hilfe versagt wurde, solange sie noch lebten. Erst nachdem sie hilflos verblutet waren, wurde ihr lebloser Körper abtransportiert.

So etwas erfuhren wir natürlich nicht aus unseren Medien, die nur Meldungen verbreiteten, die dem ›Wohle des Sozialismus‹ dienten. Allein schon aus diesem Grund war es zwingend erforderlich, alle sich bietenden Möglichkeiten zum Erlangen unabhängiger und objektiver Informationen zu nutzen. Jede von Rundfunk oder Fernsehen der DDR ausgestrahlte Nachricht musste vorher von der Abteilung ›Agitation und Propaganda‹ des Zentralkomitees der DDR ›abgesegnet‹ werden.

Die beiden Weltmächte USA und die Sowjetunion hatten so viel Respekt vor der atomaren Kraft des Gegners, dass jeder sich scheute, einen militärischen Konflikt vom Zaun zu brechen, der unabsehbare Folgen haben konnte. Dieses ›Gleichgewicht der Kräfte‹ hat Mitteleuropa die längste friedliche Periode seit langer Zeit beschert. Da die USA sich auch nicht direkt bedroht fühlten, beschränkten sie sich auf verbale Proteste und gaben sich mit der Zusicherung, dass ihre Rechte im Westteil Berlins nicht angetastet würden, zufrieden. Einschneidende und weitreichende Folgen hatten der Mauerbau und die ebenfalls verstärkte Grenzsicherung zwischen BRD und DDR aber für viele Familien im Grenzgebiet, die teilweise über Nacht getrennt wurden. Oder weil sie ›politisch unzuverlässig‹ sein sollten, im Rahmen der Aktion ›Ungeziefer‹ in wenigen Stunden Haus und Hof verlassen mussten und in einer anderen Gegend im Landesinneren angesiedelt wurden. Wenn sie dann die ihnen zugewiesene Unterkunft verließen, weil der Zustand dort nicht zumutbar war, dann verloren sie ihren Anspruch auf Entschädigung für das von ihnen zurückgelassene bewegliche und unbewegliche Eigentum.

Es dauerte nicht lange, da sahen sich die Kommunisten mit einem weiteren großen Problem konfrontiert, das eine schnelle Lösung erforderte: Es fehlte der Nachwuchs! Die Menschen in dem ›offenen Gefängnis‹ DDR sahen für sich keine Perspektive mehr und scheuten sich deshalb, Kinder in die Welt zu setzen, die kaum Zukunftsaussichten besaßen. So aber konnte der Aderlass durch die mehr als eine Million Flüchtlinge nie ausgeglichen werden. Im Rahmen einer Weiterbildungsmaßnahme der HO-G hörte ich in Kühlungsborn den Vortrag eines Professors der Demografie von der Uni Rostock zu diesem Thema. Er hatte die›Lebensbäume‹ von 20 ausgewählten Staaten untersucht. Normalerweise ähnelt der Lebensbaum einer Tanne mit einem durch die Geburten bedingten breiten Fuß, der sich nach oben hin bis zur Spitze verjüngt, weil immer mehr Menschen sterben. Keiner der untersuchten Staaten aber hatte, bedingt durch Krieg, Nachkriegsjahre sowie die massenweise Flucht in den Westen eine derartige›Wespentaille‹ wie die DDR. Denn abgehauen waren fast nur arbeitsfähige Menschen im mittleren Alter und durch die fehlenden Geburten war die Basis des Lebensbaumes nicht so breit wie erforderlich, um perspektivisch die Bevölkerungszahl auf gleichem Niveau halten zu können.

Es galt also kurzfristig wirksame Gegenmaßnahmen zu treffen. Da mit›Überzeugungsarbeit‹ nichts zu erreichen war, mussten andere Mittel gefunden werden. Als sehr effektiv erwiesen sich da finanzielle

Zuwendungen, denn die Gehälter der Beschäftigten erlaubten in der Regel keine großen Sprünge. Bei Gehältern, die in dieser Zeit kaum 600 Mark brutto im Monat überschritten, hatte eine einmalige Zuwendung von 1.000 Mark für jedes Kind schon einige Bedeutung. Darüber hinaus erfuhren ›kinderreiche Familien‹ ab dem 4. Kind eine besondere Förderung. Sie erhielten bevorzugt geeigneten Wohnraum und wurden auch bei der Verteilung von Mangelwaren besonders berücksichtigt. Diese Methode war, wie ich auch im Betrieb feststellen konnte, durchaus erfolgreich und trug entscheidend dazu bei, den Rückgang der Bevölkerung zu bremsen sowie später sogar langsam ansteigen zu lassen. Sie wurde allerdings hauptsächlich auf dem Rücken der älteren, alleinstehenden Frauen durchgesetzt, die nun über einen längeren Zeitraum Mehrarbeit leisten mussten. Denn die durch Schwangerschaft und Stillzeit der Kolleginnen ausgefallene Arbeit musste vom vorhandenen Personal ohne Neueinstellungen zusätzlich bewältigt werden. Zwar führte das zu wachsender Unzufriedenheit der Betroffenen, geändert aber hat sich trotzdem nichts.

In der Bundesrepublik hatte man schon frühzeitig die Bedeutung der Medien, insbesondere des Fernsehens, für die Information und Meinungsbildung der Bevölkerung erkannt. Um auch den Menschen in der DDR die Möglichkeit zum Empfang von der SED unzensierten Nachrichten zu geben, entstanden entlang der Zonengrenze mehrere Richtfunkmasten, die das Programm der ARD – damals der einzige TV-Sender in der Bundesrepublik – weit in die DDR ausstrahlten.

Die Antennenmasten auf den Dächern in Schwerin für den Empfang des› Westprogramms‹, deren Zahl von Tag zu Tag wuchs, richteten sich fast ausnahmslos nach Südwesten, wo die Richtfunkstelle Dannenberg das Programm der ARD übertrug. Durch die Nähe zur Zonengrenze war die Qualität des empfangenen Programms in Schwerin noch gut, nahm aber ab je weiter man nach Osten kam. In Vorpommern waren die Antennen deshalb vornehmlich nach Westberlin ausgerichtet, weil von dort ein besseres Bild empfangen wurde. In einigen Gegenden, wie der Elbsenke um Dresden, war, obgleich auf dem Ochsenkopf in Bayern, eine starke Station installiert wurde, kein Empfang der ARD und später auch der anderen Sender möglich. Deshalb sprach man von der Gegend um Dresden auch als vom ›Tal der Ahnungslosen‹, denn die Menschen dort waren ausschließlich auf den Rundfunk als unabhängige Informationsquelle angewiesen. Natürlich beobachteten die Kommunisten diese Entwicklung mit steigendem Unbehagen, sahen aber keine Möglichkeit dagegen einzuschreiten, solange die Grenze offen war. Denn jede restriktive Maßnahme hätte zu einem weiteren Ansteigen des Flüchtlingsstromes geführt. Nach dem Mauerbau aber war alles ganz anders.

An dieser Stelle muss ich näher auf unsere anderen Hausbewohner eingehen. Wie bereits erwähnt, war die Jahnstraße eine ›rote‹ Straße, was sich auch in der Nr. 10, in der wir lebten, fortsetzte. Da wohnte z. B. ein Ehepaar, etwa gleichaltrig mit uns, mit zwei Töchtern. Nicht unsympathisch und mit der Frau unterhielt sich Liesel schon mal. Der Mann aber war SED-Genosse und Hauptmann bei der Volkspolizei. Von ihm wird noch die Rede sein. Unter dem Dach lebte auch eine andere Familie, ebenfalls mit zwei Töchtern und auch in etwa dem gleichen Alter wie wir. Er war Feldwebel bei der NVA (Nationale Volksarmee) und natürlich auch SED-Genosse. Außer »Guten Tag und guten Weg« gab es zwischen uns aber keine nähere Verbindung. Eine halbe Treppe über uns lebte ein anderes Ehepaar. Sie arbeiteten bei der SED bzw. dem Rat der Stadt. Beide traten nach außen hin als 150 %-ige Kommunisten auf. Bei ihnen bin ich mir aber nicht sicher, wie viel Berechnung neben der Überzeugung ihr Handeln bestimmte. Daneben wohnten zwei echte Mecklenburger, die wesentlich älter als wir waren. Während er überzeugter Kommunist und Prolet in der negativen Bedeutung des Wortes war, machte seine Frau einen netten und freundlichen Eindruck. Sie hat wiederholt nach unseren Töchtern gesehen, wenn wir nachmittags oder abends unterwegs waren. Obgleich sie mit Politik ›nichts am Hut‹ hatte, haben wir ihr aber nur das DDR-Programm gezeigt, denn bei ihrem Mann hätte der Schuss nach hinten losgehen können. War es schon schlimm, wenn man den ›Schwarzen Kanal‹ – das Westfernsehen – einschaltete, viel schlimmer war, wenn man auch noch andere daran teilhaben ließ. Erwähnenswert ist in diesem Zusammenhang noch, dass wir einen gemeinsamen Keller mit den Nachbarn hatten. Wenn man den Raum betrat, standen unsere Lebensmittel auf der linken und die Lebensmittel der Nachbarn auf der rechten Seite. Das erforderte großes gegenseitiges Vertrauen, denn da Tiefkühltruhen erst später aufkamen und die Kühlschränke nur ein begrenztes Fassungsvermögen besaßen, lagerten im Keller viele Lebensmittel sowie Obst und Gemüse – besonders bei denen, die einen Garten besaßen.

Eines Tages im Herbst 1961 sprach der ältere Nachbar meine Frau im Keller an. In nicht sehr höflicher Form forderte er sie auf dafür zu sorgen, dass unsere Antenne nach Schwerin gedreht würde, damit wir nicht mehr mit dem ›Gift des Feindes infiziert‹ werden könnten. Liesel, nicht auf den Mund gefallen, erwiderte ihm, er solle sich in dieser Angelegenheit an mich, als den dafür Zuständigen wenden. Im Übrigen meinte sie sinngemäß: Jetzt spucke er große Töne! Die ›Westpakete‹, die seine Frau erhalte, sehe er aber auch gern. Das muss ihn tief getroffen haben, denn wie wir später erfuhren, verbot er daraufhin seiner Frau den Empfang weiterer Pakete. So verbohrt war der Kerl! Mit mir hat er sich übrigens über das Thema Antenne nie unterhalten. Da dieser Versuch, uns zum Drehen unserer Antenne zu veranlassen, gescheitert war, überlegten die Genossen wohl, wie sie uns auf anderem Wege ›überzeugen‹ könnten. Mein Arbeitsplatz bei HO-Gaststätten war bekannt und so wandte man sich an den Hauptbuchhalter der HO-Bezirksdirektion, der gegenüber von uns wohnte und informierte ihn, was für ›politisch unzuverlässige Elemente‹ bei der HO-G arbeiten würden. Er hängte sich daraufhin wohl ans Telefon und ersuchte den Direktor des Gaststättenbetriebes die Angelegenheit zu bereinigen. So klingelte es am 13. November vormittags an unserer Wohnungstür und der Direktor sowie der Handelsleiter und Parteisekretär (genannt der große und der kleine Herbert) verlangten Liesel zu sprechen. Ihre Aufforderung zum Drehen unserer Antenne wimmelte sie mit dem erneuten Hinweis ab, das sollten sie mit mir klären. Als der kleine Herbert sich aber dann zu der Drohung verstieg, falls ich darauf nicht reagieren sollte, müsste man über ›notwendige Konsequenzen‹ (sprich Entlassung) nachdenken, wies ihn der andere Herbert, der offensichtlich um einen Konsens bemüht war, aber zurecht. Schließlich gingen die beiden ohne greifbares Ergebnis fort.

Sie waren kaum gegangen, da zog sich meine Frau an und machte sich auf den Weg zu mir, um mich vorab über ihren Besuch zu informieren. Das war gut, denn so war ich vorgewarnt. Es dauerte auch nicht lange, da kam der Direktor und bat mich ihn nach Zippendorf zu begleiten, wo er etwas zu erledigen habe. Nun wusste ich aber schon, was mich tatsächlich erwartete. Dort angekommen, setzten wir uns im ›Strandhotel‹ in einen Raum, in dem wir allein waren, und er erklärte mir: Eigentlich sei es ihm völlig egal, was ich in meiner Freizeit täte und welches Programm ich einschalten würde. Nun sei diese Angelegenheit aber offiziell an ihn herangetragen worden, weshalb er sich leider mit ihr befassen und sie zu einem guten Ende führen müsse. Er appellierte an unsere bisherige gute Zusammenarbeit, bat mich, ihm nicht in den Rücken zu fallen und alles noch einmal gründlich zu überdenken. Nachdem ich ihm das zugesichert hatte, fuhren wir wieder zurück. Zu Hause überlegten wir uns mit Liesel alles noch einmal sehr gründlich und kamen zu dem Ergebnis: »Es hat keinen Sinn gegen den Strom zu schwimmen«, und es wäre wohl das Beste einzulenken. So ließen wir fünf Tage später unsere Antenne drehen.

Einen weiteren Tag danach, überreichten die Herren Nachbarn Liesel ein Pamphlet, das so ›schön‹ war, dass sie es sich aufgehoben und darauf die ganzen Daten vermerkt hat. Auf der ersten Seite des vierseitigen Machwerks liest man:

»Du wirst vergiftet allemal, siehst du das Bild im Westkanal.«

Daneben eine Ente, die unter jedem Flügel eine Flasche mit Gift verspritzt.

Darunter je ein ›Saboteur‹ und ›Agent‹ in Handschellen sowie ein ›Hamsterer‹, den ein Riesenpaket erdrückt. Im Inneren wird die Frage gestellt: »Sind Sie für den Frieden und eine gesicherte Zukunft Ihrer Kinder?« Und auch gleich beantwortet: »Ein Mensch, der nicht für den Frieden ist, ist nicht wert, Mitglied unserer Gesellschaft zu sein, weil er ein Kriegstreiber ist. Für solche Menschen, die sich auf eine Stufe mit dem größenwahnsinnigen ›Ausradierer‹ Strauß, den tausendfachen Mördern Speidel, Förtsch, Heusinger und dem Kriegsprovokateur Brandt stellen, ist in unserer Gemeinschaft kein Platz ...«

So geht es dann noch eine Weile weiter bis zum:

Mit freundlichen Grüßen!

Ihr Wohnbezirksausschuss.

Unterschrieben hatten zehn ›aufrechte Genossen‹, die alle im WBA mitarbeiteten und in unserer Nachbarschaft lebten.

Das Drehen der Antenne um genau 180 Grad hatte ich veranlasst in der Hoffnung, auf diesem ›Umweg‹ vielleicht doch etwas sehen zu können. Das erwies sich jedoch als ein Trugschluss. Nur an wenigen, atmosphärisch besonders günstigen Tagen bekamen wir ein – schwaches – Bild herein. So ließ ich die Antenne nach einiger Zeit ganz abbauen. Danach haben wir immer wieder versucht, mit mobilen Zimmerantennen in der Wohnung die ARD und später auch das ZDF zu empfangen. Mal lagen die – privat gebauten und unter der Hand erworbenen – Antennen auf dem Wohnzimmerschrank, ein anderes

Mal fast auf dem Fußboden. Die Erfolge hielten sich aber in einem bescheidenen Rahmen und so blieb für mehrere Jahre auch für uns der Rundfunk die einzige Verbindungsmöglichkeit zur ›großen, weiten Welt‹.

Im Februar 1962 erlebte Hamburg die große Flutkatastrophe, bei der als Folge eines ›Jahrhunderthochwassers‹ viele Deiche brachen und mehrere hundert Menschen, vorwiegend in dem von beiden Elbarmen eingeschlossenen Stadtteil Wilhelmsburg, ertranken. Wir in Schwerin waren von diesem Naturereignis nicht betroffen. Einige Zeit später aber trat bei uns ein junger Kraftfahrer seinen Dienst an, dessen Leben durch das Hochwasser und seine Nachwirkungen nachhaltig verändert wurde: Er hatte bei der Bundeswehr in Hamburg Dienst getan. Seine Einheit wurde auch in Wilhelmsburg zur Rettung von Menschen eingesetzt und als Anerkennung für ihre dort gezeigten Leistungen erhielten alle Soldaten einige Tage Sonderurlaub, die Reinhard bei seinen Eltern – sein Vater war Taxiunternehmer in Hamburg – verbrachte. Er war noch jung und unerfahren und so überschritt er eigenmächtig die Urlaubszeit. Eines Morgens – er stand gerade am Fenster und rasierte sich – sah er die ›Kettenhunde‹ von der Feldgendarmerie sich dem elterlichen Haus nähern. Wie er vermutete, um ihn wegen seiner Urlaubsüberschreitung abzuholen!

In einer Reflexhandlung stürzte er sich, ohne lange zu überlegen, in ein Auto seines Vaters und fuhr davon, denn von der Feldgendarmerie wollte er sich in keinem Fall verhaften lassen. Instinktiv fuhr er Richtung Osten und landete über die B5 am Zonengrenzpunkt Horst, wo ihn die Grenzer der DDR in Empfang nahmen. Sein Auto erhielt der Vater nach einer gewissen Zeit zurück, seinen Sohn aber sah er nie mehr wieder. Nachdem seine Flucht aus dem kapitalistischen Westen propagandistisch gehörig ausgeschlachtet worden war, kam er als Kraftfahrer zum HO-Gaststättenbetrieb Schwerin. Wir fanden Kontakt zueinander und er erzählte mir seine Geschichte. Alle seine

Versuche nach Hamburg zurückzukehren wurden abschlägig beschieden. Sogar zur Beisetzung seines Vaters, der Jahre nach der Flucht seines Sohnes in den Osten starb, erhielt er keine Reiseerlaubnis. Er musste sich also hier arrangieren, heiratete und hatte zwei Töchter. Die Ehe ging zwar nach Jahren auseinander, aber er – der nebenbei ein hervorragender Fahrer war – blieb Schwerin treu.

Etwa um die gleiche Zeit erhielt der Betrieb einen neuen Hauptbuchhalter. Der war vorher in gleicher Position in der GHG (Großhandelsgesellschaft) Gummi-Asbest tätig gewesen und ihm ging der Ruf voraus ein sehr strenger und korrekter Hauptbuchhalter zu sein, der auch Auseinandersetzungen nicht scheute. So war ich schon auf meinen neuen Vorgesetzten gespannt und besonders auf das, was er an Neuerungen mitbringen würde, denn jeder hat seine persönliche Auffassung von bestimmten Dingen, die er gern durchsetzen will. Es zeigte sich dann, dass der ihm vorausgeeilte Ruf im Wesentlichen zutraf und dass ich, trotzdem oder gerade deswegen, gut mit ihm auskam.

Für eine Familie mit zwei kleinen Kindern war unsere Wohnung mittlerweile zu klein geworden und so suchten wir seit geraumer Zeit auf dem Tauschweg eine 3-Zimmer-Wohnung, in der unsere Töchter ihr eigenes Reich haben sollten. Wir erhielten auf unsere Inserate wenige Antworten, denn die Wohnungslage in Schwerin war 18 Jahre nach Kriegsende immer noch katastrophal. Neuer Wohnraum war seitdem nur in ganz geringem Umfang entstanden, dafür verfielen aber die alten Häuser zusehends. Hinzu kam, dass die Bevölkerung Schwerins durch die vielen Flüchtlinge aus dem Osten von etwa 60.000 bei Kriegsbeginn auf gut 90.000 zu Beginn der 60er-Jahre angewachsen war. Diese Entwicklung wurde noch durch die Politik der SED gefördert, die der Industrie die absolute Priorität zuwies und dadurch die Menschen in die Städte zog. Wir haben uns viele Wohnungen angesehen, ohne dass es zu einem Tausch gekommen wäre. Auf das Wohnungsamt brauchten wir keine Hoffnungen zu setzen, denn für die Beamten dort besaßen wir ausreichend Wohnraum. Einmal glaubten wir endlich, den Tausch perfekt machen zu können. Die Frau sagte aber in letzter Sekunde ab, da sie eine alte Truhe nicht im Zimmer unterbringen könne. Wir mussten, da keine weiteren Offerten vorlagen, eine Pause in unseren Bemühungen um eine größere Wohnung einlegen.

Eines Tages ging ich wie gewöhnlich mittags zum Essen nach Hause. Der Weg führte mich wie üblich durch die Grüne Straße, an deren Kreuzung mit der Schliemannstraße sich eine kleine Verkehrsinsel mit einer Litfaßsäule befindet. In Gedanken versunken überschritt ich die Verkehrsinsel und wurde von einem heftigen Quietschen aufgeschreckt, als ich meinen Fuß von der Insel auf die Straße setzte. Als ich aufblickte, sah ich rechts von mir einen russischen Jeep, der die weite Kurve von der Werderstraße durchfuhr und sich mir in schneller Fahrt näherte. Dabei hatte der Fahrer wohl die Herrschaft über das Fahrzeug verloren, denn der Wagen geriet auf die linke Straßenseite, schleuderte, scherte mit dem Heck aus und das an der linken Seite angebrachte Reserverad traf mich im nächsten Augenblick voll auf der Brust, sodass ich durch die Luft geschleudert wurde und mich auf der Verkehrsinsel wiederfand. Zu meinem Glück saß ein sowjetischer Oberstleutnant im Wagen. Der ließ sofort anhalten, half mir mit dem Fahrer hoch, verfrachtete mich in den Jeep und ließ mich direkt ins Krankenhaus fahren. So befand ich mich schon gut fünf Minuten nach dem Unfall in ärztlicher Betreuung. Die Ärzte diagnostizierten Prellungen im gesamten Brustbereich, einen Schock, aber glücklicherweise keine Knochenbrüche. Wegen der Gefahr eines Milzrisses musste ich jedoch acht Tage im Krankenhaus bleiben.

Die Aufregung meiner Frau, als ich nicht zur gewohnten Zeit zum Mittagessen nach Hause kam, kann sich jeder unschwer vorstellen. Nachdem sie von der Polizei über den Unfall informiert worden war, besuchte sie mich sofort im Krankenhaus, um sich von meinem Befinden zu überzeugen. Bei einem ihrer nächsten Besuche im Krankenhaus teilte Liesel mir mit, sie habe Besuch von dem Ehepaar gehabt, mit denen wir schon fast die Wohnung getauscht hätten. Anscheinend hatte jemand aus der Nachbarschaft sich darüber aufgeregt, dass diese beiden älteren Menschen allein eine 3-Zimmer-Wohnung bewohnen würden. Aus Angst, man könne ihnen einen Untermieter hineinsetzen oder ihnen vielleicht sogar eine kleinere Wohnung zuweisen, die ihnen dann gar nicht zusage, wollten sie nun doch mit uns die Wohnungen tauschen.

Gegenüber der Wohnung in der Jahnstraße bedeutete es schon eine große Verbesserung, denn nun hatten unsere Töchter endlich ein eigenes Zimmer, in dem sie auch mal ›unter sich‹ sein konnten. Als sehr angenehm empfanden wir auch, dass wir weiterhin kein Gegenüber auf der anderen Straßenseite hatten und uns so niemand in den Suppentopf sehen konnte, denn auf der anderen Straßenseite befand sich der Garten der Frauenklinik.

Nun ein Wort zu unseren neuen Nachbarn, mit denen wir teilweise viele Jahre unter einem gemeinsamen Dach zusammenleben sollten. Schon beim Einzug bot uns die Frau über uns ihre Hilfe und Unterstützung an. Wand an Wand mit uns lebte eine andere Frau mit ihren vier Kindern. Zur Familie hatte natürlich auch ein Vater gehört, von dem zuerst aber gar nicht und danach nur bruchstückhaft die Rede war. Die ganze Wahrheit haben wir erst viel später in der hiesigen Schweriner Volkszeitung erfahren. Er war nach Kriegsende Lehrer in Schwerin und stand wohl dem Gedankengut von Ernst Lemmer aufgeschlossen gegenüber. Lemmer gehörte der CDU in Brandenburg an und setzte sich, als er spürte, dass er hier mit seinen Ideen nicht landen könne, aber nach Westberlin ab, wo er eine politische Karriere startete. Ob zwischen unserem Nachbarn und Lemmer überhaupt eine Verbindung bestand und wenn ja, wie fest sie war, ist nicht bekannt.

Allein die Möglichkeit ihres Bestehens ließ ihn für den sowjetischen Geheimdienst schon zu einem gefährlichen Mann werden, der ›aus dem Verkehr gezogen‹ werden musste. An einem sonnigen Morgen verließ er die Wohnung, um mit dem Fahrrad zur Schule zu fahren, traf dort aber nie ein! Alle Nachfragen seiner Frau bei den deutschen Behörden und der sowjetischen Besatzungsmacht blieben erfolglos. Niemand wollte ihn kennen und etwas über sein Schicksal sagen können.

Erst Jahre später erhielt seine Frau eine Mitteilung, dass ihr Mann gestorben sei, aber nicht wie, wo und wann. Aus den nach der Wende endlich von den Russen freigegebenen Akten ist zu entnehmen, dass unser Nachbar damals auf dem Weg zur Schule plötzlich von den Russen verhaftet und in das Gefängnis am Demmlerplatz eingeliefert worden war, wo er mehrere Monate in einer Zelle zubringen musste. Wegen angeblicher Spionage gegen die Sowjetunion machte man ihm dann den Prozess, verurteilte ihn zu einer mehrjährigen Zuchthausstrafe und schaffte ihn in die Sowjetunion, wo er an den Folgen der Drangsalierungen starb. Bis zur Wende aber wollte niemand etwas über das Schicksal dieses Mannes – und sehr vieler gleich gelagerter Fälle – wissen. Das nannte sich dann auch noch ein ›menschenfreundliches‹ Regime! Nur ganz gewaltige Hochachtung kann man vor seine alleingebliebene Frau haben, die – in der schweren Nachkriegszeit und unter diesen besonderen Bedingungen – ihre vier Kinder allein erziehen musste und es geschafft hat, ihnen einen erfolgreichen Start ins Leben zu ermöglichen.

Im Frühjahr 1964 beendete ich mein Fernstudium. Für die Abschlussarbeit, die ich Ende 1963 schrieb, war es von unschätzbarem Vorteil, dass wir schon umgezogen waren. So konnte ich sie im Wohnzimmer ungestört aufsetzen und anschließend auf der Maschine schreiben. Die Kinder hatten nun ihr eigenes Reich und Liesel war mit ihnen nachmittags häufig unterwegs. Zu Hause achtete sie darauf, dass der Krach nicht zu laut wurde. Zwar hatte ich auf ein ›Sehr gut‹ als Abschlussnote gehofft, es wurde dann aber nur ein ›Gut‹, weil mich der Examinator bei der mündlichen Abschlussprüfung im Fach ›Politische Ökonomie des Sozialismus‹ in die Enge getrieben hatte und ›Pol. Ök.‹ eines der Hauptfächer war. Im Endeffekt hat mich aber niemand nach meiner Note gefragt und ich war heilfroh, dass die ›Nachtschichten‹ endlich der Vergangenheit angehörten. Im Betrieb änderte sich durch meinen Abschluss zunächst nichts. Ich hatte nur die meiner Tätigkeit entsprechende Qualifikation erworben. Ausgang des Sommers verließ, was ich sehr bedauerte, der Direktor den Betrieb, um eine andere Funktion zu übernehmen. Der bisherige Hauptbuchhalter wurde Direktor, was bedeutete, dass nun der Posten des Hauptbuchhalters vakant war. Als man ihn mir antrug, musste ich eigentlich nicht lange überlegen, denn ich traute mir schon zu, dieser Position auszufüllen – besonders als ich mich gut mit dem neuen Direktor verstand und von ihm annahm, dass er als ehemaliger Hauptbuchhalter mir keine Schwierigkeiten bereiten würde. Im Übrigen bewies die Tatsache, dass man mich als Hauptbuchhalter haben wollte, obgleich ich nicht Mitglied der SED war (wenn auch nicht als Einziger innerhalb der HO), dass man Vertrauen in mich setzte. Natürlich spielte auch die finanzielle Seite eine Rolle und so sagte ich zu und trat am 1. September 1964 mein neues Amt an.

Bald aber traf der als ›harter Hund‹ bekannte neue Direktor Entscheidungen, bei denen ich nur den Kopf schütteln konnte und die sich überhaupt nicht mit seiner bisher verfolgten Linie in Einklang bringen ließen. Als ich ihn einmal daraufhin ansprach, meinte er: »Ja, weißt du, von meinem jetzigen Stuhl sieht manches aber ganz anders aus als vorher.«

So verständlich diese Einstellung vielleicht auch sein konnte, unsere Zusammenarbeit erleichterte sie keineswegs. Denn weil der Hauptbuchhalter oberstes Kontrollorgan im Betrieb war, sollte ich auf die Einhaltung der vorgegebenen Richtlinien achten. Es zeigte sich eben auch in diesem Fall der oft unüberbrückbare Widerspruch zwischen der kommunistischen Theorie und der Möglichkeit bzw. Unmöglichkeit ihrer Umsetzung in die Praxis. Fehlte es doch häufig an den primitivsten Voraussetzungen dafür!

Mit dem Eintritt in die Schule der jüngeren Tochter begann für meine Frau ein schwieriger Abschnitt. Einerseits kontrollierte sie, obgleich es sicherlich nicht erforderlich gewesen wäre, täglich die Schulaufgaben beider Töchter und half ihnen soweit erforderlich. Kinder sind aber nun einmal schusselig und da passierte es schon manchmal, dass die Mutter ein Kind in die Schule zurückschicken musste, weil es dort etwas vergessen hatte. Andererseits aber, und das war viel schwieriger, galt es für sie, die schlimmsten ideologischen Entgleisungen der Schule zurechtzurücken. Denn dort wurden sie praktisch vom ersten Schultag an ideologisch berieselt und waren dem kommunistischen Gedankengut schutzlos ausgeliefert. Die Roten hatten zwar richtig erkannt, dass der Jugend die Zukunft gehört, und dass der ›Sozialismus obsiegen‹ und die Jugend sich und seine Ideale zu ›begeistern‹ wird. Junge Pioniere (JP) und Freie Deutsche Jugend (FDJ) aber ›lockten keinen Hund hinter dem Ofen‹ hervor, waren für diesen Zweck also denkbar ungeeignet. Die ideologische Beeinflussung erfolgte aber auf vielen Wegen. Eben auch über die Schule. So kam unsere älteste Tochter eines Tages aus der Schule nach Hause und schockte ihre Mutter mit der ›Weisheit‹: Die Menschen im Westen sind schlecht und wollen den Krieg!

Da hieß es erst einmal tief Luft holen, durchatmen und überlegen. Antworten wie: Alles Quatsch, erstunken und erlogen, hätten nur unsere Tochter, die vor ihren Lehrern Respekt haben sollte, in arge Gewissenskonflikte gestürzt und, wenn sie Mutters Äußerung in der Schule ausgeplappert hätte, sogar das Interesse der Stasi wecken können, die ihre Nase in alles und jedes steckte. Da traf es sich gut, dass kurz vorher in Crivitz ein Paket von der Schwiegermutter meiner Schwester aus Plön im Westen eingetroffen war. Sie kannte von ihren Besuchen in Crivitz auch unsere beiden Töchter, legte in ihre Pakete häufig etwas für die hinein. So erklärte Liesel ihrer Tochter: »Sieh mal, du kennst doch Omi Dedat, die dir immer so schöne Sachen aus dem Westen schickt. Glaubst du wirklich, dass sie den Krieg will?«

Damit gelang es Liesel, ihre Tochter in ihrer festen Meinung schwankend zu machen, und sie davon zu überzeugen, dass keinesfalls alle Menschen im Westen für den Krieg sein könnten. Dieser Vorfall war aber beileibe kein Einzelfall, denn Liesel musste immer wieder Ungereimtheiten ausbessern, die ihre Töchter aus der Schule mitbrachten. Die ideologische Einflussnahme der Schule zeigt auch der folgende Witz aus dem Schulleben. Ausgangspunkt ist dabei die drastische Erhöhung der Erdölpreise durch die OPEC-Staaten, die sich auch in der DDR auswirkte. Denn unser Hauptlieferant für Erdöl, die Sowjetunion, stellte uns ihre Lieferungen zu steigenden Weltmarktpreisen in Rechnung. Deshalb wurde die Bevölkerung der DDR zu einem sparsamen Stromverbrauch aufgerufen:

In der Schule fragt die Lehrerin: »Erzählt mal, wie ihr zu Hause zum Stromsparen beitragt.«

Peter: »Meine Eltern achten darauf, dass alle Lampen ausgeschaltet werden, wenn wir einen Raum verlassen.«

Lehrerin: »Sehr gut! Noch jemand?«

Karin: »Bei uns brennt in jedem Raum nur noch eine Glühbirne, alle anderen haben meine Eltern ausgeschraubt.«

Lehrerin: »Ausgezeichnet. Gibt es weitere Beiträge?«

Da meldet sich Fritzchen und erzählt: »Bei uns werden sämtliche Lampen ausgeschaltet. Dann wird der Fernseher angemacht, auf den Westen eingestellt und nun sollen die zusehen, wie sie weiterkommen!«

Die Beeinflussung der Massen erfolgte auch über die Medien. Rundfunk und Fernsehen unterstanden staatlichen Komitees, die alle Beiträge, die ausgestrahlt werden sollten, vorher den ›Experten‹ im ZK der SED zur Begutachtung vorlegen mussten. Dort wurde entschieden, was gesendet werden durfte und was abzulehnen war. Das galt natürlich auch und besonders für die täglichen Nachrichtensendungen. Damit war gesichert, dass nur Nachrichten die Studios verließen, die inhaltlich voll dem von der SED verfolgten Kurs entsprachen. Während hier keine Konkurrenz vorhanden war, sondern die SED allein das gesamte Feld beherrschte, durften die in der ›nationalen Front des demokratischen Deutschlands‹ (NF) zusammengefassten Parteien eigene Zeitungen herausgeben. In den drei Nordbezirken waren das *der Demokrat* für die Ost-CDU und die *Norddeutsche Zeitung* für die LDPD (Liberal Demokratische Partei Deutschlands).

Die noch heute existierende *Schweriner Volkszeitung* (SVZ), eine ›Unabhängige Tageszeitung für das Land Mecklenburg-Vorpommern‹, nannte sich damals allerdings *Organ der Sozialistischen Einheitspartei Deutschlands, Bezirksleitung Schwerin.* Schon dieser Untertitel machte deutlich, was einen Leser dieses Käseblattes erwartete. Wir abonnierten den *Demokrat*, weil wir das ›Gesülze‹ in der *SVZ* nicht ertragen konnten. Aber natürlich durfte auch *Der Demokrat* nur Artikel bringen, die von der SED zensiert waren. In dieser Zeit gewöhnten wir uns daran, die Zeitung von hinten nach vorn zu lesen, den auf den letzten Seiten stand ›Lokales‹, das uns gelegentlich noch interessierte. Je weiter es nach vorn ging, desto schneller wurde umgeblättert, denn was die Kommunisten von der Weltpolitik hielten, wollten wir gar nicht wissen. Manchmal unterliefen aber auch den Zensoren grobe Schnitzer. Einen davon habe ich mir aufgehoben: In der Ausgabe von Sonnabend/Sonntag dem 14./15. November 1953 lautet die Schlagzeile: »West-Lügen entlarvt. Rostock lacht über Bericht zu ›Vergiftungswelle‹«. In dem Artikel werden angebliche Erkrankungen von Arbeiterinnen und Arbeitern der Fischkombinate Saßnitz, Rostock-Marienehe und Schwaan an Rotbarsch-Vergiftungen dementiert und erklärt, »dass in keinem der drei genannten Betriebe auch nur eine einzige Rotbarsch-Vergiftung vorgekommen ist.« Ein Artikel auf Seite 5 der gleichen Zeitung teilt unter der Überschrift ›Serum gegen Rotbarsch-Vergiftung‹ allerdings mit, dass es der Arbeitsschutzinspektion des Bezirkes Schwerin bisher nicht gelungen ist, die hohen Zahlen der Arbeitsunfälle zu senken. »Nachforschungen im Fischverarbeitungswerk Schwaan und im Kombinat Saßnitz ergaben, dass der Arbeitsausfall in der fischverarbeitenden Industrie vorwiegend auf Rotbarschvergiftungen zurückzuführen ist.« Aber nun sei es gelungen ein Serum zu entwickeln, das dieser Vergiftung vorbeugt! Kommentar überflüssig.

Erste Auslandsreise

Im August 1965 unternahmen Liesel und ich unsere erste gemeinsame Auslandsreise, die mir ein Wiedersehen mit meiner Geburtsstadt Riga brachte. Auslandsreisen waren damals noch etwas Neues und so wurde unsere Fahrt nicht von einem Reisebüro, sondern durch ein Chemnitzer Werkzeugmaschinenwerk (WMW) organisiert. Wir bestiegen am Nachmittag des 13. August in Berlin einen Schlafwagenzug. Das 4-Bett-Abteil teilten wir uns mit einem etwa gleich alten sächsischen Ehepaar, mit dem wir bis zum Schluss der Reise zusammenblieben. Denn bis auf die kurze Strecke von Minsk nach Wilna, die wir an einem Nachmittag bewältigten und den Rückflug von Moskau nach Berlin, fuhren wir immer nachts im Schlafwagen von einem Ort zum anderen. Es war schon ein eigenartiges Gefühl, als wir gegen Mitternacht zur Passkontrolle geweckt wurden, weil der Zug die polnische Grenze erreicht hatte. Im Laufe des folgenden Vormittags durchfuhren wir Westpolen, waren gegen Mittag in Warschau und erreichten am späten Nachmittag in Brest das Gebiet der Sowjetunion, wo wir einen zweistündigen Zwischenaufenthalt hatten und den Zug für einen Stadtbesuch verlassen mussten. Der Grund dafür war die Umstellung des Zuges von der in Europa üblichen Normalspur auf die Breitspur der Sowjetunion. Zu diesem Zweck wurde jeder Waggon einzeln angehoben, die Radsätze entfernt, die neuen Radsätze untergerollt, die Waggons auf sie hinabgesenkt und fest mit ihnen verbunden. Bei einem späteren Grenzübertritt an anderer Stelle durften wir während der ganzen Prozedur sogar im Waggon sitzen bleiben und uns die Welt von oben betrachten. Jetzt aber bekamen wir etwas von Brest zu sehen.

Was mir besonders, aber nicht nur dort, auffiel, war die große Sauberkeit. Als Erstes entdeckte ich auf dem Bahnsteig eine alte Frau, die mit einem Besen allen Unrat, der herumlag, in eine Spezialkonstruktion fegte, die sie in der anderen Hand trug. Da ich diese Sauberkeit auch in allen anderen Orten sah, die wir besuchten, wuchs meine Hochachtung vor den Sowjetmenschen, die ich als gar nicht so große Sauberkeitsfanatiker kennengelernt hatte. Erst viel später erfuhr ich, dass drakonische Strafen durch die Miliz, die örtliche Polizei, der Grund für diesen Sauberkeitsfimmel waren. Als die Bestrafungen nachließen, hörte auch das Sauberkeitsbewusstsein auf. Minsk, die weißrussische Metropole und heutige Hauptstadt Weißrusslands, die wir bei Dunkelheit erreichten, war im Krieg völlig zerstört worden, wovon aber nichts mehr zu sehen war. Nach Absolvierung eines umfangreichen Besuchsprogramms ging es weiter nach Wilna, der damaligen Hauptstadt der Litauischen SSR. Nach dem Ersten Weltkrieg hatten sowohl Litauen als auch Polen die Stadt für sich beansprucht. Damals war sie Polen zugesprochen worden und Kaunas (Kowno) wurde litauische Hauptstadt. Nach dem 2. Weltkrieg setzte Stalin für die Sowjetunion, die vom Eismeer bis zum Schwarzen Meer Geländegewinne beansprucht – und auch erhalten hatte – durch, dass Wilna wieder an Litauen fiel. Während unseres dortigen Aufenthaltes waren wir aber nicht in Wilna, sondern in Trakai untergebracht – einem kleinen Ort mit einer mittelalterlichen Burganlage. Unsere Unterbringung kann man nur als katastrophal bezeichnen. Waschen sollten wir uns im Keller des Hauses, bei dem es sich wohl um das Verwalterhaus eines früheren Gutes handelte. Im Hauptgebäude, in dem wir auch unsere Mahlzeiten einnahmen, waren andere Reisegruppen untergebracht. In dem uns zugewiesenen Waschraum stank es aber derartig penetrant nach Chlorkalk, dass wir, und mit uns die Mehrzahl der Fahrtteilnehmer, lieber zum See hinuntergingen und uns dort säuberten. Noch schlimmer waren die sogenannten Toiletten. So erledigten wir, was zu erledigen war, im Walde. Sicher alles andere als hygienisch, doch an uns lag es ja nicht! Dafür war das Essen wirklich gut.

Nach einer Besichtigung Wilnas, das mir durch seine zahlreichen Kirchen auffiel, bestiegen wir den Zug nach Riga, das ich nach 26-jähriger Abwesenheit wiedersehen sollte! In der Nacht habe ich nicht gut geschlafen und stand schon bald, nachdem es hell wurde, am Fenster. Wir überquerten die litauisch-lettische Grenze, die Gegend wurde vertrauter, im Morgennebel passierten wir Mitau, durchfuhren die Vororte und dann donnerte der Zug über eine Eisenbahnbrücke und lief in die Rigaer Bahnhof ein! In den folgenden Tagen habe ich mich weitgehend von der Reisegruppe getrennt, um Liesel die Stadt und den Strand zu zeigen.

Propaganda und Wirtschaft

Obgleich – ich habe es bereits erwähnt – die Kommunisten es nicht verstanden hatten, die Mehrheit der Jugend für ihre Ziele zu mobilisieren, wollten sie doch, dass alle Jugendlichen dann Mitglieder der kommunistisch gelenkten Jugendorganisationen Freie Deutsche Jugend – FDJ – wurden und übten zur Verwirklichung dieses Zieles massiven Druck auf die jungen Menschen und ihre Eltern aus. Teils offen, teils versteckt, denn es ging dabei auch um die berufliche Zukunft der Jugendlichen. Dieser konzentrierten Beeinflussung haben nur wenige Jugendliche widerstanden. Vornehmlich Kinder von Pastoren, die von den Kommunisten ohnehin nichts zu erhoffen hatten. Unsere Töchter waren sowohl bei den Jungen Pionieren als auch anschließend in der FDJ, allerdings mehr als nominelle Mitglieder und ohne wichtige Funktionen auszuüben. Denn Liesels Erziehung hatte mittlerweile Früchte getragen und sie den gewaltigen Unterschied zwischen der ›reinen Lehre‹ des Kommunismus und ihrer Umsetzung in die Praxis erkennen lassen. Auch hier bemühten wir uns wenigstens die schlimmsten Auswüchse zu beseitigen und hatten damit auch häufig Erfolg. So sollten die Kinder an einem kalten 1. Mai in ihren dünnen FDJ-Blusen an der SED-Prominenz auf dem Alten Garten in Schwerin vorbeimarschieren. Auf Liesels Proteste wurde dann gestattet, wenigstens noch einen Anorak anzuziehen!

Apropos 1. Mai: Alljährlich fanden am Vormittag dieses Tages auf dem Alten Garten große Vorbeimärsche vor den SED-Oberen des Bezirkes Schwerin statt, an denen alle Schüler, Sportler und sämtliche Werktätigen teilzunehmen hatten. Nichtteilnahme musste eingehend begründet werden, sonst waren negative Folgen für den Betreffenden zu befürchten. Manche waren im Erfinden von Ausreden recht einfallsreich. So sagte unser späterer Schwiegersohn seine Teilnahme in der Schule ab, weil er bei den Sportlern mitmarschieren müsse. Im Ruderverein aber entschuldigte er sich, weil die Schule Priorität habe! Und das hat auch geklappt.

Ob die Bonzen wirklich geglaubt haben, dass die Massen freiwillig und aus innerer Überzeugung für die ›höheren Ziele des Sozialismus‹ an ihnen vorbei defilierten? Wie man nach der Wende hören konnte, war das Ministerium für Staatssicherheit (MfS) recht gut über die

Stimmung im Lande informiert und hat sein Wissen auch an die SED-Spitze weitergegeben. Aber die konnte oder wollte einfach nicht glauben, dass ihre doch ›auf das Wohl des Volkes‹ gerichtete Politik so wenig Resonanz bei den Massen fand.

Von Anfang an bestand zwischen den atheistischen Kommunisten und den Kirchen ein unüberbrückbarer Gegensatz. Eingedenk der Macht der Kirchen haben die Kommunisten in der DDR aber nie auch nur den Versuch unternommen, die Kirchen ganz zu verbieten. Sie waren nur bemüht, den Einflussbereich der Kirchen weitgehend einzuschränken und ihr, wo es nur ging, empfindliche Nadelstiche zu versetzen. Kinder von Pastoren brauchten so gar nicht auf eine Zulassung zu einem Hochschul- oder Universitätsstudium zu hoffen, möglich war das nur für die in Rostock vorhandene theologische Fakultät.

Als Gegengewicht zur Konfirmation in der Kirche, führte die SED die allgemeine Jugendweihe ein. Laut Meyers Handlexikon von 1977, herausgegeben vom VEB Bibliographisches Institut Leipzig: »Feiern zur Aufnahme der Jugendlichen des 8. Schuljahres in den Kreis der Erwachsenen, verbunden mit dem Gelöbnis zum Sozialismus; vorausgehende Jugendstunden dienen der wissenschaftlich-weltanschaulichen Bildung und Erziehung.« Die Definition erläutert eindeutig den Zweck dieser Maßnahme – es sollten ›aufrechte Sozialisten‹ herangebildet werden. Die erste Reaktion der Kirche darauf war: Entweder Konfirmation oder Jugendweihe, ein Sowohl-als-auch kann es nicht geben. Von diesem extremen Standpunkt musste sie aber abrücken, weil der Druck der Regierung auf die Massen so groß wurde, dass sich nur wenige – darunter viele Kinder von Pastoren – trauten, ihm zu widerstehen. Auch unsere Töchter sind ›jugendgeweiht‹ und konfirmiert worden. Um die terminliche Überschneidung mit den ebenfalls im Frühjahr stattfindenden Jugendweihen zu beseitigen, verlegten die Kirchen ihre Konfirmationen in den August.

Im Übrigen aber gelang es den Kommunisten nicht, die Masse der Jugendlichen um sich zu scharen. Im Gegenteil! Z. B. durch spätere Aktionen wie ›Schwerter zu Pflugscharen‹ konnte die Kirche zunehmend interessierte Jugendliche gewinnen, was sich u. a. auch in einem sinkenden Durchschnittsalter der Kirchgänger zeigte. Die Kirchen in der Bundesrepublik unterstützten diese Entwicklung nach Kräften auf vielfältige Art und Weise. So übernahmen Gemeinden im Westen Patenschaften über Gemeinden in Ostdeutschland. Es gab aber auch individuelle Patenschaften mit direkter finanzieller Unterstützung oder den Versand von Paketen an Kirchenmitarbeiter mit im Osten begehrten Raritäten.

Alljährlich am 7. Oktober wurde in der DDR der ›Tag der Republik‹ gefeiert, zur Erinnerung an den 7.10.1949, an dem die DDR proklamiert wurde. Der Tag war gesetzlicher Feiertag und die Betriebe hatten, natürlich ›freiwillig und spontan‹, zu Ehren dieses Feiertages besondere Produktionsverpflichtungen abzugeben, in denen sie sich, über ihre Planziele hinaus, zur Erfüllung besonderer Leistungen verpflichteten. 1969 stand der 20. Jahrestag der DDR an, was natürlich ein besonderer Anlass für die Übernahme zusätzlicher Leistungen sein sollte. So verpflichtete sich die HO-Bezirksdirektion Schwerin zu diesem Tag eine neue Gaststätte in der Bezirksstadt Schwerin, die *Wernesgrüner Bierstuben* auf einem Gelände am Faulen See zu errichten und zu eröffnen. In Wernesgrün, einem kleinen Ort im Vogtland unweit von Auerbach, wird seit einigen Jahrhunderten ein gutes Bier gebraut, das auch in der ganzen DDR gern getrunken wurde. Wie so vieles anderes auch, war es in Schwerin fast nie und wenn doch, dann nur als sogenannte UT-Ware (unterm Tisch) zu erhalten. Die zu errichtende Gaststätte sollte diesen Missstand, zumindest für Schwerin, beseitigen. Denn zur Realisierung ihrer Verpflichtung hatte die HO-BD (Bezirksdirektion) einen Vertrag mit dem VEB Wernesgrüner Brauerei abgeschlossen, der eine kontinuierliche Belieferung der neu zu errichtenden Gaststätte mit dem begehrten Bier aus dem Vogtland absicherte. Die Gaststätte sollte nach ihrer Fertigstellung der ›HO-Gaststätten Schwerin‹ gehören.

So war ich darauf vorbereitet die Gaststätte nach Fertigstellung buchmäßig zu übernehmen, fühlte mich in der Bauphase aber zu Kontrollen weder berechtigt noch verpflichtet. In dieser Zeit – ich war mittlerweile über 15 Jahre in dem Betrieb HO-G Schwerin – passierte es immer häufiger, dass ich morgens auf dem Weg zur Arbeit überlegte, was ich tagsüber alles erledigen wollte und abends auf dem Heimweg feststellen musste, dass ich das und das und das wieder nicht geschafft hatte. Natürlich hatte das seine Ursachen: Inzwischen gehörte ich im Betrieb zum alten Inventar und wenn jemandem etwas nicht klar war, dann kam er zu mir in der Hoffnung, dass ich ihm helfen könne. So wurde ich im Laufe des Tages immer wieder in meiner Arbeit gestört, musste mich auf den/die Fragesteller/in einstellen, was eine kontinuierliche Arbeit doch sehr erschwerte. Außerdem hatten bei der HO-G Schwerin als einem Kreisbetrieb, sehr viele ›Herren‹ das Sagen. Alle meckerten, niemand sagte, wie es etwa hätte besser gemacht werden können, denn das hätte ja Nachdenken erfordert – und so war eine ungestörte Arbeit im Laufe des Tages fast unmöglich. Um dieser für mich absolut unbefriedigenden Situation zu entgehen, hatte ich mich entschlossen, abends nach Feierabend noch zu arbeiten, weil ich da von niemand gestört werden konnte.

Natürlich war meine Frau darüber nicht froh, denn an manchen Tagen sah ich die Kinder nur noch im Bett und überließ meiner Frau neben der gesamten Hausarbeit auch noch so manche kurzfristig zu fällende Entscheidung. Es gab deshalb einigen Disput zwischen uns und wir einigten uns schließlich darauf, dass ich spätestens um 20 Uhr zu Hause sein sollte. In dieser Zeit habe ich an manchen Tagen, weil ich nicht gestört wurde, mehr schaffen können als in der offiziellen

Arbeitszeit. Überstunden wurden mir als Hauptbuchhalter nicht vergütet, ich sollte sie abbummeln! Aber wann denn? Einige Zeit führte ich interne Aufzeichnungen über meine Mehrstunden, hörte dann aber damit auf, denn dadurch änderte sich auch nichts an meiner Situation. Noch war ich körperlich in der Lage das durchzuhalten. Aber wie lange?

So saß ich eines Abends gegen 18 Uhr – Dienstschluss war eine Stunde früher – in meinem Büro, als es an meiner Tür klopfte. Herein kamen zwei jüngere Männer, die sich als Leutnant und ein anderer Genosse von der Kriminalpolizei vorstellten. Der Grund ihres Besuches waren angebliche Unregelmäßigkeiten beim Bau der *Wernesgrüner Bierstuben*. Für den Bau seien vom VEB Baustoffversorgung Ludwigslust mit Lkws einige Tonnen Zement abgeholt worden, von denen aber nur ein Teil auf der Baustelle angekommen wäre. Von mir wollten sie wissen, wo die fehlende Menge gelandet sein könne. Darauf konnte ich ihnen aber keine positive Antwort geben, weil, wie vorhin erwähnt, die HO-Bezirksdirektion bei dem Bau federführend war. Im Laufe der Zeit sickerte dann durch, was da gelaufen war: Fast alle Baustoffe standen nicht in ausreichender Menge zur Verfügung, waren deshalb bei den bauwilligen Menschen heiß begehrt. So auch bei einigen Angehörigen der HO-BD, die gemeinsam mit Mitarbeitern der Stasi, für sich privat in Mueß Garagen errichten wollten. Da kam ihnen der Zement aus Ludwigslust gerade recht! Also machte der Lkw auf dem Weg von Ludwigslust nach Schwerin einen kleinen ›Umweg‹ und ›verlor‹ in Mueß einige Säcke. Weil an der Aktion auch die Stasi beteiligt war, gegen die man nichts unternehmen konnte oder wollte, schienen die Ermittlungen wie das Hornberger Schießen auszugehen. Bis, ja, bis ich eines Tages zum Direktor gerufen wurde, der mir wegen angeblicher Verletzung meiner Aufsichtspflicht als Hauptbuchhalter einen strengen Verweis erteilte. Denn nach Meinung des HO-Bezirksdirektors, eines ganz unangenehmen Zeitgenossen, auf dessen Betreiben ich auch den

Verweis erhielt, hätte mir auffallen müssen, dass Zement abgezweigt worden war. Obwohl nicht ich, sondern der Direktor Technik der HO-BD für den Bau verantwortlich war und ich nicht einmal die von dort bezahlten Rechnungen sah! Als der Direktor mir also das entsprechende Schriftstück übergab, zerriss ich es sofort, worauf er vorwurfsvoll meinte: »Das kannst du doch nicht machen!«

Ich erwiderte: »Ich kann noch was ganz anderes!« Denn für das Geschehen auf dem Bau konnte ich beim besten Willen nicht verantwortlich gemacht werden. Bei Kommunisten musste es, wenn etwas passiert war, aber immer einen Schuldigen geben und allzu häufig beschritt man da den Weg des geringsten Widerstandes. Danach ist auch nie mehr auf diesen Vorfall eingegangen worden.

Einige Jahre älter als ich und dem Namen nach ostpreußischer Herkunft, zählte auch der Direktor zu den ›Genossen, die nur um gewisser Vorteile willen, in die Partei eingetreten‹ waren. Mit seinem Opportunismus hatte er es aber immerhin bis zum Direktor eines HO-Kreisbetriebes geschafft. Leider hatte auch er eine große Vorliebe für den Alkohol, die in einem Gaststättenbetrieb verheerende Folgen haben konnte. Denn ihrem Direktor gegenüber waren die Gaststättenleiter aus nahe liegenden Gründen besonders großzügig und spendierten ihm gern einen und auch mehrere Schnäpse. Da konnte es leicht passieren, dass er nach einem oder mehreren Gaststättenbesuchen ›schnittenduhn‹ war. Da er seine Schwäche kannte und sich auch richtig einschätzte, sagte er zu seinem Fahrer: »Wenn du merkst, dass ich genug getrunken habe, dann fährst du mich nach Hause, unabhängig davon, was ich dir dann sage oder anordne!«

Das hat der Fahrer auch mehrfach getan.

Im Rahmen der allgemeinen Verbrüderung in den ›befreundeten Staaten des sozialistischen Weltfriedenslagers‹, wurden viele Verträge zwischen Städten und Kreisen, aber auch Betrieben der verschiedenen

Länder abgeschlossen. So war der Bezirk Schwerin mit der polnischen Wojewodschaft Bromberg (Bydgoszcz) verbunden und der Direktor reiste zu einem Besuch nach Bromberg. Bei seiner Rückkehr erzählte er mir völlig aufgelöst, dass ihm sein polnischer Partner ›unter allen Menschen in einem Café‹ folgenden politischen Witz erzählt habe: Gomulka (damals Staats- und Parteichef in Polen) erhält die Einladung zu einem Staatsbesuch in der Sowjetunion. In Moskau begrüßt ihn Chrustschow, der mit ihm einen Kindergarten besucht. Dort fragt er einen Jungen: »Wie heißt du?« – »Iwan.« – Chrustschow fragt weiter: »Wer ist dein Vater?« –Antwort von Iwan: »Die große Sowjetunion.« – »Und deine Mutter?« – »Die ruhmreiche kommunistische Partei.« Darauf schließlich Chrustschow: »Und was möchtest du werden?« Iwan antwortet: »Kosmonaut.« Beeindruckt von dem Gehörten kehrt Gomulka nach Warschau zurück, ruft seine ZK-Mitglieder zusammen und erklärt ihnen: »Was die in Moskau können, schaffen wir auch. Sorgt dafür! Erst wenn wir so weit sind, wird Chrustschow zum Gegenbesuch eingeladen.« Als es aber doch nicht klappt, legt Gomulka fest, dass die Kinder aller Mitglieder des ZK in einem Kindergarten konzentriert und geschult werden. – »Es wäre doch gelacht, wenn wir es dann nicht schaffen würden.« Und sie schaffen es. Also wird Chrustschow zum Gegenbesuch nach Warschau eingeladen. Gemeinsam besuchen sie den Kindergarten und Gomulka fragt einen Jungen: »Wie heißt du?« – »Ich heiße Antek.« – »Wer ist dein Vater?«, fragt Gomulka und erhält zur Antwort: »Mein Vater ist die Volksrepublik Polen.« Nächste Frage: »Wer ist deine Mutter?« Darauf Antek: »Meine Mutter ist die Partei der Arbeit (polnische KP).« Schließlich fragt Gomulka: »Was möchtest du denn einmal werden?« und erhält zur Antwort: »Vollwaise!«

Anfang 1968 hatte es in der Tschechoslowakei eine bedeutsame Veränderung gegeben. Der ›dunkelrote‹ Partei- und Landeschef Antonin Novotny wurde durch den Slowaken Alexander Dubcek abgelöst. Ein

Pragmatiker, der einen ›menschlichen‹ Kommunismus und mehr Unabhängigkeit von der ›Altherrenriege‹ in Moskau erstrebte. Unter dem Namen ›Prager Frühling‹ fand die Bewegung im ganzen Ostblocklager viele Anhänger, die sich endlich ein Ende der bedrückenden ›Diktatur des Proletariats‹ erhofften. Bei den Betonköpfen im Kreml konnte dieser Bewegung aber kein Erfolg beschieden sein. Nachdem Dubcek alle Versuche abgelehnt hatte, seinen ›konterrevolutionären‹ Ideen abzuschwören, rückten am 21. August 1968 kommunistische Truppen von allen Seiten in die Tschechoslowakei ein und besetzten, teilweise gegen den erbitterten Widerstand der Massen, das Land. Bezeichnend für die damalige Stimmung der Menschen war der Freitod des Studenten Jan Pallach, der sich aus Protest gegen die Okkupation des Landes auf dem Wenzelsplatz im Herzen von Prag mit Benzin übergoss und anzündete. Nach der Inhaftierung Dubceks brach der Widerstand zusammen und damit war, nach Ostberlin (1953) und Budapest (1956), auch der dritte Versuch gescheitert, das kommunistische Regime in Osteuropa zu beseitigen.

Meine Tätigkeit als Hauptbuchhalter brachte es mit sich, dass ich häufig mit der Kriminalpolizei zu tun hatte. Deren Chef meinte deshalb einmal im Scherz zu mir: »Es wäre einfacher, du wärest bei uns angestellt, denn hier bist du doch die meiste Zeit.«

Zur Erklärung muss gesagt werden, dass ich von fast allen Beamten der Kripo geduzt und auch als ›Genosse‹ angeredet wurde. Ich glaube gar nicht, dass sie vermuteten, ich sei in der SED, die Anrede war ihnen einfach schon in ›Fleisch und Blut‹ übergegangen. Ich weiß nicht, ob die Kriminalitätsrate in der Gastronomie besonders hoch war, könnte es mir aber durchaus vorstellen und glaube, dass der ständige Umgang mit dem Alkohol dabei eine gewichtige Rolle spielte. Wiederholt wurde ich von der Kripo gebeten, an Vernehmungen von Gaststätten-Angehörigen teilzunehmen, weil den Polizisten logischerweise Spezialkenntnisse in der Gastronomie fehlten.

Von einigen dieser Fälle soll im Folgenden die Rede sein: Im Schweriner Hotel *Reichshof* arbeitete ab 1. März ein junges Mädchen nach Beendigung ihrer Lehrzeit als Kellnerin. Da sie nicht in Schwerin wohnhaft war, hatte eine Mitarbeiterin aus der Bonkontrolle ihr eine Schlafstelle in ihrer Wohnung zur Verfügung gestellt. Nach einiger Zeit stellte die Kollegin das Fehlen verschiedener Sachen aus ihrem Schrank fest und fand bei einer Kontrolle im Zimmer des Mädchens Bestecke und andere Gegenstände, die eindeutig aus dem *Reichshof* stammten. Sie wurde deswegen angezeigt und an der folgenden Vernehmung nahmen auch der Hotelleiter vom *Reichshof* und ich teil. In deren Verlauf blätterte der vernehmende Beamte im Postsparbuch des Mädchens und fand dabei ab dem 1. März monatliche Einzahlungen in gleichbleibender Höhe, aber keine Abhebungen. Auf die Frage nach der Herkunft dieser Beträge erwiderte das Mädchen, das sei ihr Gehalt. Diese Antwort forderte natürlich die weitere Frage heraus, wovon sie denn lebe. Die Antwort des Mädchens überraschte damals auch mich: »Von den Trinkgeldern.«

Der Leiter des Reichshofs bestätigte aber, dass tägliche Trinkgelder von 25 Mark bei einer freundlichen und flotten Bedienungskraft zum Alltag gehörten, und das war damals echt ein zweites Gehalt. Das Mädchen gab danach seine Verfehlung zu.

Bis zum Krieg war es in den Gaststätten üblich, auf den Rechnungsendbetrag einen Bedienungsaufschlag von 10 Prozent zu erheben, d. h. der Kellner erhielt kein festes Gehalt, sondern wurde vom Gast direkt bezahlt. Von dieser Regelung kam man in der DDR ab; die Kellner erhielten neben ihrem festen Gehalt aber 1 Prozent vom selbst getätigten Umsatz (ohne Tabakwaren) als Leistungsprämie.

Eine weitere, ziemlich verbreitete Möglichkeit zu zusätzlichen Einnahmen zu gelangen, bestand für die kleineren Gaststätten im Bezug von kleineren Spirituosenflaschen á 0,35 l. Diese durften nur im ›Verkauf über die Straße‹ zum Ladenpreis abgegeben werden, weshalb die Gaststätte auch nur mit dem niedrigeren EVP (Einzelhandelsverkaufspreis) belastet wurde. Wenn man nun zwei kleine Flaschen in eine große 0,7 l Flasche umfüllte und die in der Gaststätte zum viel höheren GVP (Gaststättenverkaufspreis) ausschenkte, dann blieb die nicht kleine Gaststättenspanne in der Tasche des Leiters, ohne dass es bei einer Inventur zu einer Minusdifferenz gekommen wäre. Er musste nur darauf achten, eine kleine Anzahl an 0,7 l Flaschen auch offiziell zu beziehen, sonst hätte das auffallen können. Ich habe mehrere Fälle dieser Art bearbeiten müssen.

Die DDR setzte in der Wirtschaft auf die ›Kontrolle durch die Mark‹ – d. h. kein Betrieb verfügte über Eigenkapital, sondern war auf Kredite durch die Staatsbank angewiesen. Deren Höhe wurde jährlich neu festgelegt und negative Planabweichungen hatten zur Folge, dass das Kreditvolumen für den Betrieb nicht ausreichte. Auch überhöhte Warenbestände, die ja totes Kapital darstellten, rechneten zu den unerwünschten Abweichungen von der Planwirtschaft und ich hatte einen im Übrigen sehr fleißigen Gaststättenleiter deshalb auch schon mehrfach kritisiert. Er versprach dann immer Besserung – es änderte sich jedoch nichts. Eines Tages kam ein Mitarbeiter zu mir und zeigte mir den letzten Warenbericht der *Werderschänke*, der einen Sollbestand von über 60.000 Mark auswies und damit den Planbestand um mehr als 100 Prozent überschritt. Das langte mir! Mit dem Warenbericht ging ich zum Direktor und forderte ihn auf eine Blitzinventur zu veranlassen. Angesichts der vorgelegten Zahlen willigte er ein und bestellte die Inventurkontrolle für den nächsten Tag 8 Uhr zu sich. Um zu verhindern, dass der Wirt vorher gewarnt werden konnte, sagte er aber nicht, was vorgesehen sei.

Als am nächsten Morgen alle versammelt waren, gab er bekannt, wo die Inventur stattfinden solle, und ich fuhr mit den Prüfern zur Gaststätte hin. Die war zwar geschlossen, doch das Wirtspaar wohnte ganz in der Nähe und die Frau konnte bald eintreffen. Der Wirt selbst war unterwegs und wollte angeblich Erlöse bei der Bank einzahlen. In der Gaststätte bot sich uns ein trauriges Bild. Es war kaum Ware vorhanden, die schnell aufgenommen wurde, jedoch nur einen Bruchteil des Sollbestandes ergab. Noch aber gab es einen verschlossenen Raum, zu dem nur der Leiter den Schlüssel besaß. In diesem Raum musste sich also die Masse der Ware befinden. Kurz vor dem Mittagessen rief der Wirt aus der Stadt an. Seine Frau informierte ihn über den aktuellen Stand und forderte ihn auf, umgehend herzukommen, was er auch sofort versprach. Wer aber nicht kam, war der Wirt! Am frühen Nachmittag – inzwischen war auch der Direktor in der Gaststätte eingetroffen – wurde beschlossen die Tür zum Lager aufzubrechen, in dem Waren für etwa 50.000 Mark lagern müssten. Als wir den Raum betraten, erblickten wir aber nur leere Regale! Es fehlten also fast 50.000 Mark, wie die schnell abgeschlossene Inventur ergab. Vom Wirt selbst war immer noch nichts zu sehen, als wir uns verabschiedeten und nach Hause gingen.

Es war kurz nach Mitternacht, als ich von einem Geräusch am Fenster geweckt wurde. Ich stand auf, ging ans Fenster und erblickte einen meiner Kollegen, der Steinchen ans Fenster geworfen hatte. Er solle mich abholen, sagte er und ins VPKA (Volkspolizei-Kreisamt) fahren, wo jetzt der Wirt vernommen werden solle. Der war am späten Abend der Besatzung eines Streifenwagens aufgefallen, die ihn, da nach ihm gefahndet wurde, festnahm und im VPKA ablieferte. Angeblich war er auf dem Weg zum Platz an der Schelfkirche, um sich an einem der dortigen Bäume aufzuhängen. Sicherlich aber nur eine Schutzbehauptung, auch wenn er einen Strick bei sich trug. Seine Vernehmung, der ich nun beiwohnte, dauerte bis zum Morgen, erbrachte aber nichts Neues. Bei einer Hausdurchsuchung wurden weder Geld noch Waren gefunden. Angeblich hatte er bei seinen häufigen Zusammenkünften mit Gleichgesinnten immer den starken Mann‹ markiert und alle freigehalten, doch konnten damit keineswegs die fehlende zigtausend erklärt werden. Es kam zu einer Gerichtsverhandlung, in der der Wirt wegen Unterschlagung sozialistischen Eigentums zu vier Jahren Gefängnis verurteilt wurde. Schon nach wenigen Monaten aber war er wieder auf freiem Fuß! Nun langte das aber seinen früheren Arbeitskollegen, die vermuteten, er sei ein Stasispitzel und deshalb so schnell entlassen worden. Sie forderten deshalb die zuständige Staatsanwältin auf, vor dem Kollektiv die Gründe für seine schnelle Entlassung darzulegen. Die erschien auch und führte den angeblich angegriffenen Gesundheitszustand als Hauptgrund für die vorzeitige Entlassung an. Das nahm ihr zwar niemand ab, es traute sich aber auch niemand sie der Lüge zu bezichtigen, denn man konnte ihr nicht das Gegenteil beweisen. Er war wohl doch ein IM der Stasi gewesen. Um aus der Schusslinie zu geraten, zog er bald nach Sternberg um, und ich habe ihn danach aus den Augen verloren.

Um sich kurzfristig einen Überblick über das Geschehen in den Gaststätten am Wochenende zu verschaffen und fehlende Waren möglichst rasch herbeischaffen zu können, wurde bei HO-G ein Wochenenddienst eingerichtet, zu dem alle männlichen Leitungsmitglieder, also auch ich, eingeteilt wurden. Der Dienst begann theoretisch am Freitag nach Dienstschluss und endete am Montag bei Dienstbeginn. In der Praxis war es aber so, dass ich am Freitagabend nur wenige Gaststätten aufsuchte, am Nachmittag des Sonnabends die Masse der kleinen Objekte und mich am Abend auf die Tanzgaststätten konzentrierte. Gern saß ich nach Mitternacht in den HO-Festsälen (Ehemals: Astoria), einem etwas zweifelhaften Lokal mit teilweise aber guten Tanzkapellen. Dort kreuzten nach Dienstschluss viele Kellner aus unseren anderen Gaststätten auf, um sich die nötige ›Bettschwere‹ zu holen. Deren Leiter war einige Jahre ein großer kräftiger Mann, der leider auch nicht dem Alkohol widerstehen konnte. Er hatte sich, wie er mir mal erzählte, auf Boonekamp spezialisiert, von dem er allabendlich bis zu 18 Gläser trank. Am nächsten Morgen inhalierte er dann ein Glas Milch, spuckte anschließend alles wieder aus und dann ging es auf ein Neues! Es kam auch bei ihm, wie es kommen musste: Aus gesundheitlichen Gründen musste er seinen Dienst quittieren. Bei einem späteren Treffen sagte seine Frau zu mir, sie habe jetzt einen neuen Mann. Nachdem er nicht mehr täglich mit dem Alkohol konfrontiert wurde, ging es auch ohne ihn. Er starb trotzdem sehr früh. In Schwerin hatte der Gaststättenbetrieb mittlerweile über 50 Objekte, die zu Fuß unmöglich aufgesucht werden konnten. Wenn ich Dienst hatte, dann musste mich deshalb immer ein Kollege fahren.

Auf Dauer widerstrebte es mir aber, ihm ständig die Wochenenden zu versauen, und ich entschloss mich deshalb die Fahrerlaubnis (Führerschein war in der DDR völlig unpassend!) zu erwerben. Obgleich ich weder ein Auto besaß noch mich für den Kauf eines Wagens angemeldet hatte. Das war aber leichter gesagt als getan, denn auch die einzige zugelassene – natürlich volkseigene – Fahrschule hatte lange Wartelisten. Zum Glück war die Frau von meinem Chef beim Kraftverkehr angestellt und konnte mich auf der Liste nach oben setzen. So kam ich bald zum Unterricht. Mein Fahrlehrer war ein ausgemachtes Ekel, der alle Schüler schikanierte. Das merkte ich aber erst, als ich mich mit den anderen Fahrschülern unterhielt und merkte, dass sie alle die gleichen schlechten Erfahrungen gemacht hatte wie ich. Natürlich hatten das fehlende rechte Auge und der dadurch nach rechts begrenzte Gesichtskreis bei meinem Fahrverhalten eine Rolle gespielt, der neben mir sitzende und dauernd meckernde Fahrlehrer verunsicherte mich aber ständig. Sogar bei der Fahrprüfung konnte er es nicht lassen ›seinen Senf‹ beizusteuern. Ich habe die Prüfung trotzdem bestanden. Bei einem Wochenenddienst kreuz und quer durch Schwerin kamen schon mal 100 Kilometer zusammen. Trotzdem habe ich nie die nötige Autofahrroutine erworben und könnte bei dem heutigen Verkehr nicht mehr fahren.

In diesem Frühjahr 1969 war unsere ältere Tochter in der 8. Klasse und hatte Jugendweihe. Ich habe bereits erwähnt, dass wir aus Furcht vor möglichen negativen Folgen für unsere Töchter, die Kinder an der Jugendweihe teilnehmen ließen. In einer Feierstunde im Saal des VPKA wurden die Jugendlichen in die ›Gemeinschaft der Erwachsenen‹ aufgenommen und mussten geloben, fest zu ihrem ›sozialistischen Vaterland‹ zu stehen. Anschließend führen wir vier nach Zippendorf, wo uns im Strandhotel eine viel zu scharf gebratene Leber serviert wurde. Das war's für uns dann auch. In vielen anderen Familien aber wurde dieser Tag festlich begangen und die ›Jugendgeweihten‹ erhielten Geschenke, deren Wert von Jahr zu Jahr stieg und schließlich, je nach Finanzkraft, für viele Familien nicht mehr erschwingliche Höhen erreichte, weil jeder den anderen übertrumpfen wollte. Am 25. August 1969 wurde unsere ›Große‹ dann in der Schelfkirche konfirmiert. Dazu hatten wir uns trotz der unterschiedlichen Konfessionen entschieden. Wir wollten unseren Kindern sowohl auf konfessionellem Gebiet als auch bei ihrer Aus- und Weiterbildung alle uns möglichen Voraussetzungen für einen erfolgreichen Eintritt ins Leben schaffen. Nachher verbrachten wir mit unseren Gästen aus nah und fern einen angeregten Nachmittag und Abend. Unseren Gästen aus der Bundesrepublik muss hoch angerechnet werden, dass sie die Strapazen dieser Reise auf sich genommen haben! Denn, auch wenn Besuche von West nach Ost nun genehmigt werden konnten, musste man immer mit Schikanen durch Zoll und Grenztruppen rechnen.

Heute wissen wir, dass Konrad Adenauer, der erste Kanzler der Bundesrepublik Deutschland, nie ernsthaft an einer deutschen Wiedervereinigung interessiert war, weil er befürchtete, den Sowjets dabei zu große Zugeständnisse machen zu müssen. Eine Politik, die auch von seinen Nachfolgern Erhard und Kiesinger fortgesetzt wurde. Eine Änderung trat erst ein, als der Sozialdemokrat Willy Brandt 1969 Bundeskanzler wurde. Schon als Außenminister hatte er sich ab 1966 für eine Politik der schrittweisen Annäherung eingesetzt und führte diese nun kontinuierlich weiter fort. Sein legendärer Kniefall vor dem Denkmal für die im Krieg Umgekommenen in Warschau war symbolisch für die neue Ostpolitik der Bundesrepublik, die nun zielstrebig auf einen Abbau der Spannungen zwischen den beiden großen Lagern in Europa hinarbeitete und damit auch für die Menschen in der DDR manche Vorteile brachte. Zuerst in Berlin, doch danach auch in der gesamten ›Ostzone‹ oder ›sog. DDR‹ – wie die Springerpresse bis zum Schluss schrieb. Unter Willy Brandt kam es auch zu der ersten Begegnung mit Willy Stoph, dem Ministerpräsidenten der DDR. Zuerst in Erfurt, wo Tausende die Absperrungen der Volkspolizei durchbrachen, und unter seinem Hotelfenster begeistert »Willy, Willy!« riefen. Obgleich diese Besuche nicht sofort konkrete Ergebnisse brachten, was realistischerweise auch nicht zu erwarten war, so standen sie doch am Beginn einer Entwicklung, die 20 Jahre später zur Wiedervereinigung führte.

Zum 1. Januar 1970 wurde der Gaststättenbetrieb umstrukturiert. Allerdings nicht er allein, der Umbau erfolgte im Rahmen einer allgemeinen Veränderung. Mir wurde in dem neuen Betrieb ›HO-G Schwerin Stadt‹ der Fachdirektor Ökonomie angetragen, den ich nach reiflicher Überlegung annahm. Meine Entscheidung für die Ökonomie fiel vor allem aus zwei Gründen: Erstens war das neue Arbeitsgebiet mir aus meiner bisherigen Tätigkeit schon weitgehend bekannt und die Abgrenzung der Aufgaben mit der neuen Hauptbuchhalterin erschien nicht problematisch. Zweitens aber – und das war für mich eigentlich ausschlaggebend – konnte ich als Fachdirektor wieder selbst kündigen. Nun musste ich nur noch eine passende neue Arbeitsstelle finden und konnte dann kündigen. Die spätere Entwicklung hat die Richtigkeit meiner Entscheidung bestätigt.

Berlin war, ich hatte es bereits erwähnt, das größte ›Potjomkinsche Dorf‹ der DDR und blieb es auch bis zur Wende. Wenn jemand von uns im März oder April dienstlich nach Berlin fuhr, dann hatte er gewöhnlich eine Reihe von Aufträgen seiner Kolleginnen und Kollegen mit, die ihn gebeten hatten, Gurken und Tomaten für sie mitzubringen. Etwas, was um diese Jahreszeit in den Obst- und Gemüse Verkaufsstellen der DDR nicht zu sehen, in Berlin aber reichlich vorhanden war. Einige Geschäfte rund um den Bahnhof Berlin-Lichtenberg, an dem die meisten Züge aus den Bezirken endeten, hatten sich schon darauf eingestellt und beide Artikel entsprechend geordert.

Wer behauptet, er habe in der DDR gehungert, der hat maßlos übertrieben oder bewusst die Unwahrheit gesagt. Richtig ist jedoch, dass man keinen Wochenspeiseplan aufstellen konnte, weil man nie sicher war, was gerade im Angebot sein würde. Es stimmt auch, dass man in Berlin manches kaufen konnte, was man in der DDR kaum zu Gesicht bekam und wenn ja, dann nur als UT-Ware. So hatte ich mal in Berlin zu tun und fuhr mit unserem Dienstwagen hin. Aber mit Fahrer, denn so eine lange Strecke bin ich nie selbst gefahren. Außerdem muss das vor der Ölkrise gewesen sein, denn danach waren Autofahrten über die Bezirksgrenze hinaus verboten. Da es sich zeitlich machen ließ, begleitete Liesel mich und schlenderte, während ich meine Termine wahrnahm, durch das Kaufhaus am Alexanderplatz. Dort gefiel ihr ein Kaffeeservice für sechs Personen, das sie in dieser Form in Schwerin nicht gesehen hatte. Sie kaufte es, und der Rest (zwei Tassen sind inzwischen zerbrochen) steht für den internen Gebrauch immer noch im Küchenschrank.

Die 70er-Jahre

Neue Herausforderungen

Von der Devisenarmut der DDR war bereits die Rede. Nun bot sich durch die neue Ostpolitik der Bundesrepublik unter Willy Brandt aber die Möglichkeit an die dringend benötigte D-Mark heranzukommen. Denn der Verkehr von der Bundesrepublik nach (West-) Berlin nahm zu und auch die Zahl der Reisenden aus dem Westen, die Verwandte im Osten besuchen wollten, stieg von Jahr zu Jahr. Um ihnen einen Anreiz zu bieten, ihr Geld hier auszugeben, wurden an den Transitstrecken nach Berlin Intershop-Verkaufsstellen eröffnet, in denen die bundesdeutschen Reisenden Waren für D-Mark einkaufen konnten, und zwar – um die Sache attraktiv zu machen – teilweise billiger als daheim. Eines Tages erhielten wir die Einladung nach Dresden zur Teilnahme an einer Beratung über die Eröffnung weiterer Intershop-Verkaufsstellen. Also fuhr ich hin und erfuhr dort, dass in Eisenach bereits die erste Verkaufsstelle eröffnet worden sei. Eine Kollegin aus Eisenach war auch anwesend und berichtete über ihre bisherigen Erfahrungen. Die Hauptdirektion der HO in Berlin teilte uns ihre Vorstellungen über die Standorte der zu errichtenden Verkaufsstellen mit, u. a. im *Reichshof* in Schwerin. Mit diesen Informationen fuhr ich wieder heim und erläuterte sie im Leitungskollektiv. Da der Intershop-Handel ein äußerst lukratives Geschäft zu werden versprach, fanden die Vorschläge allgemeine Zustimmung und so galt es also die Vorbereitungen für eine baldige Eröffnung im *Reichshof* zu treffen. Ein Raum, der für die zu erwartenden Umsätze ausreichen sollte, war bald gefunden, ein daneben liegender Lagerraum aber nicht vorhanden. Kein Problem. Bei einem monatlichen Umsatz bis 7.000 DM – von dem wir bei unserer Planung ausgegangen waren – musste auch ein Raum im Keller ausreichen. Geeignetes Personal wurde gefunden, das

Mobiliar beschafft und die Ware bei einer Firma in Berlin geordert. Nach ihrem Eintreffen wurden alle Regale gefüllt und für den folgenden Tag die Eröffnung angekündigt. Am frühen Vormittag trieb mich die Neugierde zum *Reichshof,* wollte ich doch gern wissen, wie der Verkauf angelaufen war. Als ich das Haus betrat, bot sich mir ein Bild, das ich nicht in meinen schlimmsten Träumen für möglich gehalten hätte: Der ganze Raum vor der Rezeption war voller Menschen, die in den daneben gelegenen Verkaufsraum wollten, aber nicht hineingelangen konnten, weil dort die Menschen ›wie die Heringe‹ standen. Als ich mich schließlich dorthin durchgekämpft hatte, traf ich auf eine Verkäuferin, die schon ›fix und alle‹ war, weil sie unmöglich diesem Ansturm gewachsen sein konnte. Auch zeigte sich, dass sich der Kaufwunsch der Massen auf wenige Artikel konzentrierte, die bereits zum Teil nicht mehr vorhanden waren.

Da ich beim Verkauf nicht helfen konnte, ließ ich mir die Kellerschlüssel geben, um für den Warennachschub zu sorgen. Da hatte ich mir etwas vorgenommen! Ich kam nicht zum Mittagessen, sondern war ununterbrochen damit beschäftigt, einen Karton nach dem anderen aus dem Keller in die Verkaufsstube hinaufzutragen bzw. aus den Zigarettenkartons, die 10.000 Zigaretten enthielten, mehrere Stangen zu entnehmen und ebenfalls nach oben zu befördern. Als wir mit der Verkäuferin erstmals Luft holen konnten, war es wohl 16 Uhr und wir waren beide völlig geschafft. Dafür hatte der erzielte Umsatz aber auch alle unsere Erwartungen um ein Vielfaches übertroffen. Die Kollegin aus Eisenach hatte uns in Dresden 7.000 DM als monatlichen Richtwert genannt. Von dieser Summe haben wir etwa 1/3 am ersten Tag erzielt! Die Quintessenz dieses ersten Tages war eine sofortige Personalaufstockung, denn eine Verkaufskraft war diesem Massenansturm nicht gewachsen und wir wollten ja alle Kunden zufriedenstellen und dabei möglichst viel Umsatz erzielen. Das ist uns auch gelungen, denn die Zuwachsraten im Intershop-Handel erreichten astronomische Höhen und auch die Erfüllung des Gewinnplanes war von diesem Tag an immer gesichert. Zwar mussten wir die eingenommenen DM-Beträge bis zum letzten Pfennig abführen, doch wurde uns der DDR-Mark Gegenwert (natürlich 1:1) gutgeschrieben. Im Laufe der Zeit kristallisierte sich heraus, dass sich die Wünsche der Kunden auf wenige Artikel konzentrierten. Das waren Pullover, Sweat- und T-Shirts sowie Strumpfhosen bei Industriewaren sowie Zigaretten, Kaffee und Spirituosen bei Genussmitteln.

Am 1. März 1971 wurde in der DDR die freiwillige Zusatzrente (FZR) eingeführt. Damit konnten auch monatliche Einkünfte über 600 Mark für die Rentenberechnung berücksichtigt werden. Entsprechend erfolgte aber auch der 10%-ige Abzug vom Gehalt von einem höheren Grundbetrag. Wie gesagt, die Teilnahme war freiwillig und es wurde intensiv für einen Beitritt zur FZR geworben, z. B. wurden allen zum Zeitpunkt der Einführung der FZR bereits 50-jährigen mehrere Arbeitsjahre ›gutgeschrieben‹, was sich positiv auf die Rentenhöhe auswirken musste. Ich habe lange überlegt, bin dann aber *nicht* in die FZR eingetreten, und zwar ausfolgenden Überlegungen:

1. In der DDR war – wieder einmal – ein erheblicher Geldüberhang vorhanden, d.h. die Menschen besaßen mehr Geld, als ihnen in den Geschäften an Ware angeboten werden konnte. Durch die Einführung der FZR konnte dieser Überhang abgeschöpft werden, denn die erhöhten Beitragszahlungen setzten sofort ein, die Leistungen aus der FZR erfolgten aber ab einem späteren Zeitpunkt. An dieser finanziellen Unterstützung des SED-Regimes wollte ich mich nicht beteiligen.
2. Zum Zeitpunkt der Einführung der FZR war ich 48, kam also nicht in den Genuss der ›zusätzlichen‹ Jahre. Das ärgerte mich.
3. Meine Lebenserwartung schätzte ich – bedingt durch Krieg und

Gefangenschaft – nicht sehr hoch ein und war mir deshalb nicht sicher, ob ich bzw. nach meinem Tod meine Frau von den erhöhten Beitragszahlungen profitieren würde.

So entschied ich mich für einen anderen Weg. Zum 1. März, dem Zeitpunkt des Inkrafttretens der FZR, legte ich mir ein neues Konto an, auf das ich allmonatlich die Beträge einzahlte, die sonst von meinem Gehalt für die FZR einbehalten worden wären. Mit Zinsen und Zinseszinsen sollte sich nach meinen Berechnungen dort ein Betrag angesammelt haben, der uns bis zu meinem 70. Geburtstag (den ich noch erleben sollte) ein auskömmliches Dasein ermöglichte. Auch wenn meine Überlegungen richtig waren, ist mein Plan insgesamt nicht aufgegangen, weil ich mittlerweile bereits meinen 80. Geburtstag feiern konnte und damit viel länger Rente beziehe, als ich geahnt hatte. [5] Außerdem wurde durch die Vereinigung, mit der ich damals nicht gerechnet hatte, das ganze Rentensystem verändert und das Bankkonto im Betrag halbiert.

Wesen einer Diktatur ist die uneingeschränkte Herrschaft eines Einzelnen oder einer Gruppe von Menschen auf allen Gebieten des öffentlichen Lebens bis in die private Sphäre hinein. Das galt auch für den SED-Staat, in dem Walter Ulbricht und nach ihm Erich Honecker als 1. Sekretär, später Generalsekretär des ZK der SED, die Generallinie festlegte, die von der Politik verfolgt werden musste. Eine immer größere Rolle in den Überlegungen der Kommunisten spielte dabei der Sport. Denn sie erkannten richtig seine Wirkung auf die Menschen bei großen sportlichen Erfolgen. Neben der allgemeinen Unterstützung des Sports kam es den SED-Bonzen deshalb vor allem darauf an, Spitzensportler heranzubilden, die dabei eine größtmögliche Förderung erfahren sollten. Zu diesem Zweck wurden als Schwerpunkte im

---

5 Arnold Reinschüssel wurde 95 Jahre alt.

ganzen Land Sport-Clubs gebildet, in denen die Talente der Region konzentriert wurden.

Etwas ist noch nachzutragen: Als Hauptbuchhalter und später als Fachdirektor Ökonomie hatte ich eine Schreibkraft und besaß in den letzten Jahren eine versierte Sekretärin. Davor aber arbeitete ein junges Mädchen bei mir, das nicht nur mit der deutschen Sprache auf Kriegsfuß stand und außerdem nicht stenographieren konnte, sondern es auch nicht verstand, einen Brief ›hübsch‹ zu schreiben. Da meine diesbezüglichen Hinweise erfolglos blieben, habe ich, obwohl ich weiß, dass das ein Fehler war, mich abends oft hingesetzt und viele Briefe mit meinem ausgeprägten Zwei-Finger System selbst neu geschrieben. Die dabei erworbene Fertigkeit hat dazu geführt, dass ich später auch meine Privatkorrespondenz auf der Maschine geschrieben habe, was man bekanntlich nicht tun sollte. Dadurch habe ich meinen Briefpartnern aber erspart, sich an der Entzifferung meiner ›Hieroglyphen‹ versuchen zu müssen, und konnte auch diese Zeilen selbst mit meiner Schreibmaschine schreiben.

Nachdem ich ›Blut geleckt‹ hatte, wollte ich immer mehr von der Welt sehen, kannte bisher aber auch nicht viel von der DDR. Das war mit ein Grund dafür, dass ich schon frühzeitig bei der HO-G Betriebsausflüge organisierte, eine Tätigkeit, die ich später auch bei der MITROPA fortgesetzt habe. Zuerst machten wir Tagesausflüge, doch danach auch Mehrtagesfahrten, bei denen wir weite Gebiete des Landes kennenlernten. Reisebeginn war in der Regel am Freitag früh und am Sonntagabend waren wir wieder daheim. So fiel nur ein Urlaubstag an, der bei vielen auch noch durch geleistete Überstunden abgegolten werden konnte. Bei diesen Fahrten, die uns z. B. in den Spreewald, nach Jena und Umgebung, in den Harz, ins Vogtland und in die Gegend östlich von Berlin führten, haben wir viel gesehen. Vornehmlich die Abende, an denen wir im Hotel zusammensaßen, dienten dem besseren Kennenlernen und Verstehen.

Bereits im Herbst 1971 wechselte unser Handelsbereichsleiter von der HO zur MITROPA[6]. Da ich mich schon lange mit dem Gedanken an einen Betriebswechsel getragen hatte, bat ich ihn, mich zu informieren, wenn sich dort eine passende Stelle für mich anbieten würde.

Im Frühjahr 1972 rief er mich an und teilte mir mit, dass bei der MITROPA die Stelle eines Hauptbuchhalters vakant sei und ich mich bewerben solle. Das tat ich, stellte mich beim Direktor vor und wir wurden uns rasch einig. Am 1. August sollte ich bei der MITROPA anfangen und kündigte daraufhin termingerecht bei der HO-G. Meine Kündigung traf die HO völlig unerwartet und man versuchte deshalb mich mit allen Mitteln umzustimmen. Mein Entschluss stand aber fest und ich ließ mich nicht umstimmen. Schließlich wandte sich die Leitung der HO-G an den Chef der MITROPA mit der Bitte, der Verschiebung des Wechsels, um ein Vierteljahr zuzustimmen, damit ich meinen Nachfolger gut einarbeiten könne. Nach Rücksprache mit mir willigte der Direktor ein und so blieb ich bis zum 31. Oktober im Gaststättenbetrieb.

Obgleich, vielleicht aber auch gerade, weil zu diesem Zeitpunkt schon feststand, dass ich den Betrieb in Kürze verlassen würde, haben alle Kolleginnen und Kollegen der Verwaltung und auch aus den Gaststätten an meinem 50. Geburtstag in sehr netter Form meiner gedacht. Für mich ein Zeichen, dass ich, obgleich ich in meiner Stellung nicht immer jedermann Liebling sein konnte, doch nicht den Kontakt zu den Arbeitskollegen verloren hatte. An meinem letzten Arbeitstag – es war früh Nachmittag und ich saß allein in meinem Zimmer – rief mich der Direktor, mit dem ich mich übrigens sehr gut

6   Die MITROPA (vollständiger Firmenname MITROPA Mitteleuropäische Schlafwagen- und Speisewagen-Aktien-Gesellschaft, ab 1994 MITROPA AG) war eine Bewirtungs- und Beherbergungsgesellschaft, die die Versorgung von Reisenden in Bahnhöfen und auf Autobahnraststätten des Deutschen Reiches und später in der DDR bereitstellte und durchführte. Sie wurde 1916 zum Betrieb von Schlaf- und Speisewagen gegründet. Im Jahr 2004 wurde die MITROPA verkauft und der direkte Bahn-, Gaststätten- und Hotelbetrieb eingestellt. (Wikipedia)

verstand, an und bat mich zu einer Rücksprache zu sich. Als ich völlig nichts ahnend sein Zimmer betrat, erblickte ich eine festlich gedeckte Tafel und das gesamte Leitungskollektiv, das sich zu meiner Verabschiedung versammelt hatte. So wurde mein Abschied bei der HO-Gaststätten Schwerin nach 20 Jahren, in denen ich Höhen und Tiefen erlebt hatte, zu einem sehr feuchtfröhlichen Nachmittag und Abend. Zum Abschied hatten mir die Kolleginnen und Kollegen des Bereiches Ökonomie dessen Leiter ich ja war, ein selbstverfasstes und von allen unterschriebenes Gedicht überreicht:

Unserem ÖDI zum Abschied!
20 Jahre sind eine lange Zeit,
nun ist er bereit uns zu verlassen,
wir können es nicht fassen.
Wenn auch manchmal trübe Stunden,
seine Stimmung nicht die Beste war,
wir hatten uns damit abgefunden.
Stand der Kaffee auf dem Tisch,
war alles wieder klar.

Er wälzte Millionen, Investitionen
und vieles kam so auf ihn zu.
Jetzt kann er sich mehr schonen
und hat nun endlich seine Ruh.
Nun ist die Stunde gekommen,
wo wir Abschied nehmen müssen,
Es tut uns Allen furchtbar leid.
Wir werden ihn sehr vermissen,
Viel Glück und Gesundheit allezeit.

Das wünschen die Kollegen und Kolleginnen.
Schwerin, den 31.10.1972

Bei der MITROPA

Nach der sehr feuchten und sehr fröhlichen Fete vom Vorabend wachte ich am nächsten Morgen mit einem ›dicken‹ Schädel auf. Es half aber alles nichts, ich musste ja meinen Dienst bei der MITROPA antreten, deren Geschäftsräume sich im rechten Flügel des Schweriner Bahnhofsgebäudes befanden und machte mich also auf den Weg dahin. Dort angekommen erlebte ich eine Überraschung, denn der Betriebsleiter befand sich zur ›Runderneuerung‹ – der turnusmäßigen Schulung der Betriebsleiter und Parteisekretäre durch die SED – den ganzen Tag über in der Schweriner Sport- und Kongresshalle. An seiner Stelle empfing mich ein Innenrevisor der Berliner Generaldirektion, der zufällig in Schwerin war und mich freundlich begrüßte. Da er wohl bald erkannt hatte, dass sich mein Arbeitseifer an diesem Tag in Grenzen hielt, drückte er mir nach einem kurzen informativen Gespräch einen dicken Ordner mit Betriebsanweisungen der MITROPA in die Hand, empfahl mir sie zu lesen, und ließ mich dann mit der Lektüre allein. Deren Studium war schon sinnvoll, weil die *Mitteleuropäische Schlafwagen und Speisewagen AG* bis zur Wende eine Aktiengesellschaft blieb und nicht in einen VEB umgewandelt wurde. Dies geschah wegen des ausländischen, vorwiegend schweizerischen Kapitals, das die Aktien besaß. Die DDR scheute wohl eine Überführung in Volkseigentum, die sie wertvolle Devisen gekostet hätte, um die Aktionäre auszuzahlen.

Gegen Mittag hatte der Revisor ein Einsehen und schickte mich nach Hause, wofür ich ihm innerlich sehr dankbar war. Nachdem mich der Betriebsleiter am folgenden Tag begrüßt hatte, stellte er mich dem Kollektiv des Rechnungswesens vor, das schon sehr interessiert war, seinen neuen Chef kennenzulernen. Denn, wie ich bei dieser Gelegenheit erfuhr, hatte mein Vorgänger den Betrieb bereits vor sieben Monaten verlassen. In dieser Zeit war die Leitung der Buchhaltung interimistisch durch die Bilanzbuchhalterin wahrgenommen worden. Als ich das hörte, befürchtete ich zuerst, sie könne mich als Eindringling betrachten, der ihr den Job weggenommen habe. Das war aber zum Glück nicht so! Im Gegenteil, sie war offensichtlich froh, die Verantwortung an mich abtreten zu können. Wir haben bis zu meinem Ausscheiden sehr gut zusammengearbeitet und sie hat mich immer nach Kräften unterstützt. In meiner Antrittsansprache bat ich das Kollektiv, das fast ausschließlich aus Frauen bestand, um Hilfe und Unterstützung bei der Einarbeitung in das für mich neue Arbeitsgebiet, weil nur im Kollektiv die vor uns liegenden großen Aufgaben gelöst werden könnten, allein sei ich gar nichts. Mit diesen Worten hatte ich offensichtlich den Draht zu meinen neuen Kolleginnen gefunden, die danach immer voll mitgezogen hatten, wenn es darauf ankam.

Das MfS

An dieser Stelle erscheint es angebracht, sich mit dem Ministerium für Staatssicherheit (MfS) zu befassen. Ursprünglich als Institution gebildet um ›verbrecherische Anschläge imperialistischer Kräfte gegen die friedliebende DDR‹ rechtzeitig zu erkennen und zu vereiteln, entwickelte es im Laufe der Jahre, besonders unter seinem letzten Chef, Erich Mielke, eine Eigendynamik und wurde zunehmend zu einem Staat im Staate. George Orwell hat in seinem Buch ›1984‹ schon seherische Fähigkeiten entwickelt, als er den totalen Überwachungsstaat schilderte. Damals sprachen wir von Stasispitzeln. Ihr Vorhandensein führte dazu, dass jeder im Verkehr mit allen nicht sehr gut bekannten Menschen sein ›Visier‹ herunterklappte und nur das sagte, was ›von oben‹ gewünscht wurde. Man ließ sich nicht provozieren. In der Verwaltung der MITROPA arbeitete eine Kollegin, von der es hieß, sie sei auch ein Spitzel. Also sah man sich im Gespräch mit ihr doppelt vor, konnte sie aber nicht direkt schneiden, weil man offiziell nichts wusste. Diese Möglichkeit, unbewusst mit einem Stasispitzel in Verbindung zu stehen, hat alle zwischenmenschlichen Beziehungen in der DDR nachhaltig beeinflusst. Neben den IM[7] gab es aber auch offizielle Mitarbeiter des MfS, die in Verbindung zu allen Betrieben standen. Jeder Betrieb hatte so einen ›Paten‹, der allgemein als Mitarbeiter des MfS bekannt war. Wenn unser ›Pate‹, der auch mal wechselte, in der MITROPA erschien, ging er gleich ins Sekretariat und – ohne sich erst anmelden zu lassen – zum Betriebsleiter weiter. Als ich Jahre später dessen Stellvertreter wurde, konnte es schon passieren, dass er plötzlich vor meinem Schreibtisch stand und fragte: »Sag mal Genosse Reinschüssel (auch für ihn war ich ›Genosse‹ und wurde geduzt), was ist denn in eurem Betrieb los?«

Dann stellte sich heraus, dass er bereits etwas erfahren hatte, von dem ich noch gar keine Kenntnis besaß. Mit diesen Informationen hatte es dann aber auch sein Bewenden. Ich kann mich aber an keinen Fall erinnern, in dem das MfS direkt in das Betriebsgeschehen eingegriffen hätte.

In meine neue Aufgabe habe ich mich schnell eingearbeitet, war bemüht möglichst rasch alle Objekte in Augenschein zu nehmen und mich mit den jeweiligen Besonderheiten vertraut zu machen. Das klappte auch gut – bis auf die Objekte an der innerdeutschen Grenze. Um die aufsuchen zu können, benötigte ich erst einmal einen ›Grenzausweis‹, der mich zum Betreten des Grenzgebietes berechtigte. Ursprünglich hatte das Gebiet eine Breite von 5 Kilometern, die nach dem weiteren Ausbau der Grenzanlagen aber reduziert wurde. Um aber noch näher an die Grenze herankommen und unsere MITROPA-Raststätten gegenüber von Lübeck und Lauenburg aufsuchen zu können, benötigte ich einen weiteren Ausweis mit Lichtbild. Bis ich diesen Ausweis erhielt, vergingen einige Wochen, in denen wohl überprüft

---

7   Inoffizieller Mitarbeiter (IM),war in der DDR die MfS-interne Bezeichnung für eine Person, die dem Ministerium für Staatssicherheit (MfS, auch »die Stasi«) gezwungenermaßen oder freiwillig verdeckt Informationen lieferte. (Wikipedia)

wurde, ob ich das ›Dokument‹ erhalten könne. Meine erste Reise mit einem Kollegen von der Abt. Handel ging nach Schwanheide. Unsere Fahrt verlief reibungslos. Weit und breit war kein Mensch zu sehen. Auch nicht in dem Kontrollpunkt, den wir nach gut einem Kilometer Fahrt erreichten und der eigentlich mit einem Polizisten besetzt sein sollte. Weil der Schlagbaum aber hochgezogen war, fuhren wir ohne Aufenthalt nach Schwanheide weiter. Das Bahnhofsgebäude war mit einem hohen Metallzaun gegen das Umland abgeschottet. Der Kollege, der die Örtlichkeiten schon kannte, näherte sich dem Bahnhofskomplex von hinten und machte sich an einem Tor bemerkbar. Ein Grenzsoldat erschien, sah ein Fahrzeug der ihm wohlbekannten MITROPA, und öffnete das Tor, ohne sich unsere Ausweise zeigen zu lassen. Wir entluden den Wagen, trugen die Ware in die Verkaufsstelle und wenig später stand ich auf dem Bahnsteig, auf dem gerade ein abfahrbereiter Zug nach Hamburg hielt – ohne dass ich meine Ausweise ein einziges Mal hätte vorzeigen müssen! Sicher wäre es mir trotzdem nicht möglich gewesen den Zug zu besteigen und mitzufahren, denn die Sicherungsmaßnahmen, u. a. mit Hunden, die unter dem Zug entlangliefen, um Leute zu entdecken, die auf den Achsen ›ausreisen‹ wollten, waren schon beachtlich und noch mehr beklemmend. Desto erstaunlicher war aber, wie weit ich gelangen konnte, ohne ein einziges Mal kontrolliert worden zu sein.

Die Angehörigkeit zur MITROPA hatte für meine Frau und mich einen nicht zu unterschätzenden finanziellen Vorteil. Bedingt durch die enge Verflechtung der MITROPA mit der Bahn, die auch im Aufsichtsrat der MITROPA vertreten war, erhielt ich nach 6-monatiger Zugehörigkeit zum Betrieb jährlich zwei Freifahrten mit der Bahn. Diese Regelung galt auch für Liesel und unsere Kinder bis zum 18. Lebensjahr. Im Gegensatz zur MITROPA erhielten die Beschäftigten der Bahn jährlich vier Freifahrten, ihre Freifahrtscheine galten auch für das Ausland und nach dem Ausscheiden aus dem Dienst bis an ihr Lebensende.

Die Aufenthalte an der Grenze waren für mich immer etwas Besonderes. Einerseits, weil man auf der Fahrt von Lüdersdorf nach Selmsdorf in der Ferne die Türme der Lübecker Kirchen sehen konnte, die für uns unerreichbar waren. In Selmsdorf sah ich dann die Schiffe in Schlutup liegen. Sie schienen so nahe, dass ich meinte fast hinspucken zu können. Andererseits wurde einem, besonders in Horst, der Eindruck vermittelt, dass man nur ein Mensch zweiter Klasse sei. Wenn wir nun am Kontrollpunkt eintrafen, um die Verkaufsstelle zu beliefern oder auch aus einem anderen Grund, dann mussten wir uns immer beim Posten am ersten Schlagbaum melden. Der kontrollierte unsere Ausweise und telefonierte dann mit der MITROPA-Verkaufstelle. Von dort musste dann eine Frau herkommen und uns abholen. Allein war uns das Betreten und Befahren des Geländes verboten. Bis uns einmal der PKE-Offizier, praktisch der Stasi-Beauftragte, am Schlagbaum stehen sah. Auf seine Frage was wir hier täten, erklärten wir ihm, dass wir auf unsere Begleiterin warteten. Darauf meinte er: »So ein Quatsch, geht bloß los!« Was wir dann auch taten.

In jeder Grenzstelle gab es zwar einen Kommandanten, der eigentlich das Sagen hatte, die Entscheidungen traf letztendlich aber der PKE – der Stasi-Mensch. Dieses Minderwertigkeitsgefühl hat sich bei mir im Laufe der Jahre so verfestigt, dass ich noch heute beim Überqueren der gar nicht mehr sichtbaren ehemaligen Zonengrenze ein eigenartiges Gefühl habe.

Wohl, um längere Transportwege zu vermeiden, schlugen die DDR-Oberen manche ideologischen Purzelbäume, z. B. durften verschiedene Nahrungs- und Genussmittel, die in mehreren Orten der DDR hergestellt wurden, nicht über die Bezirksgrenzen abgegeben werden. Das führte zu manchen grotesken Situationen.

So stellte die im Bezirk Schwerin gelegene Lübzer Brauerei ein Spezialbier *Lübzator* her, das im benachbarten Bezirk Rostock zwar auch gern getrunken wurde, dorthin aber nicht verkauft, werden durfte. Also nahm unser Fahrer, wenn er die dortigen MITROPA Gaststätten mit Ware belieferte, immer auch einige Kästen *Lübzator* für sie mit. Umgekehrt kam aus der Bad Doberaner Quelle der *Glashäger*, ein auch hier gern getrunkenes Mineralwasser, das dafür aber nicht in den Bezirk Schwerin geliefert werden durfte. Bei einem Urlaub in Stolberg, einem malerischen Ort im Südharz, führte uns eine besondere Wanderung in den 8 Kilometer entfernten Ort Neustadt. Zu DDR-Zeiten war der *Nordhäuser Doppelkorn* für alle, die einen reinen Klaren mochten, ein Begriff, der an den Transitstrecken von und nach Berlin sowie später auch in den Intershop-Verkaufsstellen (natürlich nur für DM) viel und gern gekauft wurde. Nun lag Nordhausen im damaligen Bezirk Erfurt, der dortige Doppelkorn war also für uns (ohne DM) unerreichbar. Unser Nachbar, der unser Reiseziel kannte, hatte uns deshalb gebeten, ihm eine Flasche von diesem besonderen ›Wasser‹ mitzubringen. Doch auch in Stolberg wurden wir nicht fündig, denn das gehörte schon zum benachbarten Bezirk Halle. Nicht aber Neustadt, das lag im Bezirk Erfurt und dort konnten wir unseren Nordhäuser Doppelkorn kaufen.

Als Folge der, wenn auch wesentlich langsamer als in der Bundesrepublik steigenden Löhne und Gehälter, verfügte die Bevölkerung der DDR zunehmend über mehr Geld, das aber nicht ausgegeben werden konnte, weil ihm kein entsprechendes Warenangebot gegenüberstand. Um diesen Geldüberhang abzubauen, wurden, sicherlich unter der Regie von Schalck-Golodkowski, der dafür Devisen besorgen musste, im westlichen Ausland Waren gekauft und zu stark überhöhten Preisen in besonderen Verkaufsstellen angeboten. Dazu wurden »delikat-Verkaufsstellen« für Nahrungsmittel sowie ›Exquisit-Verkaufsstellen‹ für Industriewaren, vornehmlich Bekleidung und Schuhe, in vielen Orten eingerichtet. Weil wie gesagt genügend Geld vorhanden war und der Drang der Frauen nach modischer Bekleidung bestand, überstiegen die

Umsätze alle Erwartungen. Doch wurde auch hier Ramsch angeboten, wie ich an einem Beispiel erläutern will: Eine junge Kollegin von mir hatte sich für 180 M, eine damals für uns horrende Summe, ein Paar dunkelblaue Schuhe mit Bleistiftabsätzen gekauft. Nach ganz kurzer Zeit brach aber ein Absatz ab, weshalb die Frau den Schuh einpackte und als Reklamation an das französische Herstellerwerk einschickte. Von dort erhielt sie den Schuh aber nach einiger Zeit mit dem Vermerk zurück, dass bei so billigen (sprich minderwertigen!) Artikeln wie diesem eine Garantie nicht gewährt werde!

In einem alten Schlager heißt es: »Kinder, wie die Zeit vergeht« ... Nun waren wir schon 25 Jahre verheiratet und feierten am 31. Mai 1977 unsere Silberne Hochzeit. Zum Mittagessen hatten wir in den *Reichshof* eingeladen, dessen Küchenchef ich noch aus meiner Zeit bei HO-G kannte und als einen Fachmann in Erinnerung hatte. Einige Zeit vorher suchte ich ihn auf, um mit ihm und dem Gaststättenleiter den Raum, das Menü und den ganzen Ablauf abzusprechen. Vom Ergebnis dieses Gespräches hing ab, wann ich die Taxen bestellen konnte, die unsere Gäste und uns nach dem Essen zu uns nach Hause fahren sollten. Beim Fleisch musste man natürlich mit dem vorliebnehmen, was gerade im Angebot war, bei den Beilagen bat ich um Pommes Duchesse (Herzoginkartoffeln = Kartoffelpüree in Stäbchenform überbacken), die ich kurz vorher bei unserem Küchenchef in Ludwigslust gegessen und als sehr schmackhaft empfunden hatte. Dazu sollte es Edelgemüse geben. Der Tag kam heran und das Festessen im Reichshof war eine einzige Katastrophe! Das Einzige, was außer den Türen noch klappte, war der Raum, in dem wir saßen. Die Kartoffeln waren sauer und als Edelgemüse wurden uns Erbsen und Möhren serviert. ›Vorsorglich‹ hatten die Kellner den ganzen Wein, der bereitgestellt war, auch gleich aufgemacht, getrunken wurde aber nicht einmal die Hälfte.

Natürlich hätte ich die Flaschen wieder zukorken lassen können und mitnehmen. Dazu war ich aber schon zu ›sauer‹, denn Küche oder Kellner, vielleicht aber auch beide zusammen, arbeiteten so langsam, dass der Zeitplan völlig durcheinandergeriet, und ich während des Essens zum Taxistand hinüberlaufen musste, um die Fahrzeuge umzubestellen. Meine Laune kann man sich gut vorstellen, zumal ich keinen Verantwortlichen erwischen konnte, an dem ich meinen Ärger hätte auslassen können. Dafür war dann das Abendessen desto besser. Unser Küchenleiter in Ludwigslust hatte mit seinem Team ein kaltes Büfett hingezaubert, das wirklich spitze war, nicht nur optisch, sondern auch geschmacklich. Das entschädigte uns für den Reinfall beim Mittagessen!

Ursprünglich hatte die DDR die Mauer errichtet, um die Massenflucht der Menschen in den Westen zu unterbinden. Im Laufe der Zeit wurde sie für die SED Oberen aber zu einem lukrativen Geschäft, das ihnen in reichem Maße die so dringend benötigten Valuten bescherte. Denn, obwohl ›der erste Arbeiter- und Bauernstaat in der Geschichte Deutschlands‹ sein Grenzsicherungssystem laufend perfektionierte, hielt das wagemutige jungen Menschen doch nicht davon ab, trotzdem den Versuch zu wagen, es zu überwinden und in den Westen zu gelangen. Sie taten das auf die vielfältigste Weise, im selbst gebastelten Ballon, in einem Agrarflugzeug, das unweit der Zonengrenze stationiert war, durch selbstgegrabene Tunnel unter der Sektorengrenze, schwimmend oder in einem Boot über die Ostsee. Von dem Ausbau der Grenzanlagen konnte auch ich mich bei meinen Besuchen in unseren MITROPA-Objekten im Grenzbereich überzeugen. Zwischen Boizenburg und Horst führte die damalige F5 und heutige B 5 ein ganzes Stück parallel zur Elbe, die an dieser Stelle die Zonengrenze bildete. Zwischen Straße und Fluss stand ein wunderschöner, alter Buchenwald. Eines Tages waren alle Bäume auf einem etwa 40 Meter breiten Streifen entlang der Straße in Richtung Elbe gefällt. Das Gebiet wurde planiert und erhielt einen etwa 3 Meter hohen und ein Meter breiten Doppelzaun, der in vielleicht 100 Meter lange Abschnitte aufgeteilt wurde. In die kamen extra dressierte scharfe Deutsche Schäferhunde, die an einer Schiene angekettet waren, die oben am Zaun entlanglief. Diesen Zaun zu überwinden war praktisch unmöglich! Auf jeden Fall hätten die Hunde mit ihrem Gekläff Tote aufwecken können.

Manche Fluchtpläne glückten, die Mehrzahl aber scheiterte und eine Reihe von Flüchtlingen bezahlte den vergeblichen Versuch mit ihrem Leben. Natürlich standen Nachrichten dieser Art nicht in der Presse oder wurden im Fernsehen verbreitet, da waren wir schon auf westliche Sender und Stationen angewiesen. Wer bei dem Versuch in den Westen zu gelangen, erwischt wurde, landete unweigerlich im Gefängnis und wurde in der Regel von einem DDR-Gericht wegen ›versuchter Republikflucht‹ zu einer längeren Haftstrafe verurteilt. Völlig unbemerkt konnten diese willkürlichen Inhaftierungen und Verurteilungen auf Dauer aber nicht bleiben, sie wurden auch in der Bundesrepublik wahrgenommen und registriert.

Dort überlegte man, wie man diesen politischen Häftlingen helfen könne, und kam schon früh zu dem Entschluss, dafür Geld einzusetzen. So gelang es zwischen 1964 und 1989, also innerhalb von 25 Jahren, ca. 35.000 Häftlinge aus DDR-Gefängnissen freizukaufen und im Rahmen der Familienzusammenführung etwa 250.000 Menschen zu ihren Familien in der Bundesrepublik ausreisen zu lassen. Als Gegenleistung erhielt die DDR Industriewaren, Rohstoffe, Metalle und Lebensmittel im Wert von 3,437 Mrd. DM![8] Sicherlich ist die Meinung nicht von der Hand zu weisen, erst durch diese Lieferungen sei die DDR-Regierung, die mit ihrem Latein am Ende war, in die Lage versetzt worden zu überleben. Man darf dabei aber nie verges-

---

8   Ludwig Geißel, Unterhändler der Menschlichkeit, Seite 334

sen, dass es bei der Aktion um Menschen und ihre Befreiung ging. Zum Überleben der DDR haben mit Sicherheit auch die unendlich vielen Päckchen und Pakete beigetragen, die zu Tausenden täglich von Menschen in der Bundesrepublik an ihre Verwandten, Freunde und Bekannten im Osten geschickt wurden. Nehmen wir als Beispiel nur den von vielen Menschen gern getrunkenen Bohnenkaffee, für dessen Kauf die DDR bitter benötigte Valuten hinblättern musste. Da kam es den SED-Oberen ganz gelegen, dass im Laufe eines Jahres in den Päckchen, die aus dem Westen in den Osten geschickt wurden, auch tonnenweise Kaffee enthalten war, der nicht mehr von ihnen im Westen gekauft zu werden brauchte. Aber auch für die kaffeetrinkenden Menschen in der DDR bedeuteten diese Päckchen eine große Hilfe, denn von der ›Spitzenmarke‹ Mona kostete das 125 g Paket 10 M oder 80 M je Kilogramm. Zu Hause habe ich, der ich ein starker Kaffeetrinker bin, jahrelang an den Wochenenden nur Kaffee gebrüht, den wir aus der Bundesrepublik erhalten hatten. Zu kaufen brauchte ich nur den Kaffee, den ich im Büro ›verkonsumiert‹ habe. Wir haben diese Hilfe auch dankbar angenommen, wollten sie jedoch nicht zu einer ›Einbahnstraße‹ werden lassen, sondern uns auch ›revanchieren‹. Das war aber nicht so einfach, denn wegen der permanenten Versorgungsprobleme war es verboten Lebensmittel in den Westen zu schicken.

Die Einhaltung dieser Anordnung wurde überwacht und allein zu diesem Zweck neben dem Bahnhof Ludwigslust ein großes Gebäude mit eigenem Gleisanschluss errichtet, in dem durch Mitarbeiter der Stasi nicht nur die ein- und ausgehende Post für den gesamten Norden der DDR kontrolliert, sondern auch Päckchen und Pakete durchleuchtet wurden. Wie sollten wir nun unserem Freund in Stuttgart die von ihm so geschätzte Katenwurst zukommen lassen, die ein hiesiger Fleischer in besonderer Qualität herstellte? Dazu machten wir uns erstens die Tatsache zunutze, dass der Paketanfall um die Weihnachtszeit ein Mehrfaches des normalen Volumens erreichte und deshalb nicht jedes Paket kontrolliert werden konnte, sondern nur Stichprobenüberprüfungen möglich waren. Außerdem hatten wir erfahren, dass Stanniolfolie die Strahlen abweisen solle – eine Tatsache, die schon im 2. Weltkrieg von den britischen Bomberverbänden genutzt wurde, um die deutsche Luftabwehr zu neutralisieren. Also sammelten wir die Folie von den Schokoladentafeln und wickelten darin die Wurst ein. Sicher hat auch Glück dabei eine Rolle gespielt. Tatsache aber ist, dass im Laufe der Zeit alle Päckchen, die wir verschickt haben, auch ihre Empfänger erreichten!

Mittlerweile waren 18 Jahre vergangen, seit wir unseren ersten Fernseher gekauft hatten. Zwar hatte ein Nachbar uns in der Zwischenzeit gegen geringes Entgelt ein von ihm repariertes Gerät überlassen. Doch auch das war inzwischen ›müde‹ geworden und besaß nicht mehr die nötige Helligkeit. Ein neues Gerät musste her. Zwar gab es nun auch in der DDR Farbfernseher, doch die waren, um die DDR auch auf diesem Gebiet von der Bundesrepublik abzugrenzen, mit dem französischen SECAM-System ausgerüstet. Das mit dem PAL-System arbeitende westdeutsche Fernsehen konnte hier also nur mithilfe eines Decoders auch bunt empfangen werden. Nur der mögliche Empfang der westdeutschen Programme in Farbe rechtfertigte aber die beträchtliche Mehrausgabe für einen Farbfernseher. Denn vom DDR-Fernsehen sahen wir uns nur gelegentlich einen alten Film oder eine Sportsendung an. Um diese Zeit hatten wir Besuch von einem ehemaligen Klassenkameraden aus Berlin-Zehlendorf. Ich erzähle ihm von meinem Problem mit einem Decoder und er erbot sich, mir zu helfen. Er stand in geschäftlicher Beziehung mit der evangelischen Kirche im Osten, indem seine Firma Maschinen für die Pflege der kirchlichen Wälder rund um Berlin lieferte. Damit ergab sich für ihn die Notwendigkeit wiederholter geschäftlicher Fahrten in die DDR. Er bot mir an, den Decoder zu besorgen, nach Ostberlin zu schaffen und von dort per Post an mich abzuschicken. Zur Winterolympiade 1976 in Innsbruck kauften wir uns einen Farbfernseher. Bis dahin klappte es zwar nicht mehr mit dem Einbau des Decoders, danach aber packte ich den Fernseher samt Decoder in ein Auto, das nach Wismar fuhr. Dort kannte ich die Adresse einer Firma, die Decoder in die Apparate einbaute. Das musste damals noch inoffiziell geschehen, denn die Bürger der DDR sollten ja vor dem ›Gift des schwarzen Kanals‹ geschützt werden. Meinem Freund kann ich seine Hilfe gar nicht hoch genug anrechnen, denn bei einer Entdeckung des Decoders an der Grenze hätte er mit ernsthaften geschäftlichen Repressalien seitens der DDR-Oberen zu rechnen gehabt.

Inzwischen war ich schon mehr als fünf Jahre in leitender Funktion bei der MITROPA tätig. Zum Betrieb gehörten Gaststätten zwischen Selmsdorf gegenüber von Lübeck und Karow im Osten. Da war es schon angebracht, über einen eigenen Telefonapparat zu verfügen, mit dem man auch zu Hause erreichbar war und selbst von daheim mit den Gaststätten in Verbindung treten konnte. Also stellte ich im Juli 1978 bei der Deutschen Post einen Antrag auf einen Fernsprechanschluss und ließ mir die Dringlichkeit vom Betrieb bestätigen. Ehrlicherweise muss ich gestehen, dass der dienstliche Grund nur die halbe Wahrheit war, denn wir wollten unbedingt für uns einen Privatanschluss. Einen Anruf in die Bundesrepublik von der DDR-Post aus vorzunehmen war unmöglich, weil das bei den wenigen Leitungen, die unsere Post freigeschaltet hatte, stundenlange Wartezeiten bedeutete. Also musste ein Gespräch entweder als dringend (dreifache Gebühr, aber immer noch Wartezeiten) oder als Blitzgespräch (zehnfache Gebühr) angemeldet werden. Mit einem eigenen Telefon konnte man aber zu Hause auch aus dem Westen angerufen werden. Die Post bestätigte mir zwar den Eingang meines Antrages, damit hatte es sich aber auch. Mehrfache Anfragen wurden mit der stereotypen Antwort abgetan, es ständen keine Leitungen zur Verfügung. Als unter uns eine alte Dame starb und die Leitung nur hätte ein Stockwerk höher in unsere Wohnung gezogen werden müssen, wurde mein diesbezüglicher Hinweis dahingehend beantwortet: Es lägen wichtigere Anmeldungen vor. Tatsächlich erhielt den Anschluss ein Genosse, der kurz vorher im Nebenhaus eingezogen war! Damit wurde klar, ich sollte kein Telefon erhalten und so war es dann auch. [9]

Nachdem ihre drei Söhne geheiratet hatten und ausgezogen waren, suchte sich unsere Nachbarin eine kleinere Wohnung. Neuer Nachbar von uns wurden ein Kraftfahrer mit Frau und zwei Kinder, der beim VEB-Deutrans beschäftigt war, dem für das Ausland zuständigen Transportunternehmen der DDR ... In seinem Fall ging es um Fahrten ins westliche Ausland und er besaß auch Visen für Schweden, Frankreich, Österreich, die Bundesrepublik und sicher noch weitere Länder. Für ein gewöhnliches Familienleben war dieser Beruf sicher nicht besonders geeignet, denn es kam immer wieder vor, dass er schon Sonntagabend losfuhr, um noch Ware zu laden (z. B. Möbel in Pritzwalk), die er dann am nächsten Morgen nach Schweden oder anderswo in Westeuropa fuhr. Dort lud er für die Rücktour, von der er gegen Wochenmitte wieder zurückkehrte. Diese Prozedur wiederholte sich häufig noch in der zweiten Wochenhälfte, sodass er nur selten zu Hause war. Sicher verdiente er dabei für unsere Verhältnisse nicht schlecht und erhielt auch Devisen als Tagegeld, für die er manches einkaufen konnte. Manchmal klingelte er auch bei uns und reichte eine frische Gurke herein, die er auf der Rückfahrt kurz vor der Grenze gekauft hatte.

---

9   Wir bekamen unser Telefon fast auf den Tag genau 15 Jahre nach unserer Anmeldung im Juli 1993 und wenn nicht dazwischen die Wiedervereinigung gelegen hätte, wurden wir wohl noch heute auf unseren Anschluss warten. Natürlich mussten vorher durch die Telekom neue Zentralen errichtet und neue Kabel verlegt werden, weil Jahrzehnte vorher auf diesem Gebiet nichts geschehen war. Hauptgrund aber war, dass endlich die Anschlüsse nicht nach ideologischen Kriterien, sondern nach der Reihe der Anmeldungen vergeben wurden.

Die Kommunisten prahlten bis zum Schluss damit, dass es ihnen gelungen sei, die Wohnungsmieten auf dem Niveau von 1944 zu halten. Das stimmte zwar oberflächlich betrachtet, denn wir zahlten für unsere Drei-Zimmer-Wohnung bis zur Wende monatlich 50,70 Mark – einschließlich Wassergeld und Müllabfuhr. Sie ›vergaßen‹ aber wohlweislich zu erwähnen, dass diese Mieten auch bei den niedrigen DDR-Preisen nicht kostendeckend sein konnten – weshalb den Hausbesitzern auch das Geld für die Durchführung notwendiger Reparaturen fehlte. In unserem Haus lebten acht Familien. Für alle die gleiche Miete von 50,70 Mark vorausgesetzt (in Wirklichkeit gab es geringfügige Abweichungen), betrugen die jährlichen Mieteinnahmen für dieses Haus 4.867,20 Mark. Das Setzen eines Heißluftofens kostete damals aber schon 1.000 Mark! Das erklärt auch das triste Aussehen der Städte im Osten, denen nicht nur Farbe, sondern sehr häufig auch Putz fehlte. Um aus dieser Misere, die keinen Ausweg wies, herauszukommen, schenkten viele Eigentümer ihre Häuser dem Staat. Auch bei der H0-G wollte uns der Hauswirt das Haus, in dem die Verwaltung untergebracht war, schenken. Als wir es aber durch einen Fachmann untersuchen ließen, stellte sich heraus, dass die beiden Schornsteine des Gebäudes von oben bis unten total versottet waren und von Grund auf erneuert werden mussten. Das hätte mindestens 70.000 M gekostet. Da auch die HO nicht das nötige ›Kleingeld‹ besaß, musste sie ablehnen.

Die niedrigen Mieten beinhalteten allerdings auch verschiedene Aufgaben im Haus, die von den Mietern selbst erledigt werden mussten, wie die Treppen-, Straßen- und Hofreinigung im wöchentlichen Wechsel sowie im Winter das Räumen der Bürgersteige vor dem Haus vom Schnee. Letzteres war zum Jahreswechsel 1978/79 meine Aufgabe. Als wir am nächsten Morgen erwachten, zeigte sich, dass ganz Mecklenburg-Vorpommern und Schleswig-Holstein unter einer dichten Schneedecke lagen. Der Verkehr in diesem Raum brach völlig zusammen und Schwerin war tagelang von der Außenwelt abgeschnitten, weil die Räumdienste nicht in der Lage waren, die Straßen von den Schneemassen zu befreien. Es dauerte Wochen, bis alle Straßen geräumt waren und sich der Verkehr wieder normalisiert hatte. Mit Ausnahme dieses Schneewinters ist Schwerin in den 50 Jahren, die ich mittlerweile hier lebe, aber von weiteren Naturkatastrophen weitgehend verschont geblieben.

Durch unsere Reisen, natürlich nur in die kommunistisch regierten Ostblockstaaten, kamen wir auch mit ausländischen Valuten in Berührung. Bei allen diesen Währungen handelte es sich aber um Inlandswährungen, d. h. sie durften nicht ausgeführt werden, sondern hatten nur im eigenen Land einen Wert. Die Parität innerhalb des Ostblocks wurde von Moskau festgelegt und blieb unverändert. So kostete z. B. ein Rubel 3,20 (DDR-) Mark und für eine (DDR-)Mark gab es drei tschechische Kronen. Weil das so war, hatten alle Regierungen ein verständliches Interesse daran, in den Besitz frei konvertierbarer, d. h. austauschbarer Währungen zu gelangen. Denn nur mit diesen konnten sie ihre Einkäufe im westlichen Ausland bezahlen, sofern es ihnen nicht gelungen war Clearing-Abkommen abzuschließen. In dem Bestreben, möglichst viele frei konvertierbare Valuten zu erhalten, setzten die Regierungen auch willkürliche und durch nichts gerechtfertigte Paritäten fest. So wurde z. B. der Kurs Ostmark: Deutsche Mark von den SED-Oberen auf 1:1 festgelegt und gleichzeitig jeder Besucher der DDR aus dem westlichen Ausland zu einem täglichen Mindestumtausch verpflichtet. Nach oben waren natürlich keine Grenzen gesetzt! Anders lief der Umtausch natürlich bei unseren Reisen in die anderen Ostblockländer ab.

Während meiner Tätigkeit bei der MITROPA wurden im Betrieb mehrere kaufmännische Lehrlinge ausgebildet, die ich, soweit es den buchhalterischen Bereich betraf, auch betreut habe. An einen Kollegen knüpfen sich für mich besondere Erinnerungen. Seinen Vater kannte ich schon vorher, denn als Handelsleiter bei der GHG OGS (Großhandelsgesellschaft Obst und Gemüse) war er unser Vertragspartner, von dem wir unsere Waren bezogen. Sein Sohn war ein aufgeweckter und lernbegieriger Junge, aufgeschlossen und sehr kontaktfreudig. Wir haben uns häufig unterhalten und die Verbindung zu ihm riss auch nicht ab, nachdem er seine Lehre erfolgreich abgeschlossen und den Betrieb verlassen hatte. Bald danach erhielt er seinen Einberufungsbefehl zur Nationalen Volksarmee und zwar zu den Grenztruppen nach Oranienburg. Die sollten das Gebiet um Westberlin ›wirksam gegen alle kapitalistischen Provokationen schützen‹. Gegen die Einberufung nach Oranienburg Einspruch einzulegen war nicht möglich und so rückte er zum angegebenen Termin bangen Herzens ein. Denn ihm war natürlich klar, dass die Hauptaufgabe der Soldaten darin bestehen würde, Fluchtversuche von DDR-Bürgern in den Westteil der Stadt zu unterbinden, notfalls mit Waffengewalt. Dabei wäre er am liebsten mit ihnen mitmarschiert! In jedem Urlaub besuchte er mich, sprach von seinen Gewissensnöten und konnte glücklicherweise bis zum Ende seiner Dienstzeit berichten, dass der Kelch an ihm vorübergegangen sei, d. h. in seinem Abschnitt keine Flüchtlinge bemerkt worden waren. Wie viele seiner Kameraden dachten aber genauso wie er und wussten nicht, wie sie sich verhalten sollten, wenn sie einen Flüchtling bemerkten? Vorbeischießen? Konnte vielleicht einmal durchgehen, aber häufiger? Wenn man dann noch bei den Schießübungen gute Ergebnisse erzielt hatte, dann musste man mit unangenehmen Fragen – und mehr – rechnen.

Ende der 70er-Jahre wurde bekannt, dass auch die Bahn, und mit ihr die MITROPA, sich der Gebietsreform anschließen müsse. Die drei MITROPA-Betriebe Schwerin, Güstrow und Wittenberge sollten aufgelöst und ein Bezirksbetrieb Schwerin neugebildet werden. Ich wurde Fachdirektor für Ökonomie und die Hauptbuchhaltung wurde nach

Wittenberge verlegt. Die räumliche Trennung – Wittenberge ist 80 Kilometer von Schwerin entfernt – war zwar nicht angenehm, aber unter den gegebenen Umständen die beste Lösung. Aus den bereits früher erwähnten Gründen war ich natürlich froh, nicht mehr Hauptbuchhalter sein zu müssen. Andererseits tat mir der Wechsel aber leid, denn bei der MITROPA bestand ein nettes Hauptbuchhalterkollektiv und die turnusmäßigen Zusammenkünfte bedeuteten immer eine angenehme Abwechslung. Weil ich die Aufgaben eines Ökonomen schon von der H0 her kannte, machte ich mich an die Arbeit und baute den neuen Bereich auf, wobei mir meine guten Beziehungen zu unserer Hauptbuchhalterin in Wittenberge von Nutzen waren. So gelang es ohne Zeitverzögerung die alten Abschlüsse zu erstellen, die Übernahmen/Übergaben abzuwickeln und dem neuen Betrieb auf die Beine zu helfen. Natürlich war das alles nicht in der normalen Arbeitszeit zu schaffen, aber es klappte und das neue Kollektiv festigte sich dabei.

In ihrem Bemühen in den Besitz möglichst vieler der für die einheimische Wirtschaft lebensnotwendigen frei konvertierbaren Valuten zu kommen, machten die Kommunisten so manchen ideologischen Bocksprung. So gelangten, es muss wohl Ende der 70er-Jahre gewesen sein, Farbfernseher mit eingebautem Decoder in den Verkauf, die damit auch den Empfang des bundesdeutschen PAL-Fernsehens ermöglichten. Allerdings kosteten die Geräte auch schlappe 6.500 Mark! Ein ›Normalsterblicher‹ musste dafür also fünf Monatsgehälter (brutto) auf den Tisch blättern. Wenn man diese Geräte verkaufte, musste man aber auch akzeptieren, dass die für den Empfang notwendigen Antennen auf die Dächer gesetzt wurden. Dort wuchsen in wenigen Jahren wahre Wälder heran. Noch ein Beweis für die ungedeckte Kaufkraft in der DDR. Damit hatte auch für uns die Interimslösung mit den Zimmerantennen ein Ende und wir versorgten uns ebenfalls mit einer Antenne auf dem Dach.

Als östliches Gegengewicht gegen die EWG wurde in Warschau der ›Rat für gegenseitige Wirtschaftshilfe‹ (RGW – im Westen als CO-MECON bekannt) gegründet. Die Sowjetunion benutzte diese Institution, die völlig von ihr beherrscht wurde, dazu, um durch gezielte Maßnahmen die Abhängigkeit der einzelnen RGW-Mitgliedstaaten untereinander so zu erhöhen, damit niemand auch nur auf den Gedanken kommen konnte, aus diesem Verbund auszuscheren. Von den Secura-Werken in Berlin kamen Registrierkassen, mit denen alle Abnehmer sehr zufrieden waren. Nun aber sollten alle Kassen nur noch aus Bulgarien kommen dürfen. Offensichtlich aber hatten die damit ihre Probleme, denn nun häuften sich die Reklamationen. Noch schlimmer wurde es, als in Bulgarien auch die Produktion elektronischer Erzeugnisse konzentriert wurde, womit die Menschen dort überfordert waren.

Moskau aber beharrte auf seiner Festlegung. Die Folgen waren klar, der technologische Rückstand des Ostens wurde immer größer. In diesem Zusammenhang erinnere ich mich an einen Vortrag, den ein Mitglied des ZK der SED in dieser Zeit über die bei Robotron in Karl-Marx-Stadt entwickelten Computer hielt. Nachdem ich mir den angehört hatte, war mir nur eines klar: Wir würden hier immer um Generationen hinter den Rechnern aus dem Westen hinterherhinken!

Die 80er-Jahre

Die Bundesrepublik war an einer besseren Landverbindung zwischen (West-)Berlin und seiner größten Stadt Hamburg interessiert, denn bisher lief der Verkehr ausschließlich über die F5/B5, die dem Verkehrsaufkommen nicht mehr gewachsen war. Zwar hatte schon vor dem Krieg der Plan für eine Autobahn Berlin-Hamburg bestanden, war aber über das Stadium der Planung kaum hinausgekommen. Nachdem die DDR die Autobahn nach Rostock gebaut hatte, wünschte der Westen den Anschluss nach Hamburg, bei dem auch auf die alten Pläne von vor 1945 zurückgegriffen werden konnte. Die DDR war einverstanden, ließ sich den Bau aber in harten DM bezahlen und erhielt außerdem noch Material.

Im Rahmen dieses Autobahnbaus waren auch Raststätten in Stolpe und Zarrentin an dieser Autobahn [10]vorgesehen, die von der MITROPA übernommen und bewirtschaftet werden sollten. Bei unserem ersten Besuch in Stolpe bot sich uns ein chaotisches Bild. Die Arbeiten gingen aber schnell voran und man konnte schon bald die Komplexe der Raststätte Stolpe-Nord und Stolpe-Süd, die Autobahn und die Tunnelverbindung unter ihr erkennen. Ich glaube, 1982 wurde der Abschnitt der A24 bis zum Abzweig Schwerin für den Verkehr freigegeben. Natürlich musste das Personal der Raststätte vorher von der Stasi ›durchleuchtet‹ werden. Im gesamten Komplex waren Überwachungskameras aufgebaut, auch im Tunnel unter der Autobahn und hinter der Raststätte Nord. Die letzteren Bilder liefen übrigens in der Raststätte auf und sollten eigentlich ständig überwacht werden. Das wurde aber sehr lax gehandhabt. Wegen der für westdeutsche Verhältnisse sehr niedrigen Preise in den gastronomischen Einrichtungen,

---

10 heute A24

waren diese in Stolpe vom ersten Tag an gut besucht. Besonders aber die Umsätze im Intershop stellten alles in den Schatten, was wir bisher erlebt hatten.

Inzwischen war auch die A24 nach Hamburg fertiggestellt worden. Zur Freigabe des letzten Teilabschnittes bis zur Zonengrenze begab ich mich, wieder in Vertretung des Betriebsdirektors, nach Zarrentin, in der Hoffnung dort Helmut Schmidt sehen zu können, der auch zur Eröffnung der Strecke kommen sollte. Offensichtlich hatte es da aber Kommunikationsprobleme gegeben, denn gefeiert wurde nicht in Zarrentin, sondern in Stolpe und so sah ich nur die Wagenkolonne mit dem Bundeskanzler, die auf der Rückfahrt an Zarrentin vorbeibrauste.

Mittlerweile hatte ich das 64. und Liesel das 59. Lebensjahr erreicht, wir würden also im kommenden Jahr innerhalb von drei Monaten beide Rentner. Obgleich in der DDR Wert auf die Weiterbeschäftigung dieser Menschen gelegt wurde, um sich ihre langjährige berufliche Erfahrung zu erhalten, waren wir uns einig nicht weiterzumachen, sondern mit der Erreichung des Rentenalters aus dem Arbeitsprozess auszusteigen. Die nötige finanzielle Rückendeckung glaubten wir uns mit dem 1971 angelegten Sonderkonto geschaffen zu haben, auf das ich seitdem monatlich meinen, die Grenze von 60 M übersteigenden, SV-Arbeitnehmeranteil eingezahlt hatte. Wir wollten also im Sommer 1987 nicht mehr berufstätig sein.

Die letzte Etappe

Eine unserer ersten Tätigkeiten als Rentner war die Beantragung von Reisepässen für uns, denn nun durften wir ja in den Westen fahren! Es war schon ein eigenartiges Gefühl, als wir das VPKA (Volkspolizei-Kreisamt) Schwerin betraten und uns in die Schar der Antragsteller für einen Reisepass oder ein Visum einreihten. Ende Juni konnten wir unsere Pässe (gültig für alle Staaten und Westberlin) in Empfang nehmen, die ein 12 Monate gültiges Visum enthielten, das uns ›zur mehrmaligen Ausreise nach der BRD und Westberlin für 60 Tage über die Grenzübergangstellen Herrnburg, Schwanheide und Berlin-Friedrichstraße‹ berechtigte. So bestiegen wir Anfang Juli 1987 voller Erwartung den Interzonenzug, der uns nach Hamburg, unserer ersten Station, bringen sollte. Der Zug war gut besetzt und unter den Mitreisenden entwickelte sich eine angeregte Unterhaltung, die jedoch desto ruhiger wurde, je näher wir der Zonengrenze und damit der Personen- und Zollkontrolle kamen. Jeder hing seinen eigenen Gedanken nach und überlegte wohl, womit er bei einer Überprüfung vielleicht auffallen könnte. Mir jedenfalls ist es bei jedem Grenzübertritt in der DDR so gegangen, dass ich vorher ›Fracksausen‹ hatte, denn bei der Mentalität dieser Menschen an der Zonengrenze wusste man nie, woran sie dieses Mal vielleicht Anstoß nehmen könnten. Wie ich inzwischen feststellen konnte, war ich mit meiner Antipathie gegen die Grenzkontrollen aber keineswegs allein, vielen Reisenden erging es genauso. In Schwanheide hatten wir jedoch, wie auch auf allen folgenden Fahrten, keine Probleme mit dem Zoll.

Nach meinen Beobachtungen waren Rentner, die ständig in den Westen fahren konnten, für diese Leute uninteressant. Sie konzentrierten sich mit ihren Kontrollen bei der Fahrt in Richtung Westen auf die Bundesbürger, wohl in der Hoffnung, bei ihnen etwas finden zu können, was von den Regierenden der DDR nicht für die Ausfuhr zugelassen war und sie damit der ›Ausplünderung der DDR‹ bezichtigen zu können. Bei der Einreise in die DDR kontrollierten sie bevorzugt jüngere Menschen, die aus einem besonderen Grund ein einmaliges Visum erhalten hatten. Sicher nicht unberechtigt, gingen sie dabei von der Annahme aus, diese Leute wollten die Gelegenheit nützen, um sich mit Dingen einzudecken, die sie in der DDR nicht kaufen konnten. Nachdem der Zug den Grenzbahnhof verlassen hatte, wich die Spannung von allen Reisenden und die Unterhaltung kam wieder in Gang. Auf der Fahrt von Schwanheide nach Hamburg gingen uns die Augen über: Die gepflegten Ortschaften, die sauberen Häuser, das hatten wir seit vielen Jahren nicht mehr gesehen, denn durch die niedrigen Mieten im Osten war eine Werterhaltung der Häuser nicht möglich, die Städte verkamen zusehends.

Diese erste Fahrt führte uns zu Cousinen in Hamburg sowie Karlsruhe und zu unseren alten Freunden in Stuttgart. Unsere Reiselust war ungebrochen und so machten wir uns im Herbst 1987 wieder auf den Weg. Diesmal ging es nach Lübeck, Büsum und fast die ganze Westküste Schleswig-Holsteins entlang, anschließend noch in den Harz. Vom Wurmberg schauten wir auf den Brocken uns gegenüber, auf dem wir zuletzt während unserer Hochzeitsreise im Juni 1952 gewesen waren. Nun war der Brocken durch drei Zäune abgesichert!

Im Februar 1988 folgten wir einer Einladung meines ehemaligen Klassenkameraden nach Berlin. Am Bahnhof Friedrichstraße begaben wir uns in den von Berlinern als ›Tränenpalast‹ bezeichneten Rundbau neben dem Bahnhofsgebäude. Mich beschlich wieder ein eigenartiges Gefühl bei den Kontrollen, aber es gab auch hier keine Beanstandungen. Da zur Zeit unseres Besuches in Berlin die ›Grüne Woche‹ war, ließen wir uns diese Gelegenheit nicht entgehen.

Da konnten einem schon die Augen übergehen und man wurde unwillkürlich daran erinnert, dass der Kommunismus permanent hinausposaunt hatte, er werde den Kapitalismus auf allen Gebieten überholen. Zu diesem Thema ein netter Witz aus der Zeit, als die DDR sich um internationale Anerkennung, Aufnahme diplomatischer Beziehungen mit den westlichen Staaten und Aufnahme in die UN bemühte: Frage an den Sender Jerewan: »Trifft es zu, dass die DDR den Kapitalismus mit Volldampf überholen will?« Antwort des Senders: »Im Prinzip ja, zurzeit gibt sie allerdings 95 Prozent ihres Dampfes für das Tuten ab.«

Im April 1989 führte uns eine weitere Reise in die Sowjetunion nach Kiew, Krasnodar, Baku und Jerewan. Seit unserem letzten Besuch war das Klima zu Moskau frostiger geworden. Viele Armenier, aber auch Ukrainer wollten mit Russen keinesfalls auf die gleiche Stufe gestellt werden.

Inzwischen hatte es in der Sowjetunion gewaltige Veränderungen gegeben, deren Auswirkungen auch in der DDR zu spüren waren. Gorbatschow hatte mit Glasnost und Perestroika umfangreiche Reformen eingeleitet, deren Ziel ein ›menschlicher Sozialismus‹ sein sollte.

Im August 1989 waren wir wieder bei unseren Freunden in Stuttgart. Um diese Zeit war erstmalig von größeren Grenzübertritten von Ungarn nach Österreich zu hören, bei denen die ungarischen Grenzsoldaten nur halbherzig gegen die Deutschen aus der DDR vorgingen, die versuchten auf dem Umweg über Österreich in die Bundesrepublik zu gelangen. Aus Fernsehberichten war auch zu entnehmen, dass, vorwiegend in den Botschaften der BRD in Prag und Warschau, Bürger der DDR um politisches Asyl baten. Das hatte umfangreiche politische Aktivitäten zur Folge, die in der Regel damit endeten, dass die Menschen gegen die Zusicherung von Straffreiheit und die Möglichkeit der Ausreisegenehmigung in die DDR zurückkehrten. Zwar wurde 1989 – auch nicht andeutungsweise – die Menge der Flüchtlinge von 1953 erreicht, wo in einem Spitzenmonat fast 50.000 Menschen abhauten, man konnte aber auch jetzt schon von einer Massenflucht sprechen. Natürlich blieb diese Bewegung den DDR-Oberen nicht verborgen, sie zogen daraus aber nicht die richtigen Schlussfolgerungen, sondern versuchten einerseits sie mit propagandistischen Mitteln zu bekämpfen, andererseits aber auch, indem sie für die Einreise in die östlichen Nachbarstaaten wieder die Visapflicht einführten und damit die Reisenden genau kontrollieren und eventuell abweisen konnten.

Die Verstimmung zwischen Moskau und Ostberlin war durch Gorbatschows bekannten Ausspruch anlässlich seines Besuches zum 40.

Jahrestag der DDR: »Wer zu spät kommt, den bestraft das Leben« ganz deutlich geworden. Krenz bemühte sich zwar das Verhältnis zu verbessern und auch für die Menschen in der DDR bessere Lebensbedingungen zu schaffen, um so der Massenflucht Einhalt zu gebieten. Er konnte aber keinen Erfolg haben, weil die Veränderungen sich nur an der Oberfläche bewegten – und nicht an die Substanz gingen. Trotzdem – oder eigentlich gerade deswegen – waren wir völlig überrascht, als am Abend des 9. November das Politbüromitglied Günter Schabowski vor der Presse – wie man heute weiß fälschlicherweise – die Reisefreiheit der DDR-Bürger auch in Richtung Westen bekannt gab. Die Bedeutung und die Auswirkungen dieser Mitteilung wurden mir an diesem Abend gar nicht richtig bewusst, doch das Ende der DDR war danach nicht mehr aufzuhalten. In einem Rückblick muss man sicher Gorbatschow das größte Verdienst an dieser Entwicklung zusprechen. Die Menschen im Osten, insbesondere in und um Leipzig, haben die sich bietende Chance erkannt und genutzt. Erst hieß es »Wir sind das Volk«, später dann »Wir sind ein Volk«. Bis dahin hatte die Bundesrepublik tatenlos zugesehen. Helmut Kohl gebührt aber das Verdienst, die Möglichkeit der Wiedervereinigung der beiden deutschen Staaten erkannt und nachhaltig betrieben zu haben.

Als Junge wünschte ich mir, das Jahr 2000 zu erleben, denn dann müsse sicherlich etwas Besonderes passieren, auch wenn ich keine Vorstellung davon hatte, was das sein könne. Nach zehn Jahren Krieg und Gefangenschaft (diese Jahre zählen doppelt) war mir jedoch klar, das würde ich nicht schaffen. Doch siehe da! – Ich habe das neue Jahrtausend erwarten können!

Wenn ich heute auf mein Leben zurückblicke, komme ich nicht um die Feststellung herum, dass es unendlich reich an besonderen Ereignissen war. Wer kann von sich schon behaupten, dass er nicht nur ein tausendjähriges Reich, sondern auch eine hundertjährige Mauer

überlebt hat! Meine drei Visionen waren, dass Deutschland wieder-
vereinigt würde, die baltischen Staaten ihre Souveränität zurücker-
langten und der Kommunismus abserviert würde. An die erste habe
ich geglaubt, wusste aber nicht, ob ich sie erleben würde. Die zweite
wünschte ich mir sehr, glaubte wegen der Stärke der Sowjetunion aber
nicht so recht an ihre Realisierung. Alle drei gewünschten Ereignisse
sind eingetreten! Mit Liesel können wir mittlerweile auf über 50 Jahre
gemeinsamen Lebensweges zurückblicken. Natürlich hatte der auch
Höhen und Tiefen (Man zeige mir die Ehe, in der das nicht der Fall
sein sollte), war insgesamt aber von Vertrauen, Eintracht und gegensei-
tigem ›aufeinander zugehen‹ geprägt. So kann ich heute mit Fug und
Recht von einem erfüllten Leben sprechen.